战场决胜者

006

重骑兵千年战史(上)

公元前7世纪到公元7世纪

龙语者 著

指文烽火工作室 编

(修订版)

吉林文史出版社

JILINWENSHICHUBANSHE

图书在版编目（CIP）数据

战场决胜者. 006，重骑兵千年战史. 上 / 王勇著
. –– 长春：吉林文史出版社，2017.5
ISBN 978-7-5472-4283-4

Ⅰ. ①战… Ⅱ. ①王… Ⅲ. ①战争史 – 世界 – 通俗读
物②骑兵 – 战争史 – 世界 – 通俗读物 Ⅳ. ①E19-49
②E151-49

中国版本图书馆CIP数据核字(2017)第111348号

ZHANCHANG JUESHENGZHE 006: ZHONGQIBING QIANNIAN ZHANSHI（SHANG）

战场决胜者006：重骑兵千年战史（上）（修订版）

著 / 龙语者

责任编辑 / 吴枫　特约编辑 / 张雪

装帧设计 / 周杰

策划制作 / 指文图书　出版发行 / 吉林文史出版社

地址 / 长春市人民大街 4646 号　邮编 / 130021

电话 / 0431-86037503　传真 / 0431-86037589

印刷 / 重庆共创印务有限公司

版次 / 2021 年 3 月第 3 版　2021 年 3 月第 1 次印刷

开本 / 787mm × 1092mm　1/16

印张 / 13　字数 / 220 千

书号 / ISBN 978-7-5472-4283-4

定价 / 89.80 元

前言
PREFACE

　　龙语者（王勇）的又一本新作问世了，令人在高兴庆贺之余感到惊讶赞叹。龙语者长期痴迷于外国古代文明的求索，将自己的全部业余精力都投入其中，并不断结出硕果，丰富了我国人民精神享乐的百花园。他的这种追求和热情对我们这些专业工作者是巨大的鼓舞和鞭策，也始终感动着我。

　　写史书难，写外国史书更难，写外国古代史书难上加难，这不仅因为我们与他们之间存在语言的隔阂，还因为我们远离那个陌生的环境，但书中涉及的细节又需要合情合理。我认为这部新作十分优秀，作者很好地克服了这些困难，引领读者穿越时空隧道，进入那个重骑兵们纵横驰骋的历史世界。

　　我衷心祝愿龙语者的成功，希望他在研究之路上继续大步前行。

陈志强

　　陈志强：天津南开大学历史学院院长，世界史学系主任，南开大学欧洲问题研究中心副主任，东欧拜占廷研究中心主任，中国世界中世纪史研究会理事、副理事长，国务院学科评议组（历史学）成员、天津市历史学学会理事长。

目录
CONTENTS

> 必须以骑兵对付骑兵，因为每一位将军都将其骑兵部署在两翼，以便攻击
> 对方重型步兵薄弱的翼侧和后方。
> ——《西方战争艺术》阿彻·琼斯 [美]

　　喷吐着战斗气息的强壮战马小步向前，骑手们披挂的金属铠甲叶片摩擦出令人不安的声响，逐渐达到疾驰状态的战马背脊如潮水般起伏，密集队形下的小步慢跑化身为一往无前的狂奔，铁蹄踩踏大地时发出地动山摇的轰鸣。他们有时迂回，有时长途奔袭，但更多的是正面或侧面狂野的突击。那些最昂贵的、人马均披挂铠甲的骑士更是最恐怖的地狱使者。敌军纷纷被成片踩倒，顽强的抵抗被瞬间摧毁，稳固的阵形在混乱中被冲垮。

　　他们在古典时期隐蔽在步兵方阵或军团的后方，默默保护着军队侧翼，关键时刻才发动决定性的突击。在中世纪至文艺复兴时代，他们则是战场上当之无愧的王者，密集的冲锋队形甚至能瞬间毁灭整支敌军。即使在滑膛枪与火炮愈加先进的 19 世纪初，法兰西第一帝国的征服中依然可以看到他们整齐、华丽、优美、雄壮的身影与气势十足的冲锋。

　　公元前 6 世纪，终结波斯居鲁士大帝的马萨革泰重骑兵；公元前 4 世纪，亚历山大大帝战无不胜的伙伴骑兵；公元前 3 世纪，汉尼拔毁灭整支罗马军团的伊比利亚重骑兵，扎马战役给迦太基军阵背部最后一击的罗马骑兵；公元前 1 世纪，消灭克拉苏军团的帕提亚具装骑兵，都是古典时代重步兵背后最出彩的配角。

　　中世纪时代开始，他们终于成为主角。公元 6 世纪，上演拜占庭具装骑兵与波斯萨珊具装骑兵的超重量级对决；公元 7 世纪，唐军千余玄甲铁骑击穿十万大军军阵，并高举胜利的军旗；公元 10 世纪，拜占庭铁甲圣骑兵无惧弓箭与标枪的齐射，碾碎阿拉伯重矛兵的矛尖；公元 12 世纪，十字军圣殿骑士则对数十倍于己的埃及大军发动无所畏惧的冲锋；公元 13 世纪，蒙古重骑兵协同蒙古轻骑兵横扫欧亚大陆；公元 15 世纪，法国板甲骑士在百年战争后期将英军驱赶回海岛；公元 16 世纪，人马均包裹着板甲的敕令骑士冒着枪弹与如林长枪拼命鏖战；公元 17 世纪，华丽如天使般的波兰翼骑兵冲锋成为维也纳战役的关键；公元 19 世纪，法兰西皇帝拿破仑的高大、英武的胸甲骑兵，在埃劳会战中冒着枪林弹雨，发起铺天盖地的英勇墙式冲锋。所有这一切，无数精彩与波澜壮阔的场面，叙述着重骑兵 2 千多年的英雄战史。

第一章

重骑兵的黎明

斯基泰人与亚述人的早期重骑兵

在战车的威力达到顶峰之时，其在战场上的重要性，已经被战车体系里的一个单独要素所超过，那就是马匹本身。

——《战争史》约翰·基根 [英]

公元前七世纪，一个军事革命的时期即将到来。在中亚的美索不达米亚地区，如日中天的军事强国——亚述帝国正处于萨尔贡王朝时期。他们的国王萨尔贡二世那支攻克巴比伦的庞大军队里，突然有了一件新式装备——"马鞍"。

当然这些"马鞍"非常原始，实际上就是一块用一条肚带绑缚在马的腹部和臀部的鞍布。但这个简陋的马鞍却使得那些已为帝国服务了数百年，但一直只能作为战车的辅助兵种的骑兵开始逐步崛起，更导致了之后两千多年的战场模式发生了翻天覆地的变化。

根据公元前865至前860年的浮雕来看，公元前7世纪之前的亚述骑兵还没有马鞍，更不要说马镫这些近千年之后才出现的装备。因此当时亚述骑兵乘马，无法让双腿自然地垂于马的两侧，只能弯曲着双膝紧夹住靠近马颈的背部，以便在马背上坐稳，这样才不致因马匹的奔跑被颠簸下来。那个时期的亚述骑兵主要武器是弓箭，而剑与盾牌等近战武器的使用基本没有记录。

因此，萨尔贡二世的父亲——同样热衷于征服的提格拉特帕拉沙尔三世仅将少量骑兵当做信使、斥候与游击弓箭手。但在萨尔贡二世时代，随着马鞍的出现，大量的骑兵开始出现在战场上，而骑兵的普及也意味着一种新型骑兵——重骑兵的即将出现。

如何定性重骑兵一直是一个军史学家争论的话题。在当今较为普及的定性中，拥有突击力量、较强的近战装备、相较于同时代良好的防护以及强壮的马匹都是必需条件。

到了前668—前626年，亚述帝国的亚述

上图：亚述弓骑兵浮雕

巴尼拔时代，亚述骑兵被分为了重骑兵与轻骑兵。重骑兵穿着盔甲，装备长矛与剑，主要用于接敌作战——真正意义上的重骑兵就诞生了！

亚述巴尼拔这位最后的亚述征服者，曾带领着他的军队四处征战，只可惜资料有限，我们并不知道他麾下重骑兵的作战方式。

令人惊讶的是，真正有记载，并有较好实物复原的重型骑兵并非出现在亚述这种相对更加文明的定居民族中，而是出现在东欧黑海之滨的大草原上。

那个时代，罗斯人还远未出现，占据那里的是各个斯基泰人部落[①]。和后来亚洲兴盛起来的草原民族，诸如匈人等不同，斯基泰人是白种人而非黄种人。

"斯基泰"实际上是广义的称呼。斯基泰人分为诸多的民族。在诸多斯基泰部族中，狭义的"斯基泰人"只是其中之一。古典时代的历史学家曾记载了里海西北的萨尔玛提亚人、里海东北的阿兰人、咸海以东的马萨革泰人等等。数个世纪之中，他们之间互相征战，互相影响，起伏性崛起各领草原霸权。

不同的斯基泰人在人种和生活习惯上有很多相似之处。第一是对黄金饰品、随身盔甲、武器的钟爱，并喜欢用它们陪葬。作为没有文字的草原民族，斯基泰人的这个习惯非常受现代历史学家喜爱，因为可以依靠实物来复原当时斯基泰人的很多生活。

第二是男女相对平等的传统。在斯基泰人部落中，女性参与战争被认为是非常正常

上图: 亚述帝国的装甲弓骑兵在战斗中

① 也译为西徐亚人或是塞西亚人。

的事情。他们的女贵族和女战士墓地中也可以见到女人生前擅长使用的匕首、短剑、弓箭。这种早期古典时代留下来的朝气蓬勃的女性气质，对周边民族都有影响。

第三就是斯基泰人作为草原民族对于骑兵的精通。

法国历史学家格鲁塞认为，就连同时期亚述帝国的骑兵部队也受到斯基泰人影响，即亚述帝国骑兵技术的提升与他们早期的盟友斯基泰人是分不开的。虽然如前所说，最早发明"马鞍"的专利很可能属于亚述帝国，但草原斯基泰人同时也在使用简单的鞍布。

大约在前500—前400年左右的时候，斯基泰人的马鞍样式有了进一步的发展——拥有了带有基本框架的马鞍。马鞍的样式虽然是同样悬挂着马肚带的两块并列皮垫，但有了最初级的"鞍头"和"鞍尾"，这个马鞍甚至还可以为战马悬挂胸甲。

斯基泰人在文化的发展上自然与亚述帝国无法相比。在军事上，斯基泰人也没有亚述帝国训练有素的战车部队、攻城部队、辎重工兵、步兵部队、野战营垒和驿道，也没有复杂的各兵种协同作战术。但斯基泰人凭借他们最依仗的军事资源——马，以及军事特长——骑兵，在与亚述、巴比伦、波斯、米底等诸多强国的争锋中，并不落下风。甚至，在终结亚述帝国的战争中，斯基泰人的作用不可忽视。

斯基泰人的核心军队在于他们的骑兵。虽然现在一些历史学家考证"斯基泰"这个名字源于印欧语"弓箭手"一词，但真正意义上的斯基泰弓箭手，与他们的坐骑是无法分开的。他们必须借助马力才能发挥出真正的实力。

不过，虽然仅穿简易皮甲，在马背上娴熟使用弓箭的斯基泰弓骑兵数量非常庞大，但真正的军事精华却在其贵族中，即那些身穿铁质或铜质鳞甲的重骑兵。他们也可能是第一种最具有标准意义的重装骑兵。

根据考古发掘，斯基泰人所骑乘的，是直到现代都非常著名的尼萨马。那些肩高1.45～1.50米的高大尼萨马，是骑兵特别是重骑兵偏爱的坐骑。高大强壮的坐骑则保证了斯基泰重型骑兵拥有真正意义的突击能力。而相对矮小或者较差的马种，只能被当作食物[1]。

斯基泰人很早就进入了铁器时代。大约在公元前6世纪，他们就已经拥有大量铁制的武器与盔甲。不过他们并非就此放弃青铜武器[2]。根据研究，许多斯基泰重装骑兵装备青铜的鳞甲。这种在皮革背心上钉金属片的鳞甲是斯基泰人最主要的重甲。此外，他们还广泛使用青铜的头盔。而在他们与希腊人的交往与交战中，也常常将希腊人的头盔改造来给自己使用。

在盔甲上，斯基泰人最显著的特点就是重装骑兵出现了专业的腿甲。当然这些笨重而奢侈的装备只属于他们的贵族。更值得一提的是，他们的部分重装骑兵已经出现了最早的马铠。

早期斯基泰人的马铠以较为简单的当胸为主，即保护马匹胸部的马穿鳞甲。也就是说，斯基泰人创造了一个伟大的开始：他们不仅拥有相对于其他民族专业得多的重骑兵，而且还开始发展了重装骑兵中最昂贵、最震撼、最恐怖的一支——具装骑兵。

具装骑兵，中国史书上往往称呼其为"甲骑"，就是人与马共同穿着盔甲的重装骑兵。他们拥有比普通重装骑兵更好，更全面的防护，

---

① 斯基泰人习惯吃马肉，这也是他们的传统。
② 就如同公元前4世纪的中国战国时代。

上图: *斯基泰重骑兵与轻骑兵在攻击*

上图: *斯基泰半具装骑兵（很可能是部族国王）*

而更大的重量也往往提供更恐怖的冲击力。当然，这一般情况下是以牺牲速度为前提。无论在古典时代，或是在重装骑兵横行的中世纪，他们都是最昂贵的兵种。至于在那个时代，作为先驱者的斯基泰人，还没有全身一体化的马铠。在早期（这不包括后来萨尔玛提亚人与阿兰人兴起的时期）斯基泰人的具装骑兵战马仅有金属质鳞甲当胸，并非后世帕提亚、萨珊、东罗马帝国等那种连人带马整个包裹在铠甲中的全具装骑兵。但对于公元前6世纪的战场来说，这已经是足够让人心惊胆战的进步了。

作为重装骑兵最重要的近战武器，斯基泰人的矛并不很长，约1.7～1.8米。这些矛既可以刺杀，也可以投掷。作为最早的重骑兵，当时的斯基泰重装骑兵还未像其后来的一支延续——萨尔玛提亚人那样，双手使用更长的骑矛，发动更为专业的冲击。那个时代的斯基泰重骑兵，还是讲究双重重骑兵的作战方法。所谓双重，就是既装备弓箭，也装备矛或掷矛，并不将冲击作为唯一的方式。

考古学家在早期斯基泰重骑兵的墓中发现了大量弓箭，证明他们保持着斯基泰人重

视弓箭射击的传统，会参与远程射击。和斯基泰轻骑兵的弓一样，他们的弓是典型的反曲复合弓。这种弓后来被西亚东欧等地的大量民族，诸如波斯、帕提亚、萨珊等广泛使用。这种弓虽然不大，弓臂约80厘米，但还是极具威力。每名斯基泰战士携带30～50支箭，据说他们的射击速度可达每分钟10～12发。箭头的材质包括铁、青铜甚至骨头。有的箭矢还会淬毒。箭头的样式有很多种，有普通箭头、专门用于狩猎的箭头，甚至穿甲箭。考古学家们在一些墓地上发现了钉在头骨上的箭头，深入头骨2～3厘米。

交战时，斯基泰骑兵们包括重骑兵，都会先以漫天的箭雨削弱敌军或使其混乱，然后靠近投掷标枪，之后斯基泰重骑兵再以密集队形冲击敌军核心地带使其崩溃。如果冲击没有达到击溃效果，受过严格训练的重骑兵可以调转马头重新集结，再进行新的冲击。这无疑是千年之后中世纪流行的重骑兵战术的雏形。

斯基泰重装骑兵作为贵族骑兵，除了骑矛与弓箭之外，还装备着近战武器，诸如剑或者战斧、战锤。在古典时代早期，锻造能

力有限的条件下，斯基泰人的骑兵用剑，达到了 50 ～ 70 厘米，已经长于或至少不短于其周遭民族的短剑，如希腊人的短剑。虽然曾发现过一把铸造时间是公元前 6 世纪、长约 1 米、达到中世纪早期长剑长度水准的长剑，但这只是个例。至于钉锤和战锤这些适合对付重甲目标的武器，斯基泰重骑兵也可能是最早装备的。

作为草原民族，斯基泰人的狩猎、军事锻炼和部落间的不断征战与冲突，构成了他们维持军事传统的环境。斯基泰很多黄金艺术作品都表现出他们对于狩猎的尊重与理解。在他们的文化中，狩猎不仅是一种生活方式，也是骑兵很重要的一种军事训练。按时间来看，斯基泰这种骑兵训练方式也算是最早的首创者之一。斯基泰人无论男孩还是女孩，在儿童时代便要骑上马背，接受弓箭、战斧、剑、标枪、锤、矛的训练，能够保卫自己的牧场和牲畜。他们这种尚武的习气，也给一些作为其对手的

周边民族造成了相当大的心理震撼。每一名年轻的斯基泰男子必须在战场上杀死一个敌人，并饮用他的鲜血。只有这样，这名年轻战士才会被他的族人真正认可为成年人。还有个习俗是，斯基泰男子只有在杀死第一个敌人后，他们才有资格剪头发。

他们还将战场上敌人的头颅数量作为检验功绩的标准。为了方便携带和缴纳，他们会割下敌人的头皮作为战功的凭证。斯基泰人甚至会将敌人的整张头皮都割下来，进行处理后做成毛巾，或挂在缰绳上进行炫耀。根据记载，"头颅碗"也是斯基泰人首创，即敌人的头颅会被做成酒碗。头颅被从眉骨、耳朵上方平行锯开，而颅腔就是碗底。作为贵族战士的重装骑兵，往往在"斯基泰牌头颅碗"的碗底内壁使用镀金。直到千年之后的中世纪时代，无论是草原民族，还是一些尚武桀骜的定居民族，不少还在沿用这一传统。最著名的莫过于保加

利亚人，如果被做成酒碗的人地位很高，往往就成了君王使用的限量版头颅碗。

女战士则是斯基泰文化中很令人着迷的文化，而之后斯基泰人的延续者——萨尔玛提亚人将此文化发展得更甚。在希腊神话传说中，希腊英雄阿喀琉斯所对付的强悍而妩媚的女战士之王彭忒西勒亚——那些"亚马逊女战士"的首领——原型非常可能就是斯基泰女战士。根据研究，斯基泰女战士包括贵族女士的墓葬中也发现了大量的武器，最多的是弓箭，其余包括长矛与标枪。最有特点的是，女战士的箭袋表面上还有个护套，里面可以别进一把匕首。而且大部分女战士的随身物品中都有一面镜子——铜镜或者银镜，看来这些彪悍尚武的女战士并没有忘记自己女性吸引力的一面。斯基泰女战士包括贵族在内，很可能都不担任重骑兵。因为几乎所有女战士的墓地中都没有铠甲，而且长剑也很少。到目前为止，已经发现的女战士墓地中，仅三座中有长剑。所以，她们最常担任的军中岗位可能还是骑兵射手。

虽然大量斯基泰出土的黄金艺术品、墓葬盔甲和武器，让我们成功复原了斯基泰人的军事装备，但因为斯基泰人没有文字，我们只能通过周遭民族（往往是他们的敌人）的文字记载来了解其军事战争的具体情况。在记载中，斯基泰人是可怕的掠夺者，他们成群的骑兵，从公元前7世纪开始对高加索、小亚细亚、亚美尼亚、米底、亚述帝国大举入侵。在一定时期里，他们也充当这些定居民族的盟友。公元前6世

上图：斯基泰女战士复原图

纪，根据希腊历史学家希罗多德的记载，在西亚取代米底人而崛起的波斯帝国曾与斯基泰人数次交战。其中，最精彩的莫过于波斯帝国与咸海斯基泰人的一支——马萨革泰部落之间的战争。在那场战争中，马萨革泰部落的托米丽丝女王更是将斯基泰人的女战士文化推向了传奇。

波斯人在公元前550年之前定居于伊朗高原西北部，臣服于那个时代中西亚最强盛的王国——米底王国。在新巴比伦王国与斯基泰人的帮助下，米底王国灭亡了曾经辉煌数百年的不可一世的亚述王国，称霸一时。之后，米底统治着伊朗高原的大部分地区，并和当时另一强国，盘踞在小亚细亚西部的吕底亚王国争夺安纳托利亚高原的统治权。但米底王国的霸权时间并不长。

公元前558年，波斯的居鲁士二世称王，起兵反抗米底王国的统治，并于550年击败了米底王国，建立了波斯阿契美尼德王朝。波斯成为一个强盛的君主专制帝国，而居鲁士二世也被称为"居鲁士大帝"。大帝于公元前547年又击败了小亚细亚的骑兵强国吕底亚。接着，波斯军队风卷残云一般征服了中亚的帕提亚、阿利亚、巴克特里亚以及中亚河中广大地区。在公元前539年，居鲁士大帝又征服了另一强国新巴比伦王国，进入了著名的巴比伦城。就这样，波斯在仅仅19年内，在居鲁士大帝无敌的武功下，成为一个空前的大帝国。

最后，居鲁士大帝将目光投向了里海东岸的广阔草原，那里是一支斯基泰人——马萨

个弱点，就向她提出求婚。女王拒绝了求婚，不可一世的居鲁士便领军交战。居鲁士在营地设计故意扎下营盘，只留部分老弱残兵守卫，并放上美酒与美食，自己带领大部队悄然后退。女王的儿子斯帕尔伽彼赛斯率部劫营，他在杀死了老弱残兵之后，高兴地在波斯营中饮宴。这时波斯主力军队返回，歼灭了斯帕尔伽彼赛斯率领的斯基泰军队，并俘虏了他。之后女王的儿子羞愤自杀。

初战告捷后，居鲁士大帝认为女王的军事统帅已死，对她更加轻视。但他忽视了斯基泰人的风俗，那就是女性一样可以作为军队的统帅。托米丽丝女王亲自统领军队，将部族中所有的军队全部集结起来，并派使者告诉居鲁士，"你已经踩躏了马萨革泰人土地和军队的三分之一，也该满足了。现在我以马萨革泰人的主人——太阳起誓，你不是嗜血如渴吗？我一定会叫你喝饱鲜血！"

这是希罗多德记载的外族人（非希腊人）战争中最激烈的一次，"他们双方在对峙时相互射箭，很快地在箭全都射完之后，面对面猛冲上来用矛、剑之类的武器进行殊死的厮杀。据说，他们这样厮杀了很长的一段时间，哪一方都不想退却。结果是马萨革泰人取得了胜

■上图: 从上到下依次为斯基泰女贵族、麦尔提克贵族（亚速海及黑海交接处的斯基泰人）、斯基泰贵族

革泰人的领地。大帝出兵征讨锡尔河谷地的马萨革泰人，而当时马萨革泰人由寡居的女王托米丽丝统领。据说托米丽丝有着倾国倾城的相貌。当然在居鲁士这种统军帝王眼中，她的统治区域则更令人垂涎，并认为寡居的女王是一

■上图: 手持居鲁士大帝头颅的托米丽丝女王

■上图: 斯基泰骑兵在发动突袭

利。"根据记述,这非常符合当时斯基泰人重装骑兵与轻弓骑兵相互配合作战的特点。

凶猛的斯基泰重装骑兵最终冲垮了波斯军队,并杀死了居鲁士大帝。这个伟大的征服者最终葬身于一名斯基泰女王之手。之后,女王派人找到了居鲁士的尸体,把首级割了下来,放入一个盛满人血的革囊中,"我实现我的诺言,请饱饮鲜血吧。"

从希罗多德传奇版的《历史》中,我们仿佛看到了如美国大片般的传奇故事,女色、战争、暴力以及鲜血四溅的复仇——美艳动人的女主角最终战胜对她(以及她的土地)充满欲望、无比强大又不可一世的"邪恶大帝",并畅快淋漓地将对手的尸体四五分裂。可以瞥见,当时历史学与后期相对严谨的历史记载相比,总是带着一些神话与夸张的色彩。但之前南征北战、战无不胜的居鲁士大帝,折戟于斯基泰彪悍骑兵之手,却是不争的事实①。当然现代军史专家也做过一些整理,认为此战应是女王假装畏惧,利用广阔无垠的战略纵深,将居鲁士与他一部分军队诱致隘口,而她熟悉地形的军队则进行伏击获胜并杀死居鲁士,而非希罗多德版本的正面决战。因为这更符合斯基泰人的作战习惯。

总之,在赞叹斯基泰人重装骑兵无数个先驱专利时,也要清醒地看待一件事,那就是在公元前6世纪这个时代,骑兵——无论是轻骑兵还是重骑兵,在战场上还是配角。重骑兵更是"小孩子",并未撼动步兵的"成年人"位置。斯基泰人在和亚述、波斯这些更高的文明交锋时,虽不落下风,但因为长

期没有专业步兵,以及没有大量战车、攻城部队的复合协同作战,大都处于劫掠者的位置,不能动摇这些文明大帝国的核心。毕竟,取代亚述的是米底和新巴比伦,而取代米底和新巴比伦的又是波斯,不是斯基泰人。

当这些既无真正意义上的马鞍,也无马镫的骑兵,面对波斯庞大的复合型军队时,即使是最优秀斯基泰重骑兵,也不敢随意进行正面冲锋。斯基泰人很可能是最早使用雏形"帕提亚体系"的军队,这个名词来源于数百年后罗马共和国时代同期的中亚强国帕提亚而来。帕提亚体系以大量轻型马弓手配合少量重装骑兵作战,以轻弓骑兵对敌军进行广泛的侦察、骚扰、佯攻,撤退中保持射击状态,长时间削弱敌军而不与敌军陷入肉搏战。在敌军出现动摇和破绽后,再以重骑兵冲击敌军薄弱环节。这种战术为大量草原民族所使用,可以一直延伸到公元13世纪的蒙古帝国。现在来看,公元前6世纪的斯基泰人就创建了帕提亚体系的雏形。

这个体系与草原民族自身的特点是分不开的。其实草原民族最可怕的不是他们的进攻而是他们的防御。他们并不防御某些战略要点,而整个庞大无法企及边界的草原,就是敌人面前最可怕的防御纵深。而且他们的一切都是可以带走的,以复合兵种追击他们的敌人,无法通过劫掠他们的营地来获得任何补给。因此,当斯基泰人面对波斯军队时,大部分时候还是以自己的优势在撤退中寻找机会。

就在居鲁士大帝死于马萨革泰女王手中七年之后,波斯帝国又迎来了他第三位统治

重骑兵的黎明:斯基泰人与亚述人的早期重骑兵

———

① 也有认为居鲁士本人死在印度,或是自然死亡等记载。

者，就是著名的大流士一世，又称"万王之王"和"铁血大帝"。他的父亲西维塔斯帕是巴克特里亚与波西斯的总督。大流士在前波斯国王冈比西斯二世突然暴死，各地暴动之际，力挽狂澜，在巴比伦、埃兰、米底等地连续作战十九次，挫败了几乎所有暴动首领的反抗，使得庞大的波斯帝国免于瓦解。之后他又远征印度，征服印度西北地区。接着，他于公元前513年西征，占领色雷斯地区，并在博斯普鲁斯海峡架设桥梁。按希罗多德的说法，他集结了70万大军。当然这个数字太过夸张，现代史学家一般认为不会超过15万人。但无论如何，这已经是当时难得一见的大军了。同时，波斯军队向北方斯基泰人再次发动进攻。

虽然麾下已经有人提过斯基泰人极其彪悍、难以征服，以及当时该地区草原的荒凉与广阔，但大流士一世还是决定让桀骜不驯的斯基泰人臣服。当时斯基泰人的国王伊丹图尔索斯成功联合了斯基泰人的另一支——萨尔玛提亚人，来与波斯人作战。他们派出了精锐骑兵对付大流士，而将自己的妻子儿女和那些不作战的人，以及全部的牲畜，向北方转移。这些精锐骑兵也没有贸然对庞大的大流士军队发起攻击，他们一路坚壁清野，并始终与波斯军队保持一天的路程。

大流士进入这荒凉的地带，按以往的经验建立了许多大型要塞。但很快他就发现，建设这些要塞完全是白费人力，因为斯基泰人根本不会来攻打这些要塞，他们只是安心地保持着与波斯人的距离。大流士非常恼火斯基泰人的战术，就写了信派人送给斯基泰人国王伊丹图尔索斯："为什么我觉得你总在逃跑？如果你认为你有足够的能力与我一决雌雄，那么就战斗。如果不能，就应该向你的主人缔约，把水和土这两件礼物送给他（也就是投降）。"

结果斯基泰人国王的回答是："我从不会因为害怕而逃跑，现在我也不是因为害怕而逃跑。现在这种做法只是我平时的锻炼，至于我为什么不接战，是因为我们没有耕地，也没有城市，所以不惧怕被攻陷。哦，对了，还有我们祖先的坟墓，你可以试试毁掉这些，看看能不能让我们为这些坟墓和你接战。当我们和你接战的时候，就是我们认为适宜的时候。"

随着波斯大军的补给线越来越长，斯基泰人开始逐步对大流士发起反击，这些小型反击是谨慎迅速的，完全发挥了斯基泰人的优势。当波斯人在用饭的时候，或当波斯人骑兵与步兵的距离拉远的时候，就是斯基泰骑兵突击的时候。根据希罗多德的记载："斯基泰人的骑兵在战斗中总能击败波斯的骑兵，然后波斯的骑兵向他们自己的步兵方向退却，以便得到步兵的支援，斯基泰人的骑兵就迅速撤回来，无论白天还是黑夜，斯基泰人都是用这种方式进攻的。"根据这个记载也能发现，斯基泰人骑兵相对于波斯人的优势。

最终疲惫不堪的大流士撤退了。他临走前，将老弱残兵留在营地里欺骗斯基泰人，让他们认为波斯王还在军营里。同时他也欺骗那些老弱残兵，说自己带领主力出发是为了对付斯基泰人。等到斯基泰人发现了这个诡计，大流士已经回到了博斯普鲁斯海峡对面。虽然铁血大帝安然返回，但波斯人再次出征斯基泰却无功而返，同时遭受了惨重的损失。

斯基泰人的精锐骑兵让自己免遭南方大帝国的征服，但作为草原部落的他们，也很难入主核心文明地区大有作为，只能远眺一个又一个强国的崛起和没落。

后来希腊文明逐渐崛起。公元前339年，向西扩张的斯基泰人王国与希腊马其顿王国的菲利普二世交战失败，国王战死。值得一提的是，斯基泰人的这位对手创造了名震天下的"马其顿方阵"，也塑造了希腊人冲击型重装骑兵——伙伴骑兵。接着，菲利普更为有名的儿子，亚历山大大帝则带兵再次击

败了他们。不过，亚历山大并未征服斯基泰人，只是不希望自己的背后被这些草原民族骚扰。

时间继续向后推移，斯基泰人在族内与外族的争斗中，逐步被另一支自己的分支——萨尔玛提亚人所代替。萨尔玛提亚人的军队向西渡过顿河，驱逐了原来黑海北部的斯基泰人。作为新兴强大的斯基泰人，他们不仅继承了重骑兵与女性战士的传统，而且还将其强化与发扬光大。三百多年之后，萨尔玛提亚开始影响当时最炙手可热的文明——罗马帝国，并在争斗中开始融合，为罗马帝国提供最精锐的骑兵。萨尔玛提亚骑兵的战术，对罗马帝国骑兵的建设影响深远。当然，这是以后的故事了，我们将在后面详叙。

上图：古斯基泰重骑兵在发动冲锋

第二章

稚嫩的新兵种

波斯及希腊早期重骑兵的局限

帕格纳达斯派遣两个骑兵队绕到山后。当骑兵突然出现时，引起了已经胜利的雅典右翼的惊慌。同时底比斯人继续前进，突破了雅典人左翼，于是雅典全军开始逃亡。

——《伯罗奔尼撒战争史》修昔底德 [古希腊]

如果说，斯基泰人拥有世界历史上和游牧民族中的第一支真正意义上的重装骑兵，那么定居民族的第一支标准意义的重装骑兵桂冠则可能属于吕底亚王国。在称霸数百年的亚述帝国灭亡之际，在小亚细亚的西部，吕底亚王国开始崛起。当地发现了大量的银矿与金矿，使得货币出现及贸易繁荣。其中一位吕底亚国王克罗索斯的富有举世闻名，"像克罗索斯一样的财富"成为一句谚语。吕底亚王国则用他们豪华的财力组建了吕底亚贵族重骑兵，并用他们与各族雇佣步骑兵征服了小亚细亚的许多城市。

吕底亚重骑兵战术不似斯基泰人有无数重大创新，但技术精良，装备豪华。在希罗多德的记载中，他们"手持长矛且操纵战马的技术非常高超"。这些重骑兵身穿完备的细鳞甲，在雕刻资料中，他们的头盔与盾牌都有很好的装饰。他们以长矛与掷矛作为主要武器，同时装备辅助用于近战的剑、斧。关于吕底亚重骑兵的具体数量、战术由于资料的缺失不可考。

之所以吕底亚王国缺乏记载，是因为其国王克罗索斯与波斯大帝居鲁士二世生在了同一时代。作为有一定实力的对手，克罗索斯和居鲁士二世展开争霸战，吕底亚骑兵甚至一度攻入波斯领土。但在关键性的公元前547年，克罗索斯在战略上出现了重大判断失误。在攻入波斯领土与居鲁士打得不分胜负之后，他回到了自己的领土。他计划用5个月的时间召集埃及与新巴比伦的盟友来帮助自己，以便在冬天过去春天到来的时候，再次向波斯发动进攻。为了节约经费，吕底

▌上图：吕底亚重骑兵

亚国王就将佣兵们全部解散，只留下自己的直属部队。

但敏锐的居鲁士二世发现了这一致命破绽。本来双方在实力对比上，就是波斯的兵力占优，而吕底亚由于解散了佣兵，命运女神的天平在这段时间会向波斯短暂的大范围倾斜。于是波斯王抓住了这个机会。居鲁士立刻反守为攻，主动攻入吕底亚领土，打了克罗索斯一个措手不及。

虽然克罗索斯没有来得及集结他所有的军队，但他的吕底亚重骑兵还是令居鲁士二世非常忌惮的。波斯王命令他的骆驼辎重部队全部下地，而让骑兵骑上去，放在第一排与吕底亚骑兵交战，之后是波斯的步兵，最后才是骑兵。这也许是历史记载中第一次使用骆驼来对付对方的骑兵[1]。吕底亚重骑兵

---

① 后期因为战马有了相应训练，这种方法并不是那么好用。

战场决胜者

稚嫩的新兵种：波斯及希腊早期重骑兵的局限

上图：早期骆驼骑兵

上图：协同作战的波斯军各军种

的战马害怕并且讨厌骆驼的气味，纷纷向后逃跑，结果吕底亚重骑兵只好下马，在没有优势的情况下与波斯大军交战，最终被击溃。居鲁士二世随即挥军直指吕底亚首都并将其攻克，生俘克罗索斯。强国吕底亚宣告灭亡，而波斯帝国也在这次大胜后，逐步登上王者地位。

对比斯基泰重骑兵与吕底亚重骑兵，就会发现一个有趣的情况。双方的相同点是都装备精良，个人战技高超；论马匹，斯基泰草原和小亚细亚西部战马都是优良的尼萨马种；谈及盔甲，富有的吕底亚重骑兵也不逊色。但在面对居鲁士大帝时，一个挫败敌军并阵斩大帝，一个则被击败、国王被生俘。尽管这其中也有运气、军事统帅判断失误，以及斯基泰游牧民族在防御方面的高机动性及战略纵深优势等因素。但在战术上进行对比，我们还是可以发现：

斯基泰重骑兵不仅骑术高超，更重要的是他们已经与自己轻型骑射手形成了一种成型的战术配合体系。在这种战术体系下，斯基泰

人重骑兵绝不会盲目地对抗对方严阵以待的军阵，更不要提向后来在地中海世界广泛流行的更加坚固的"步兵方阵"发动冲击。他们是在各种轻弓骑兵的骚扰、拖延、迂回和假撤退后，直到出现真正的破绽时才发动打击。如前所说，这种帕提亚体系将一直不断在各民族各个战场得到延续、改进与强化，以此为基础并吸收其他的成果，几乎成了日后草原民族战术的核心。直到13世纪的无数次著名战役都体现着这种思想的存在。

吕底亚的军事力量及兵种协同配合不如波斯人——起码希罗多德与色诺芬的见解都是如此。他们重骑兵的个人战技或许高超，但当缺乏面对骆驼经验的骑兵被波斯军队克制时，他们似乎并没有什么太好的办法，接下来就是完全的被动与溃败。相反他们的对手居鲁士统治下的波斯人，论骑兵也许并不如吕底亚人[①]，也不如斯基泰人，但波斯军队中骑兵、专业步兵（诸如常备的不朽者卫队

① 根据希罗多德的看法。

等）、工程兵等各兵种完备，他们互相配合，在规模与协同上均胜过吕底亚军队。其实往前，亚述帝国在军事上之所以能不断胜利，也是依赖着各兵种密切协同作战。

不过对于波斯—吕底亚之战，希腊著名的冒险家、作家、军事家色诺芬在其《居鲁士的教育》中，有与希罗多德差别较大的记叙。虽然他同样提到此战中波斯军对于骆驼的成功使用："那些骆驼，他们的作用就是使作战的战马惊慌失措，因为战马是不能靠近骆驼的。"也提到了当战斗结束后，"这些骆驼又回到了自己原本所在辎重车队的位置上。"这些观点与希罗多德都是相同的。但色诺芬明显对于波斯重骑兵的评价高得多，他认为"波斯骑兵的素质是最优秀的"。在他的记叙中，波斯与吕底亚在公元 547 年的决战中，吕底亚的骑兵部队布置在两翼并从两侧率先包抄，居鲁士亲率部队打垮了吕底亚正面的前锋，并用从左翼放出的骆驼扰乱了吕底亚的战马。同时，吕底亚军中的埃及雇佣重步兵在与波斯步兵的交锋中占据了上风，甚至将波斯步兵反推回去，但由于其他吕底亚军队已经逃跑，因此居鲁士从两翼包抄，将剩下的埃及佣兵包围起来，并争取到了后者的投降为自己效力。

但是《居鲁士的教育》没有想要成为一部史书，其更类似于历史小说。色诺芬笔下的"居鲁士"与他的波斯帝国更接近斯巴达的情况，而亚细亚的地理情况也因为剧情需要做出了调整。这与色诺芬另一部自己亲身参与的纪传体著作《远征记》是不同的。而且值得注意的是，色诺芬在《居鲁士的教育》

中对于波斯军阵，特别是重骑兵部队[1]以及铠甲、装备的描写，更类似伯罗奔尼撒战争之后的波斯重骑兵装备。因为那是他亲眼所见，而非二百年前波斯—吕底亚战争时波斯重骑兵的装备。因此笔者在选择波斯—吕底亚战争的史料时，仍以希腊史学家希罗多德为主，而在后文对伯罗奔尼撒战争时代波斯重骑兵的装备描述，则以色诺芬的《远征记》为主。有兴趣的读者可以互相做参照。

根据记载，波斯帝国的重骑兵也吸收了吕底亚、斯基泰人重骑兵的特点。但相比斯基泰人，波斯骑兵不太重视冲击力[2]，重型骑兵也用掷矛而不像斯基泰人擅长冲击。虽然有部分记载在希波战争之后，3 米的长矛开始装备重骑兵，但这极有可能是当时波斯帝国也引入了使用长骑矛的斯基泰骑兵。因色诺芬有在波斯王子小居鲁士的希腊佣兵团服役的经历，所以他的描述可信度相对比较高。根据资料波斯重骑兵的装备带有浓厚的

上图：波斯重骑兵

---

① 色诺芬就出身于雅典骑兵并之后为波斯王子小居鲁士服务。
② 这点在后来与马其顿亚历山大大帝的几次决战中也有记载。

希腊风格，头盔上插着马鬃，身穿鳞甲——包括胸甲和胫甲，装备着希腊式短剑以及拥有铁矛尖的掷矛。战马面门顶着护额——具装骑兵面甲的简易形式，胸前也挂着青铜的鳞甲，可以算得上是简易的半具装骑兵。这在当时可是非常豪华的重骑兵装备。

但当时波斯骑兵大多数还是轻骑兵。他们没有盔甲，以标枪和弓箭为武器进行作战。实际上，波斯步兵大多数也非常依赖他们手中的弓箭，而并不强于近身肉搏。所以他们的步兵大都是弓箭手，重装步兵较少，而且往往仅在第一或者较少纵列使用藤条盾牌。"遮天蔽日的箭雨"，是波斯军队步兵和骑兵最重要的作战方式。而且波斯的箭矢射速虽快，但穿甲能力不强，这点让波斯军队在与希腊军队的战斗中处于不利位置。甚至一直到公元7世纪的波斯萨珊帝国时代，其军队里都能找到类似特点。

虽然波斯帝国在兵种协同上做得非常不错，但在公元前5世纪的希波战争中，他们遇到了技术上的重大挑战——希腊军队以重装步兵为主组成的"方阵"。这是人类在战术上的

重大进步之一，在今后的二百多年中，在地中海世界，希腊式方阵包括后来著名的马其顿方阵将是绝对的主角，骑兵将在他们的面前黯然失色。希腊重装步兵方阵由城邦富有的公民服役，阵形往往八纵列或者更高，使用3米长的长矛与直径0.92米、沉重而整体包着青铜的木制盾牌。其中著名的斯巴达重步兵的盾牌往往更大。每名希腊重步兵都身穿青铜头盔与胸甲。也就是说，装备上波斯人也无法取得优势。波斯军队虽然人数比希腊人多得多，但他们步兵平均装备不如希腊人——希腊重步兵方阵是城邦主力，而波斯人马俱甲的早期重装骑兵却只是小部分，绝大多数都是使用弓箭与投枪的无甲轻骑兵。在步兵方面，重步兵也仅是一小部分，装备的是藤编盾牌。在著名的马拉松会战中，面对冲锋的希腊重步兵，波斯军队的箭矢无法穿透他们的胸甲和盾牌，这就造成了非常被动的局面。

在希波战争时期，绝大多数希腊城邦的骑兵是既衰弱人数又稀少的。公元前490年的马拉松战役，希腊人甚至没有骑兵参战，但依

下图：波斯轻骑兵

然获得了重大胜利。希腊历史学家希罗多德记载的损失结果是希腊伤亡192人，而且绝大多数是追击在海边时伤亡的，波斯人伤亡6400人。现代史学家一般认为希腊方面伤亡1000～3000人，而波斯人伤亡4000～5000人。但无论如何，这让我们发现在步兵对决时，希腊重步兵方阵取得了压倒优势。

虽然希腊方阵与波斯军队的对决互有胜负，但希腊人赢得了几次决定性的战役，使得强大的波斯帝国与希腊人签署了条约，放弃了继续入侵希腊地区的计划。这其中，公元前480年的萨拉米斯海战胜利不在本书的叙述之列。另一场关键性战役就是公元前479年普拉提亚战役。虽然这场战役中一些诸如政治因素、偶然性与运气成分促成了最后的结果，但也能看出当时重骑兵的局限性。

由于之前决定性的萨拉米斯海战的失败，普拉提亚战役开始时，整个波斯军队的士气也受到了影响，上层对继续入侵也犹豫不决。但波斯方面的指挥官玛尔多纽斯则坚持作战，他是精于骑兵指挥的指挥官，麾下拥有精锐的重骑兵，也拥有大量的轻骑兵。之前他对希腊城邦采取分化瓦解的策略，并充分利用了波斯骑兵的机动性，对雅典和周遭的区域进行侵袭，破坏经济生产。这一次他正是发挥了骑兵的优势，甚至迫使雅典人弃城撤离。波斯骑兵与百年前的斯基泰骑兵一样，并非一定要与对方正面决战，而是更愿意发挥骑兵机动性，打击对方的薄弱环节。雅典和斯巴达的城邦虽然联合作战，并集结了数量非常可观的精锐重装步兵，但在方案上很难达到统一，争执不休。不过最终斯巴达重步兵还是支援雅典，同波斯军队决战。玛尔多纽斯则让军队离开地形崎岖复杂的阿提卡半岛，将能发挥骑兵优势的普拉提亚平原作为决战战场。

下图：马拉松之战

上图: 波斯轻骑兵在侦察希腊军

下图: 波斯骑兵奇袭希腊军水源补给点伽尔迦皮亚泉

当时，希腊统帅将军队驻扎在了高地上，斯巴达重步兵在右翼，相对靠前，而雅典军团在左翼，中间是希腊其他城邦的军队。希腊轻步兵则布置在重步兵之后。当玛尔多纽斯的骑兵统帅马西斯提欧斯发现希腊人中央那些小城邦的方阵阵形不很严整，当即就发动了骑兵的冲击，希腊中央阵线抵敌不住开始退却，但这时候雅典的重步兵前来支援。这一次正面作战又是方阵的矛尖刺倒了骑兵的战马。根据记载，马西斯提欧斯的战马被箭射中，使得他摔下马来。虽然他身穿重铠，并且还如斯基泰贵族一样拥有保护腿部的重鳞甲，但还是被希腊重步兵们杀死，波斯骑兵遭到了损失并退却。

上图： 斯巴达重步兵阻挡波斯骑兵

随后的拖延似乎也对希腊人有利，因为希腊各城邦的军队不停地集结，人数越来越多。机智的玛尔多纽斯立即转变战法，又恢复到骑兵的灵活战术上去，

上图： 普拉提亚之战中波斯步兵与希腊联军方阵鏖战

派遣多支骑兵分队深入希腊联军侧后方，袭击劫掠希腊步兵们的粮食补给线。希腊人没有骑兵，对此一筹莫展。之后，波斯统帅又派遣骑兵去袭击希腊全军的水源伽尔迦皮亚泉，那里只有少量希腊步兵守卫。波斯骑兵发挥了自己远距离奔袭与机动性的优势，完全不与希腊步兵近战，只投枪与放箭攻击。最终，波斯人歼灭了少量的守备队并捣毁了该泉。这下，希腊人的后勤补给出了大问题。

至此为止，可以说玛尔多纽斯已经掌握了战场的主动权。斯巴达人统帅与雅典人商

议后，只能让全军后撤，恢复补给线。但因为部分斯巴达将领不愿放弃阵地，希腊人内部引发争吵，撤退的队形相对分散。当有的希腊城邦军队已经到达希泰隆山补给点时，雅典军团和斯巴达军队才出发，这给玛尔多纽斯造成了一个希腊军队全军溃退的印象。

玛尔多纽斯误判之下决定立即追击。但奇怪的是这位经验丰富的波斯统帅追击得很急躁。他命令全军追击，而不是骑兵在前，步兵列队在后。也许因为波斯军队的补给由于萨拉米斯海战的失败也很吃紧，玛尔多纽

稚嫩的新兵种：波斯及希腊早期重骑兵的局限

斯急需要一场决定性胜利，所以追击的波斯军队就乱成了一团并高声呼啸着开始了攻击，好像他们追上之后，就可以将希腊人一网打击。

位于阵形最后的斯巴达重步兵立刻转身列阵，波斯步兵很快就追了上来，以他们惯用的战术，藤条盾牌组成一道盾墙，背后轻步兵万箭齐发，"整个斯巴达的阵形都被覆盖在箭雨中"。希腊人看似被动，不时有人中箭倒地，但波斯的弓箭不能对斯巴达重步兵的盾墙和铠甲造成真正有效的伤害。斯巴达统帅等重步兵列阵完毕，转身向赫拉（就是天后）神庙的方向祈祷，接着向波斯人发动了猛烈的冲锋。

现代西方军事研究者认为，急躁的玛尔多纽斯没有让他的骑兵跟在撤退的希腊步兵背后射击与追杀，也没有让轻装的弓箭手追击，并与希腊步兵之间留出旋回的空间，而是让全军乱哄哄的一拥而上，这成了之前占据优势的波斯军队形势急转直下的转折点。因为没有回旋空间的波斯步兵弓箭手很快在斯巴达重步兵的冲锋下陷入了肉搏，波斯人便抛下他们的弓来迎战了，有的士兵甚至勇敢地徒手抓住斯巴达

人的长矛，并将其折断。不过与斯巴达重步兵近战可不是波斯步兵的强项，波斯人论勇气和力量都是不差的，但他们训练不够，他们总是单人、十个人或一群冲进斯巴达人阵形中，然后就死在里面。何其相像，波斯人又陷入了与11年前马拉松战役类似的景象。他们真正的优势兵种骑兵，也陷入很难发挥空间的境地。

玛尔多纽斯只好亲率自己最精锐的一千名亲卫队——很可能其中存在波斯重骑兵——发起反击。但在拥挤的希腊方阵中，他们的冲击再次被挡住。接着，在希腊方阵长矛如林的包围中，波斯主帅玛尔多纽斯落马阵亡，这让整个波斯军队士气大跌。当主帅卫队也纷纷倒在战场上之时，整个波斯大军就崩溃了，士兵们纷纷逃走。步兵方阵再一次在决定性的正面决战中证明了它的王者地位。这场战役的结局也直接导致了希腊和波斯和平条约的签订。

由此可见，波斯骑兵面对希腊方阵确实也有赢面，但绝不在正面决战上。之前波斯人截断希腊补给线，袭击希腊人小股部队，以及迂回到后方破坏对方的经济生产，都做得非常出

上图：古波斯重骑兵

上图：艺术作品中古希腊轻骑兵形象

色。但当波斯大群步兵与希腊方阵绞杀在一起时，波斯骑兵的优势就很难发挥了。虽然他们可以迂回到希腊方阵后方去攻击，但希腊的地形本来就复杂崎岖，所谓普拉提亚平原也只是相对平坦，与后来亚历山大大帝打到高加米拉地区的平原完全不同，因此往往很难迂回。而且，希腊方阵拥有很高的纵列，背后也有掩护的轻步兵，迂回进攻也没那么容易成功。所以这就形成了一个有趣的现象，如果波斯人去掉他们的大群步兵，只保留骑兵进行消耗性野战——就像斯基泰人面对敌方严阵以待的大军习惯于做的那样，可能反而更能发挥骑兵优势。

当然，波斯人的作战目的是攻占希腊地区并开展统治，因此虽然波斯军中拥有较多骑兵，但军队核心仍是步兵。且由于波斯人不同于草原民族的社会与军事体制，因此他们不容易完全依靠草原民族斯基泰人这种体系来作战。

而希腊诸城邦的方阵也有很大的弱点。他们的方阵战术很先进，但却几乎没有骑兵来配合，这点实际上是很致命的，波斯人轻易地截断他们的补给线与破坏生产就是证明。玛尔多纽斯在决战时这场追击中，如果只运用骑兵追击，或保持步兵弓箭手的距离进行弓箭射杀，并留有回旋余地，很可能失败的就是斯巴达人。而且正面决战时，如果波斯人做到了成功迂回，结果也有可能不同。但战争的结果就是这样，"只能追求可能的结果而不是确定的结果"，波斯骑兵没有抓住机会。

希波战争结束后，两方的"和平"时代里，希腊进入了诸城邦之间的内战时代，而波斯帝国内部也经历了王位争夺战。在这个阶段，双方的军事作战技术又上了一个台阶，各自都弥补了自己的弱点，更强化了自己的优势。希腊人也吸取希波战争的教训，各地城邦开始训练骑兵部队。不过希腊中部地区的崎岖山地并不适合养马，缺乏合适的草原和剩余粮食也限制了精锐骑兵的建立。希腊军事家与作家色诺芬就说过："马场建立并保持运行是最昂贵的。"因此，在诸城邦内战时代，骑兵虽然各自建立，但规模小战斗力弱。包括最著名的雅典和斯巴达城邦，给人留下印象的依然是重步兵方阵之间的对决。

但凡事都有例外，希腊北部地区有大面积的草场促成了当地骑兵的发展。在这里，骑兵大都由希腊城邦社会中的上层阶级来担任，因为他们可以负担饲养维护一匹战马的费用。到了希腊城邦之间的伯罗奔尼撒战争末期，希腊骑兵开始从之前侦察、小规模冲突和追击这种角色中解脱了出来。以底比斯为核心的皮奥夏地区，逐步在骑兵建设上率先脱颖而出。

公元前 424 年的德利乌姆之战，雅典城邦对阵皮奥夏。皮奥夏的底比斯将军[1]帕格纳达斯率领皮奥夏军面对强大的雅典步兵方阵。他首次使用了一种新的战术——将骑兵作为后备军，在双方方阵面对面厮杀时，加强一翼击垮了雅典的骑兵，并迂回至雅典方阵后方发动攻击。

许多历史学家认为，帕格纳达斯此举是记载中人类历史上第一次出现"骑兵预备队"。骑兵预备队一开始并不立即投入厮杀，

---

① 当时底比斯是皮奥夏地区的邦联领袖，而之后在不断的战争中建立底比斯霸权。

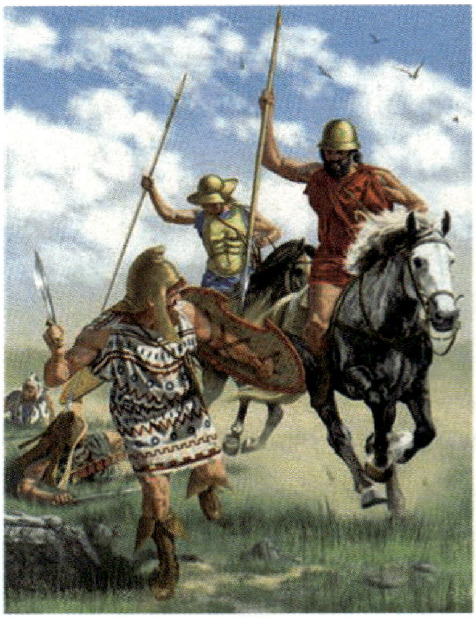

上图：攻击中的底比斯重骑兵

而是在战场关键时刻投入战场以取得战场优势。这种方式，是今后二十几个世纪中，全世界重骑兵都非常常用的布置形态。

德利乌姆战役伊始，皮奥夏的方阵就趁着雅典军统帅演说之际发动突然冲锋。但是，他们显然不是久负盛名的雅典步兵方阵对手，其中央阵线遭到雅典军不断的反击而后退，左翼坚持不撤退的一支方阵则被雅典方阵包围。但是，布置在皮奥夏侧翼的，使用了新式方阵（25人纵深）的底比斯步兵，击退了他们面前的雅典方阵，使得战场进入僵局。在这个关键时刻，底比斯骑兵相较雅典骑兵的优势发挥了决定性的作用，他们击败了左翼的雅典骑兵，且底比斯统帅帕格纳达斯及时派遣他的后备骑兵从后阵绕向左翼，支援皮奥夏的骑兵并打垮了雅典的右翼骑兵。

帕格纳达斯手中的底比斯贵族骑兵，轻装且没有正式的马鞍，更没有数百年之后才产生的马镫，本来是根本无法正面对敌雅典的重步兵方阵的。但是在双方鏖战之际，这些轻装的冲击骑兵迂回至雅典方阵的后方发起冲锋，通过与正面底比斯方阵的夹攻击败了雅典军队。这场胜利让底比斯意识到骑兵的作用，以及通过自己本来在希腊城邦中的骑兵优势建立一支重骑兵的必要性。如果手中有一支真正的重骑兵，那么他们会在这种新式战术指导下取得更大的战果。实际上，后世著名的亚历山大大帝的伙伴骑兵及马其顿方阵的协同方式，正是在此基础上不断发展的结果。

新式方阵与骑兵的战术让底比斯霸权开始建立，同时新兴力量也正在崛起。伯罗奔尼撒战争之后，底比斯城邦最著名的统帅与军事家伊巴密浓达首次让希腊拥有了正式的重骑兵部队。这支重骑兵将更好地延续底比斯骑兵在德利乌姆的成功。伊巴密浓达的“重型战马”在两次著名的会战中——公元前371年的留克特拉之战以及公元前362年的曼丁尼亚之战——大败斯巴达的轻骑兵。特别是曼丁尼亚之战，底比斯重骑兵更是在己方轻步兵配合下，击败了雅典与斯巴达联军的轻骑兵，之后再协同自己的方阵，对敌方方阵的侧背发动突击。这种方式又能隐约显现出，后世亚历山大大帝重骑兵与轻步兵密切配合的景象。

虽然底比斯人击败曾天下无敌的斯巴达方阵，起最大作用的不是底比斯重骑兵而是底比斯人最重要的创造——在原底比斯25人纵深方阵基础上再度加强的“斜型方阵”，但底比斯重骑兵也功不可没，起码希腊重骑兵开始缓慢走上战争舞台。

而希腊人的对手——波斯军队的贫弱步兵在希波战争之后也大幅度强化。他们步兵阵列显然吸取了希波战争的教训，进行了慎重调整。从前纵深过于浅薄的前列重步兵已经加强至五人纵深，保护着他们身后大量的弓箭手。波斯本土重步兵除了传统的精英步兵——不朽者卫

上图：斯巴达骑兵在攻击底比斯步兵

上图：波斯重骑兵

队、金苹果卫队①，又组建了大量的卡达克重步兵。同时，波斯人开始大量雇佣希腊佣兵，大部分希腊佣兵提供的是更富经验的方阵重步兵服务。这让过去曾经较为虚弱的波斯重步兵战线完全脱胎换骨。

同时，波斯人的重骑兵优势再次得到强化。根据色诺芬的记载，这时候的波斯重骑兵战马采用了额甲与鳞甲护胸。大量成规模的半具装重骑兵也出现在军队中，而不像希波战争时代只有少数军事精英人员能够有半具装装备。部分波斯重骑兵还开始采用3米长双手使用的冲击型骑枪，这些改变很可能是受同时代北方草原斯基泰重骑兵的影响。波斯军队本来就人数庞大，现在各弱点已经充分得到弥补，优势也被充分强化。这个时代他们似乎重新掌握了军事优势，也许，他们对于希腊的新一轮大侵袭应该重新开始。

但命运女神却让历史走向截然相反的一条道路。希腊北部城邦中，一个叫马其顿的城邦开始崛起。他们的马场优势更超过底比斯，拥有较优良的草场，就意味着能饲养更高质量的战马。一个马其顿贵族——腓力二世很可能利用在底比斯军事家伊巴密浓达那儿当人质的机会，学习了斜线阵大师的骑兵训练作战方式。当他回到马其顿后，两项举世闻名的军事成就即将震撼世界——马其顿方阵和伙伴骑兵。他对于骑兵的改进，使得马其顿拥有超越波斯帝国的骑兵。而他更伟大的儿子，不但未让军事技术改进后的波斯入侵希腊，反而向东发动壮丽的远征，并在数次史诗般的大决战中灭亡曾不可一世的波斯帝国，成为当之无愧的一代军神，建立比波斯还要庞大的帝国。他手中那支能征善战的重骑兵，便是我们下一章重点介绍的对象。

---

① 以矛上的苹果而闻名，现在还不知道他们是否为不朽者中的一部分。

第三章

大帝的王牌军

亚历山大大帝的马其顿伙伴骑兵

> 马其顿国王腓力二世有了一支效率很高的骑兵，并已在实战中证明了其价值。所以他决定以骑兵为其决定性兵种，即以它代替方阵作为攻击的核心，而将方阵作为骑兵行动的基础。
>
> ——《亚历山大的将道》J·F·C·富勒【英】

上图: 马其顿方阵

在希腊诸城邦称雄的时代，马其顿王国位于希腊地区北部，较为落后，经常在事务决策中被排挤在希腊城邦之外，许多希腊人甚至认为他们并非希腊人而是野蛮人。在希波战争中，马其顿则是依附于强势的波斯帝国，且有时加入波斯帝国一方作战。

当时的波斯帝国统治者所无法预知的是，一名马其顿贵族——腓力二世的新式马其顿军队，竟然会在公元前4世纪摧毁整个波斯帝国的东方统治。

腓力二世年轻时曾在希腊底比斯军事家伊巴密浓达那儿默默无闻地当人质。在马其顿的老年兄长国王去世之际，他返回了马其顿，成为当时侄子的摄政王。同年他将王国直接攥在自己掌中。

腓力二世曾目睹了伯罗奔尼撒战争时代之后最伟大的英雄——伊巴密浓达是如何指挥战斗的，也得到了底比斯英雄在军事与外交上的教诲。后人不知道未来他那震惊世界的骑兵是否借鉴了当时希腊世界中的最强骑兵——底比斯骑兵。但他执掌大权之后，立即就对马其顿军队进行全面的军事改革，其中就有闻名天下的"马其顿方阵"与"马其顿重骑兵"。

马其顿方阵虽不是本书的重点，但也有必要做简略的介绍，因为马其顿方阵的威力是建立在辅助步兵和马其顿骑兵的严密配合之上的。马其顿步兵方阵的基础是传统的希腊方阵，而他们使用的是后来名扬天下的萨里沙长枪。这些长矛比普通希腊方阵所使的长得多，最长的后阵长枪达到了5.5米以上。因此士兵不可能像使用希腊方阵长矛一样单手操作，而要使用双手控制。因此，马其顿方阵步兵的盾牌改成了悬垂在脖颈上的小盾，一般直径仅有1尺。总体说来，与希腊方阵相比，马其顿方阵更强调进攻。

上图：战斗中的亚历山大与伙伴骑兵

马其顿方阵采用了更深的纵深，一般是16人纵深，方阵前方4至6排的士兵矛头对准前方，后面依次倾斜持枪或垂直持枪。作战时，马其顿方阵不仅能像希腊方阵那样进行固守，更能使用16人纵深的可怕推进力[1]向前凶猛地攻击，以长枪如林的密集队形直接撕开敌军队形的正面。

马其顿方阵的弱点很显然来自于背面与侧面，以及对手利用这两个位置进行攻击所引发的贴身近战。显然，沉重的超长枪在贴身战中难以施展。因此，马其顿方阵会把轻装步兵布置在重步兵方阵后侧，担任远程射击与掩护。

同时另一种同样作为方阵掩护者的兵种，其强大的战技绝不仅仅限于掩护，必要的时候，它本身就是毁灭敌军的武器，这就是与马其顿方阵同样著名的马其顿重骑兵——伙伴骑兵。

伙伴骑兵并不是马其顿所有骑兵的称呼，而是马其顿所有骑兵中最精锐的力量，希腊语是 hetairoi。这个名称的来源是他们既是贵族，同时其中很多人也与国王一起习武学习成长，属于国王身边的精英护卫骑兵。之后在亚历山大大帝的统治中，其人数不停扩大。

伙伴骑兵均为重型骑兵。有的军史学家将他们称为古典时代的第一种冲击型重骑兵[2]，

---

① 不知道这点腓力二世是否受了伊巴密浓达"高纵深斜线方阵"的影响。
② 同时期的斯基泰重骑兵很可能因他们拥有矛与弓箭的"两用性"没有被列入该类别。

同时也被认为是古典时代最好的骑兵。

伙伴骑兵装备着绪斯同骑枪，一种长约11.5 ~ 13.9英尺的骑枪，即长度3.5至4.25米。显然，这种骑枪的长度超过了斯基泰重甲骑兵的3米长矛。这种矛两边都有尖，既是为了骑枪的平衡，也是为了在矛头折断之际有一个备份。

对于这种骑枪的用法，不同的史学家有不同的看法。有学者认为伙伴骑兵是单手握住骑枪的前部，进行自上而下的刺杀；有的学者认为应该是双手持握，像后来的东方重型骑兵进行冲杀；也有的认为是单手持握中部，并以正手的握姿刺杀。更多的学者认为他们使用骑枪的方式是根据个人习惯，而骑枪长度是多样化的。确实，各方资料中就展现了完全不一样的骑枪使用方式。

马其顿伙伴骑兵这种对骑枪的反手持握、自上而下刺杀，以及双手持枪冲锋的模式，在西方世界流行得非常久——大约有十四个世纪左右。在东方国家，这种模式的时间还要再长一些，直到1500年后，公元12世纪开始流行的西方夹枪式冲锋的方式才将其取代。很显然，绪斯同骑枪更偏重于冲击而不太适用于近身格斗。因此，这种"冲击型重骑兵"直接影响了东西方的重骑兵战术走向。

在马其顿重骑兵之前，波斯或斯基泰的精英重骑兵虽然已经出现人马俱甲的状态，但他们仍以掷矛、短矛或弓箭作为主要武器。斯基泰人虽然也有冲击型的长矛，但无论在战术编制素养或是专业性上都逊色于马其顿伙伴骑兵。这也是马其顿伙伴骑兵能伴随马其顿方阵，不断取得胜利的重要原因。

即使拥有两根矛头，这么长的矛也会有折断的时候。这时候，伙伴骑兵就使用他们叶片状的"科庇斯曲身剑"。这种剑身的设计让它们能兼顾一部分斧子的功能。有时他们也用50 ~ 60厘米长的"西弗斯"双刃短剑。防护方面，他们使用当时希腊世界流行的青铜肌肉甲或亚麻胸甲，有护肩，头戴著名的玻俄提亚式头盔。这种头盔是开放的，让骑手保持着不错的视觉与听觉。头盔两侧向下

下图: 格罗尼亚战役中，亚历山大率骑兵从雅典底比斯联军方阵侧背发动冲锋

上图：正在用科庇斯曲身剑砍杀的马其顿重骑兵

折叠，有着不错的防御。在色诺芬的记载中："这种头盔给予胸甲以上部分最好的防御，而且还保持着自由的视野。"另外，伙伴骑兵不配盾牌。

在腓力二世时代以及他的儿子亚历山大继位初期，伙伴骑兵被编成8个骑兵中队，每个骑兵中队人数在200～300人之间。亚历山大自指挥的皇家伙伴骑兵中队则是400人。虽然他有两位亲信率领替他指挥其他的伙伴骑兵，但在战场上，亚历山大也经常会亲自指挥其他的伙伴骑兵。到了公元前338年，亚历山大远征前夕，他大概拥有伙伴骑兵2600人左右。

可以说，腓力二世是这支伟大军队的创造者，他用最好的成绩"报答"了他曾经的老师。他的马其顿方阵与伙伴骑兵，在格罗尼亚会战终结了曾以"斜线方阵"与希腊强力骑兵闻名的底比斯军队，并将底比斯最精锐的部队"神圣军团"尽数歼灭。

但将这支军队发挥到极致的，还是他的儿子亚历山大大帝。腓力二世被暗杀后，亚历山大即位，年轻君王让马其顿王国逐步成为希腊世界的新霸主，更通过一场又一场胜利征服

了巴尔干地区。在公元前335年，亚历山大与色雷斯地区特里巴利人交战，"马其顿的骑兵并不射箭，而是直接向敌人冲撞过去，而敌人在猛冲乱撞之间溃败，在溃逃中有3000人被杀，而马其顿方面损失了11名骑兵与40多名步兵。"公元前334年，亚历山大则集结了30000至40000名步兵与4000至5000名骑兵，跨过了达达尼尔海峡，并向曾经不可一世的波斯帝国发动远征。

亚历山大所面对的，是一个过去一直压制希腊诸城邦，同样精于战争与征服，并拥有比他远征军人数更多的大帝国。波斯军队边疆的三位总督，包括波斯王大流士的驸马，集结了35500名士兵，其中包括20000名骑兵，而亚历山大则集结了手中37100人，包括5100名骑兵与32000名步兵。双方在格拉尼库斯河展开了一场规模空前的骑兵大战。如果说之前马其顿的主要胜利是方阵取得的，那么格拉尼库斯河几乎就是纯粹的骑兵之战。波斯军队企图在河岸处阻挡马其顿军队，而亚历山大则亲自率军渡河。当他率领精锐的右翼伙伴骑兵渡河之际，他耀眼醒目的盔甲使得波斯骑兵纷纷冲上来阻挡他，双方骑兵展开非常激烈的肉搏战。

马其顿重骑兵与波斯骑兵相比，除了军队素质更高，纪律严明并更加顽强之外，武器上也占据了上风。"马其顿骑兵武器较好，他们使用山茱萸木制成的诸斯同长枪，而波斯骑兵用短标枪与短矛。"

在血腥的骑兵肉搏战中，亚历山大亲自将骑枪插入了大流士女婿米色瑞达提斯的头颅里，但他的头盔也被另一名波斯将领用刀砍掉，幸亏他麾下的猛将克雷塔斯及时用剑砍掉了这名波斯将领的肩膀。"骑兵纷纷赶到，波斯骑兵无论人或马都被长矛（诸斯同骑枪）刺杀，他们的中央阵线开始后陷，两翼的骑兵也被突

破，于是开始急切地逃命。"显然，波斯骑兵在希波战争时代的质量优势荡然无存。

波斯军队中的希腊佣兵（主要是希腊式方阵）也被亚历山大的步骑配合迅速打垮，"亚历山大命令方阵向他们进行冲击，同时命令骑兵从四面八方扑去，很快将他们尽数砍杀，没有一个逃掉。"这是马其顿方阵极其典型的一种战术，用马其顿方阵的"砧板"进行长枪如林的冲击，将对方的步兵战线缠住，而精锐骑兵则迂回到侧后方发动冲击，将被缠住的敌军屠杀殆尽。

在格拉尼库斯河之战后，更大规模的伊苏斯会战又一次显示了马其顿方阵与重骑兵的紧密配合。公元前333年，波斯人不再派边境总督来面对亚历山大，而是波斯王大流士亲自率领军队而来。如果格拉尼库斯河会战中双方人数相当，伊苏斯会战则是波斯军队像以往一样，面对希腊世界的军队时占有绝对的数量优势。尽管阿里安等古典史学家宣称波斯全军人数为60万人，但这显然被夸大了，现代军史学家一般同意95000～100000人这个数字。当然，即使这样，面对亚历山大的40000名士兵，还是占据了绝对优势。

与格拉库尼斯会战不同，大流士亲自出征使得波斯骑兵具备了前所未有的高质量。现代史学家经过分析认为，波斯此战大概动用了10000名骑兵，其中有一半都是重型铁甲骑兵，而马其顿重骑兵与轻骑兵加起来是5000多人。至少，在纸面上看，波斯骑兵占据了优势。

此外，波斯相对于希腊显得虚弱的步兵

也得到了很大加强。这一次波斯军队的步兵主力是希腊佣兵，同时也配备了大量的卡达克步兵。根据希腊史学家阿里安的记载，"他们都是重装部队。"

而且之前亚历山大的战略出现了一些判断失误，这些失误都被大流士利用了。比如亚历山大判断大流士会从南面的叙利亚山口通过，而大流士则出人意料地率领大军从背面的阿曼山口顺利穿过[1]，直接率领大军避开了正面，迂回到亚历山大的后方。波斯人占领了亚历山大留在伊苏斯的大营，俘虏了所有的伤员和物资，截断了亚历山大整个东征军的补给，并将马其顿伤员全部剁掉双手，向亚历山大示威。这个重大失误让年轻的马其顿国王似乎陷入了绝境。

一般军队在此种情况下，往往会上演的是"大乱而溃败"[2]。但亚历山大依旧豪情万丈，并指出自己的优势，"大流士将兵力限制在了一个狭窄的空间中，波斯军队人数虽多，却不见得有利，他们的士兵，不是希

① 或许亚历山大并不如大流士熟悉地形知道这个山口的存在。
② 可以参见官渡之战中袁绍的军队。

┃上图：伊苏斯战役中，亚历山大率领伙伴骑兵对波斯军左翼发动突袭

腊人的对手，而我们的士兵则是欧洲最勇猛善战的勇士。"亚历山大还追述了麾下将士们以往已经取得的胜利，对每件英勇崇高的个人功绩，他都知道得一清二楚，并一一列举。战士们被统帅的气势所鼓舞，"他们围起来，紧紧握住国王的手，向他高声欢呼，要他率领他们前进。"

一部分文学作品会过多夸大战略在战争中的实际作用，渲染"运筹帷幄于千里之外"这种较为虚幻的诗化战争效果。但在历史上，实际运用战略与战术、装备密不可分。最重要的、最基础的力量依然是军队的训练水平、装备能力、战术素养等硬实力。在古典时代或中世纪时代，满足了这些条件，同时统帅的军事威望足够高，能够得到麾下将士的信任，那么，即使在战略上有失误（而且往往战略失误具有很大的偶然性），也是完全可以弥补的。

显然，亚历山大与他麾下的马其顿军队均是如此。因此，当认为自己已经占据整个战略

主动的大流士三世，率领两倍于对手人数[1]的波斯大军，从背面向亚历山大推进之时，他不会想到自己虽然亲率大军，尽遣主力，但这天依然属于亚历山大。

两军在伊苏斯河对阵，中央阵线是马其顿方阵面对波斯的希腊雇佣兵与卡达克重装步兵，而双方都将决定性的力量放在右翼——波斯将铁甲重骑兵 5000～6000 人放在右翼，而亚历山大则将他的 2000 名近卫马其顿重骑兵与 1800 名色萨利重骑兵放在右翼。双方都企图以"右勾拳"来击倒对手。

不过之后，亚历山大进行了一次秘密调动。他将 1800 名色萨利重骑兵悄悄地在长矛大方阵的掩护下，从中央阵线背后调到了左翼，并且躲藏在大方阵后不让波斯军队看见。当战斗开始之际，马其顿方阵开始稳步向波斯军队推进，但在推进到波斯弓箭射程之际，在亚历山大的亲自带领下，其右翼的步骑兵立刻开始猛攻，以减少波斯箭雨造成的损失。波斯弓箭手

① 以下数字皆为现代史学家整理的数字，而非原始阿里安等当时希腊史学家的记载。

的漫天箭雨虽然射向亚历山大的伙伴骑兵，但在伙伴骑兵良好的防护面前，没有造成的太大的损失。很快，伙伴骑兵举着恐怖的诸斯同骑枪，如雷霆一般冲向波斯步兵，而马其顿近卫步兵也紧跟其后，波斯军队的左翼在猛攻下被突破。

波斯方面也以自己的主力——右翼铁甲骑兵对马其顿军队的左翼进行突击。这里由亚历山大军中经常被赋予左翼指挥权的大将帕曼纽指挥。波斯铁甲骑兵击溃了左翼的希腊联军骑兵，并开始向马其顿方阵左翼迂回包抄。这个时候，亚历山大秘密调到左翼后方的1800名色萨利重骑兵起了关键作用。他们发动的反冲锋阻挡住了波斯铁甲重骑兵的突击，并形成胶着。

这样，左翼被突破的波斯军队丧失了战场主动权。亲自率军突破波斯左翼的亚历山大，开始联合中央阵线的马其顿方阵猛攻波斯中军——大流士所在。这里布置着大流士的步兵禁卫军，所以战斗非常激烈，但凶猛的马其顿方阵还是占据了一定的优势。

关键时刻，或许是咄咄逼人的恐怖的马其顿长枪让波斯王产生了对自己安全的担忧，大流士逃跑了。他调动他的战车向后转，遇上崎岖的山路，就换成战马逃命。统帅意志力的丧失让波斯大军全军崩溃。本来在波斯右翼，与色萨利重骑兵对决，并不处于下风的波斯铁甲重骑兵，看见大流士已经逃跑，而希

上图： 古波斯重步兵（右）

上图： 曾经的重骑兵统治者斯基泰重骑兵

腊雇佣兵随即像割草一样被马其顿方阵大批摞倒，他们也转身逃离。

大溃退开始了，而那些波斯铁甲重骑兵与卡达克重步兵，这时因为装备太重而撤退速度缓慢，疲惫不堪。惊恐万状的人马挤在一起乱冲乱撞，被自己人踩死的几乎与色萨利重骑兵踩死的一样多。

伊苏斯河的全胜证实了亚历山大的断言。这也是希腊世界自希波战争以来，在陆战中第一次面对波斯帝王亲自统率的最强主力并取得完胜。显然，伊苏斯河会战中的波斯军队无论步兵或骑兵，都是最强悍的波斯军队，但也许还不够强悍——在硬碰硬的对决中，他们依然不是马其顿方阵与伙伴骑兵的对手。亚历山大则在战略失误的情况下，依然依靠过硬的战斗素质，在决战中利用良好的配合完全打垮对手。

至于之后，公元前331年，亚历山大与波斯大军的另一场著名会战——高加米拉会战，号称是"伙伴骑兵在东征会战中最精彩的表现"。此战中，不仅是波斯重骑兵，当时欧亚大陆上与马其顿伙伴骑兵齐名的斯基泰重骑兵，也作为波斯的盟友，在高加米拉与马其顿伙伴骑兵展开巅峰对决。

在伊苏斯会战后，亚历山大又征服了北非，波斯在腓尼基的舰队也宣布投降，庞大的波斯帝国在亚历山大的打击下进一步瓦解。但这个时间也给予大流士三世最后一次喘息和挣扎的机会。他在全国强制征兵，汇集了一支数量与伊苏斯会战相仿的庞大军队，这支军队的人数在阿里安的记载中超过百万，在现代史学家的整理下实际人数应为65000~100000人。亚历山大马其顿军人数则得到增强，约为47000多名士兵。

虽然人数上波斯军队仍然占有优势，但是可以用来抵挡马其顿方阵的重装步兵——卡达克重步兵与希腊雇佣军已经在伊苏斯会战中遭受惨重损失，特别是卡达克重步兵。现在波斯军队除了波斯王身边的卫队（金苹果卫队及不朽者卫队）与残余的少量希腊雇佣兵，步兵的现况不容乐观。波斯不朽者卫队装备约2米长的长矛与盾牌，希腊雇佣兵则拥有3米的长矛以及重型盾牌，这两支重装备部队尚且可以依赖。但其他波斯步兵大多是质量参差不齐的强征各族步兵。在马其顿方阵凶猛的正面长矛冲击下，他们没有任何胜算。

因此，大流士将希望放在他的骑兵身上。实际上对比伊苏斯会战，他的波斯骑兵力量不但没有削弱反而有所增强。现代史学家估计波斯骑兵的数量达到了40000名（少部分人估计为12000人）。无论左翼或右翼，波斯骑兵的数量都远超马其顿骑兵。大流士正是希望利用波斯军队强大的两翼骑兵迂回作战，遏制住亚历山大的伙伴骑兵，从而为从后方与侧方攻击马其顿方阵创造条件。且波斯重骑兵大规模引入了斯基泰式3米长矛，用于与马其顿重骑兵对抗。不仅如此，作为盟国，骑兵强国斯基泰人直接派遣了重骑兵前来参战。他们由波斯总督贝萨斯指挥，作为非常强的力量被部署在波斯军队的左翼。显然，他们正是用来对付亚历山大一直擅长并习惯使用的右翼伙伴骑兵突击战术。在马其顿重骑兵称雄之前，强大的斯基泰重骑兵已经统治了重骑兵历史长达3个世纪之久。因此，这场会战从布阵上就预示了将要进行的是当时世界上最精英的重骑兵的对决。

除此以外，大流士还在中央、左翼、右翼共布置了上百辆卷镰战车组成的战车队。这种战车的车辕突出，装有锋利的冲角，车轮边缘横向装载着约1米的刀刃，用来对付严整的马其顿方阵。大流士的设想是，当卷镰战车切开马其顿重步兵方阵并引起混乱时，波斯骑兵就

上图: 亚历山大军中著名的色萨利骑兵

下图: 面对波斯镰刀战车的马其顿方阵

从缺口引入，并扩大战果。大流士为了发挥波斯的战车和骑兵优势，还特意提前铲平了战场，让本来就广阔的高加米拉更加无所遮挡。

亚历山大果然还是拿出他惯用的布置，自己处于右翼，主力骑兵2000名伙伴骑兵仍跟随着自己。帕曼纽率领左翼，1800名色萨利重骑兵也放在左翼。为了对付战车，在整个马其顿阵营前方，亚历山大布置了由数千轻步兵组成的散兵线。

当看到波斯军队整个战线的宽度大大超过马其顿军队，亚历山大判断马其顿方阵会遭到波斯骑兵的迂回，因此又布置了整个阵线中的第二道战线。这道战线主要由马其顿的希腊联盟军组成，亚历山大给他们的命令是，如果敌军迂回，他们将要给予迎击。接下来，亚历山大就开始了他人生中最精彩的战场表演。

亚历山大命令整个马其顿阵线向右平移，以避开波斯将会发动的两翼骑兵迂回。大流士为了保证两翼骑兵迂回，则让强大的波斯左翼骑兵，包括精锐的斯基泰重骑兵，也相对向左平移，保持对亚历山大的包抄之势。亚历山大见状就继续让整个战线坚定的右移，仿佛在和波斯骑兵同向赛跑。最后，大流士看到逐渐整个马其顿军队就要离开他特意为战车铲平的战场，只得命令他左翼最精锐的斯基泰重骑兵与波斯重骑兵前去拦截马其顿军队的先头部队——希腊联盟骑兵。在恐怖的斯基泰重骑兵猛烈的冲击下，先头的数百名希腊联盟骑兵很快崩溃。

但一部分马其顿右翼骑兵及轻步兵很快赶到杀向斯基泰重骑兵，将后者击退。之后贝萨斯命令其他波斯骑兵也发动攻击，因此已经后退的斯基泰重骑兵又转回来，继续猛攻希腊骑兵。在这场骑兵大战中，斯基泰重骑兵展示了

上图： 亚历山大率领骑兵在冲锋

正在值夜的马其顿重步兵

他们的强大威力，骑手和马匹都有良好的护身装甲，因此亚历山大的人马大批倒地。再加上波斯骑兵的数量，给亚历山大的右翼造成了巨大的压力。但是这一刻，马其顿骑兵良好的纪律和战术素养优势显露了出来，集群冲击力在骑兵对战中发挥了巨大的优势。他们坚决顶住了敌军的攻击，而且一队接着一队地英勇冲击敌阵，仍冲破了敌军的阵形。总体上双方成胶着状态。

但当时所发生的一切，也许是大流士在这场会战的一个致命错误。因为他把本应该跟随战车冲击马其顿方阵的重骑兵，用来拦截亚历山大向右伸展的骑兵，而且并没有取得预想的战果。这样的话，波斯的战车只能独立作战了。

之后，大流士派出他的战车进行全面攻击，右翼的战车径直向还在等候机会的亚历山大伙伴骑兵冲过来，可惜被亚历山大早就布置在阵线前的希腊散兵线拦住。希腊轻步兵躲开笨重的战车，拖下车上的波斯战车手，并从后方或侧方用一排标枪击倒拉战车的马匹，再将翻车的战车兵杀死。大多数战车还没到马其顿方阵前就丧失了战斗力，而少量的战车虽冲进马其顿方阵，也被方阵直接让开一条路避开，基本没有发挥出效用。

最后，大流士只能让全军压上去。由于亚历山大一直全军向右展开，左翼和中央阵线出现了缺口，波斯右翼骑兵立即潮水般涌入缺口，甚至一直冲杀到马其顿后方的大营，试图解救之前被俘虏的大流士母亲。波斯右翼骑兵也在迂回，企图包围整个马其顿左翼方阵。帕曼纽的左翼摇摇欲坠，于是派人向亚历山大求救。但这个时候，亚历山大布置在后方的第二道战线发挥了巨大作用。希腊联盟步兵从背后，向迂回的波斯军队发起了反攻，并夺回了大营。

现在波斯人已经派出了他们全部的骑兵。

而在两翼胶着之际，波斯的中央阵线也出现了突破口。于是亚历山大亲率最精锐的伙伴骑兵与近卫步兵向前推进，与最前方的一部分马其顿方阵步兵组成楔形队，猛烈地冲向这个缺口。亚历山大率领骑兵奋不顾身地冲向大流士，猛烈冲杀，而马其顿长枪如林的方阵也向大流士逼来。

当时的情形几乎与伊苏斯会战同出一辙。大流士随即也做出了同样的反应——转身逃跑。波斯主帅的逃跑引起了全军崩溃，接着左翼骑兵也纷纷溃败，只有波斯的右翼骑兵因不知道主帅逃跑还在坚持战斗。但当亚历山大率领伙伴骑兵转向马其顿左翼，前去援救帕曼纽时，右翼波斯骑兵看见了亚历山大从背后杀过来的旗帜，明白一切都已经完结，便开始大规模地逃窜。虽然为了拦截这些逃窜的波斯骑兵，马其顿骑兵也付出了一定的代价，但整场会战的胜利已在亚历山大手中了。

这场著名的高加米拉大战基本宣布了波斯帝国的灭亡，这很可能是早期古典时代，所有重骑兵战例中最精彩的一例。此战展示了当敌军骑兵非常强大之时，马其顿重骑兵如何机动地密切配合方阵作战。实际上当战线拉长之后，马其顿的左翼方阵一直很有风险，最危险之际几乎被整个右翼波斯骑兵包围，当然最终是亚历山大率领伙伴骑兵中央突破取得了先手。

这也说明，在马镫时代远未出现之前的古典时代，面对训练有素的坚强方阵，仅依靠骑兵，哪怕是重骑兵，是很难取得胜利的。马其顿方阵即使号称"艰难"的左翼，在波斯骑兵如此猛烈的冲击下，伤亡人数也仅在百人以内，并且很难被击垮。同时在各兵种的协同上，波斯军队两翼的重骑兵攻击都与自己的步兵脱节。而亚历山大的骑兵除了训练有素、战力卓绝之外，无论是左翼、中央突破，还是右翼与波斯及斯基泰骑兵的大战，都夹杂着步兵同时作战，或是近卫步兵，或是方阵，或是轻步兵。因此，伙伴骑兵之所以能战胜其素质相仿的斯基泰重骑兵，是建立在良好的步骑配合上的。

之后，亚历山大大帝又远征印度，建立了世界上第一个横跨三大洲的世界性庞大帝国。在他的战神光环笼罩下，马其顿伙伴骑兵是那个时代当之无愧的骑兵之王。

可惜的是公元前 323 年，亚历山大大帝英年早逝，其帝国在之后麾下部将们的混战中分裂成数个势力，他们均被称为"继业者王国"。其中较为强大的是：统治埃及的托勒密王国、统治叙利亚与东方的塞琉古王国、统治原马其顿地区的后安提柯王国以及一些小的邦国。

亚历山大的死亡并未让他与他父亲建立的传奇军队——马其顿方阵与伙伴骑兵消亡。它们作为一种传统在各继业者王国中延续，并得到一定的发展与革新。与亚历山大时代的军队比，继业者的军队要更庞大。在一些会战中，他们会投入高达 7 万人的兵力，而亚历山大的远征军数量一般也就是 4 ~ 5 万人。由于继业者王国，特别是东方的继业者王国，缺乏希腊本土精兵资源，所以那些国王在保留他们手中有限的希腊军人作为核心的同时，也大力使用当地的特色兵种。诸如塞琉古王国与埃及托勒密王国均建立了庞大的战象队伍，尤其以塞琉古巨大的印度战象为象征[1]。波斯帝国曾经使用过的卷镰战车也被大量装备。

但这些改革大都是缺乏创新精神的，有的甚至将军队带入一种极端倾向。比如各继

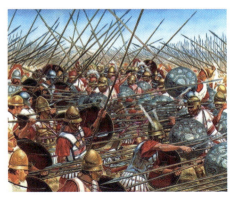

上图: 超长枪方阵之间的对决

业者之间互相攻打，使用的都是马其顿方阵体系。为了能更强于对手，他们就不断地增加方阵长矛的长度，将原本已经很长（16 英尺）的超长矛增加到了 22 英尺。方阵的纵深也从亚历山大时代的 16 人纵深增加到了 32 人纵深，有的时候甚至达到 50 人纵深。虽然在会战中，这种方阵的正面几乎是无敌的，没有任何军队，包括后来天下闻名的罗马军团，能从正面抵抗这种方阵的冲击。但这也让本来机动性极强的马其顿方阵变得非常笨重，在复杂的地形下更难以调动与变化。更沉重的长矛导致贴身近战能力更逊色，侧翼与后方也就更容易被突破。我们不能说这种方阵一定比亚历山大时代的方阵差，但确实优点与缺点都更加明显。越明显的缺点也就更容易被对手所利用，而且现实中，这些缺点也确实在多次会战中被马其顿方阵的敌人利用了。

此外，曾经在亚历山大军团中配合大方阵的近卫步兵、散兵都被严重地削弱了，当然这也可能是本土兵员不足所导致的。

① 埃及托勒密王国则普遍使用非洲森象，现已灭绝，它的体型较印度象更小。

但继业者时代的骑兵，特别是重骑兵，在重骑兵进化史上是值得叙述的。在几个较大的继业者王国中，统治马其顿的安提柯王国的骑兵并不多，统治埃及的托勒密王国很可能由于炎热的气候不再使用装甲过分厚重的重骑兵，而塞琉古王国的重装骑兵则得到很大发展。

他们建制名称仍采用了过去的荣耀称号——伙伴骑兵，有的则称为"阿格玛骑兵"（Agema），均为精英部队。不过也有资料认为，继业者王国的伙伴骑兵装备与阿格玛具装骑兵不同。

这些精英骑兵大部由国王直接统辖，采用了波斯与斯基泰重骑兵惯用的马铠，并且更为厚重。一部分继业者王国的重骑兵则第一次做到连人带马，全部包裹在青铜或铁质的鳞甲中。他们的马铠并非像波斯或斯基泰重骑兵那样，用皮带将护胸悬挂在马鞍上，而是将鳞甲甲片固定在织物上，成为鳞甲马衣，然后完整地包裹整个战马。马匹的头部也拥有覆盖整个脸部的面甲，而非过去波斯重骑兵坐骑的"护额"。

也就是说，在继业者时代，真正的具装骑兵——超重装骑兵诞生了。

武器上，他们仍装备着著名的诸斯同长骑枪或类似的武器，不过固定改为双手持握。他们排成密集阵形，用这些超长的骑枪发动猛烈的冲锋，成为日后罗马时代的东方重甲骑兵的模板。

根据可以确认的记载，他们出现于塞琉古国王安条克三世在前212—前205年的远征中。一个世纪之后著名的帕提亚重骑兵、四个世纪之后的萨珊重骑兵，甚至中世纪开始称霸数百年的东罗马（拜占庭）重装骑兵，均沿用了这个模式。

另外，武器上除了诸斯同长枪，他们也与前辈伙伴骑兵一样配备剑作为辅助武器。他们一般不配盾牌，也有一些使用色雷斯式的希腊椭圆盾，这些盾牌用木制成并包上皮革。

不过，全体防护式的盔甲也赋予这些昂贵骑兵极大的重量，让他们决不可发动长时间的冲锋。因此这些重装骑兵必须在合理的冲锋距离前才开始小跑，以节省体力。所以，他们的

上图：塞琉古王国的全具装重骑兵

上图：塞琉古大帝安条克三世亲率全具装骑兵攻击罗马军团左翼

冲锋往往仅能用在决战时刻。所幸这些问题在后来的铁甲具装骑兵的发展中，逐渐得到了修正。比如为这种沉重的骑兵配备更加精良的马匹，用重量与防护更具效能的铁质或皮质扎甲马铠（片甲）代替鳞甲，采取更加合理的队形与训练等。

但继业者王国这些豪华的铁甲重骑兵，在战场的表现却不是那么出色。这其中最主要的原因，就像一些军史专家所谈，"他们也许只是不知道该如何使用他们。"这里最突出的例子也许就是继业者王国中，号称重骑兵最强国的塞琉古王国。他们的安条克三世大帝在公元前190年与罗马共和国进行了一场决战——马格尼西亚会战。

如果有当时的人问："在著名的马格尼西亚会战中，你们学到了什么呢？"

得到的回答很可能是："千万别把卷镰战车、战象、铁甲具装骑兵这三样昂贵的军种编在一起。"

公元前190年这场决定地中海东部霸权的决战，在罗马共和国著名的执政官大小西庇阿兄弟与塞琉古王国大帝安条克三世之间展开，双方都拥有5万军队。安条克三世拥有卷镰战车、战象，以及多达数千名的铁甲重骑兵，还有壮观的、延续自亚历山大时代的"银盾长枪步兵方阵"。

会战一开始，安条克三世就亲率右翼的塞琉古重甲骑兵发动猛烈冲锋，从正面击败了罗马步兵军团的左翼。但之后，塞琉古重甲骑兵却因为追击而失去了宝贵战机。毕竟笨重的具装骑兵去追击敌军，会浪费相当宝贵的时间。更危险的是，这次塞琉古重甲骑兵的追击，将自己的大方阵的右翼长时间暴

上图：塞琉古王国的重装步兵及战象

露在罗马军团面前。

而塞琉古军发动的正面镰刀战车冲击，则被经验丰富的罗马同盟军帕加马轻步兵，用弓箭与投石索攻击马匹轻易破解。受伤的马匹在战场上到处乱撞，罗马军团以灵活组织躲开了混乱镰刀战车的攻击，而安条克三世机动性较差的超大纵深方阵与左翼沉重而宝贵的铁甲具装骑兵，均被战场上到处乱窜的卷镰战车冲乱队形，以至于被罗马军团轻易重创。帕加马骑兵无情地追杀着塞琉古左翼昂贵而撤退缓慢的具装骑兵[1]。

接着，罗马军团从侧翼攻击失去骑兵掩护的塞琉古大方阵。罗马人用标枪向密集的方阵投掷，被大方阵以如林的枪阵阻挡。塞

① 有了安条克三世的教训后，未来的大规模战场上已经早见卷镰战车。

上图：马格尼西亚会战中罗马共和国步兵与继业者国王大方阵在鏖战

琉古方阵，特别是其中精锐"银盾长枪兵"，以过人的纪律忍受着伤亡，并希望保持队形撤退。但经过迦太基战争洗礼的，身经百战的罗马军团很快找到了对手的命门，他们转而向塞琉古大方阵中央的战象投掷标枪和射箭。这些巨兽很快发了狂，在塞琉古大方阵中乱踩乱踏，将密集的方阵踏得支离破碎。这时候罗马军团再发动总攻击，塞琉古全军崩溃。有趣的是，当时安条克三世还率领着塞琉古重骑兵在右翼忘我地追击，不知道这场决定性的会战胜负已分。

这场会战虽然按罗马古代资料统计，罗马仅损失了349人，但现代学者经过整理认为，罗马军团与盟军伤亡达到5000。当然，塞琉古王国则损失了10000人（来自现代历史学家资料，古典资料是50000人）。这场战争之后，昔日的继业者强国塞琉古遭到严重削弱，而罗马的地中海霸权进一步确立。

安条克三世在军事才能上逊色于亚历山大大帝是显而易见的，但我们也许不应该太苛责这位塞琉古大帝。虽然他似乎很喜欢将铁甲重骑兵当轻骑兵来用并进行追击，但毕竟在他统

治期间，铁甲具装骑兵是个新事物。他希望他手中的重量级武器——铁甲重骑兵、战象和卷镰战车能够配合作战，但缺乏合适的办法。其实之后铁甲重骑兵在帕提亚、波斯萨珊、东罗马帝国手中大放光彩，正是不断从前人的战场失误中寻找经验教训，从而得到了相对最佳的战术。

从当时的历史进程角度看来，各继业者王国在长期的相互战争中彼此削弱之时，新的势力——罗马共和国却在亚平宁半岛的中部逐渐崛起。罗马与周遭敌人的无数次战争，逐步从防御转向进攻，变得越来越强大，并开始急速扩张。罗马人通过希腊战争，统一了整个意大利；通过布匿战争，消灭了强大的北非劲敌迦太基。这时候的罗马，已经超越了各继业者王国。

罗马人没有停止向东扩张的脚步，终于开始进攻各继业者王国。他们通过三次马其顿战争，攻占了希腊与马其顿的领土，并通过与塞琉古王国的叙利亚战争，吞并了小亚细亚。

但罗马共和国的无数胜利并未让重骑兵得到充分的发展，罗马的胜利是在一个以重步兵为核心的，比马其顿方阵更灵活的新军事组织"军团"下完成的。罗马骑兵仅是其中的辅助，或是罗马共和国直接依靠与军事同样强大的外交能力，促使外族骑兵协同。罗马在未来的四个世纪开创了一个步兵的黄金时代。与此同时，罗马来自各方的一些强劲的敌人，让重骑兵在公元前4世纪到公元2世纪之间又有了可观的进步。他们有时也会让横行天下的罗马军团遭到一些惨重的失败，关于罗马与他的劲敌，我们会在下一章重点叙述。

第四章

军团的新克星

古罗马时代早期敌人们的重骑兵

在他的坐骑将要死亡之时,年轻的普布利乌斯·克拉苏肯定意识到了许多帕提亚骑兵看上去与简单的弓骑兵完全不同。这些人骑在高大的公马上,自己和马都穿着锁甲或鳞甲。他们的基本武器是一种比弓箭更好使的长矛。
——《兵器史:由兵器科技促成的西方历史》罗伯特·L·奥康奈尔 [美]

众所周知，古罗马人数百年间的征服，最主要依靠的是其步兵军团而非骑兵。在公元338年之前，罗马骑兵的装备也是非常粗劣的。意大利中部地区的马源较差，骑兵不被重视也在情理之中。根据古希腊历史学家的记载，当时的罗马骑兵不穿装甲，手持短矛和劣质的牛皮盾牌。这个时代的罗马没有重骑兵部队。

但在此后罗马共和国不断的扩张中，随着步兵军团的不断扩大，骑兵军团也得到了强化，罗马开始有了自己的重骑兵。防护较为完备的罗马共和国重骑兵，由当时被称为"第一公民阶层"的富裕罗马人来担任，因为也只有他们才能负担得起盔甲与马匹的费用。

由于当时是公民骑兵自备武装，所以他们的装备并不太统一。其中装备良好的，配备了希腊式的青铜肌肉胸甲。在公元前300年前后，也有罗马骑兵装备链甲胸甲，但没有护肩和护腕，仅在腿上有护胫。他们有装备短矛和小圆盾的，也有使用长骑枪而不配盾牌的。在近战的时候，他们还会使用西班牙剑作为辅助。到了公元前190年，才有罗马骑兵装备弓箭的记载。总体而言，早期罗马共和国时代的罗马重骑兵，并没有什么值得一提的内容。

虽然小部分历史学家，诸如西德尼尔，并不完全同意罗马骑兵较为平庸这一观点，但综合大多数历史记载以及历史学家的观点，罗马骑兵确实与同时代周边骑兵强国的骑兵相比，不占据优势。基本上，罗马人的绝大多数战局，是依靠其以重步兵为核心的军事组织"军团"来支撑的。

军团是罗马创立的新单位，与希腊方阵一

上图: 1. 早期共和国时代装备非常好的罗马重骑兵；2. 撒姆提重步兵（意大利地区）；3. 路加尼亚重步兵（意大利地区）

上图: 早期共和国时代军团。1. 罗马老兵；2. 罗马青年兵或壮年兵；3. 罗马轻步兵

样，是影响之后整个世界军事组织形式数世纪乃至十数个世纪的伟大发明。本书因是重点介绍重骑兵就不详叙，只作简要介绍。早期罗马军团以中队为单位，每个横列为40人，纵深3人，3列按前后顺序由罗马青年兵、罗马壮年兵以及罗马老兵组成，还有一定数量的轻步兵作为散兵。罗马青年军一般装备2支标枪、1把著名的罗马短剑和一面大盾；罗马壮年军为军团核心，武器近似于罗马青年军，而盔甲较青年军更好；罗马老兵则战斗力最强，战斗经验最丰富，身穿重甲，一般装备长矛与大盾，构成后备队。各支队交错排列，并留出一支部队通过的空间。三个中队组成一个大队，十个大队组成一个军团，军团共计有4500～6000人。每个大队都会有30名骑兵作为辅助。

军团是较希腊式方阵，包括马其顿方阵更灵活的作战单位，比起方阵，装备短剑与标枪的军团在贴身近战、反应能力方面要强得多。中队可以变化成各种阵形，面对不同的状况，军团各中队的间隙使得数条战线可以灵活地互相支援，而疲惫或者损失过大的中队也可以通过间隙撤到后方进行轮换，这在步兵战中非常重要。罗马军团式步兵的影响，一直延续到一千二百年后的东罗马帝国（拜占庭帝国）最强盛的黄金征服者时期。当时步兵军团的武器虽然已经大为不同，但军团阵形的很多重要思想依然延续下来。

如前面所说，在罗马征服希腊与马其顿地区的三次马其顿战争，消灭劲敌迦太基的布匿战争以及力挫继业者王国中最强大的塞琉古军队的小亚细亚战争中，军团都起到了极其重要的作用。除了在前文提过的公元前190年的马格尼西亚会战中击败塞琉古，公元前197年的西诺塞法拉会战

与公元前168年的彼得那会战，罗马军队战胜马其顿方阵，也充分显示了军团在面对方阵时作战的灵活性。而在这些会战中，罗马的骑兵，绝大多数起到的是辅助作用，绝非战争的主力。

在与继业者王国的伊鲁庇斯进行的"大象战争"中——即公元前290年的赫拉克利亚会战，罗马共和国军团面对的是希腊著名军事家皮洛士。此战罗马人投了1200名罗马骑兵和1200名南意大利同盟的轻骑兵。皮洛士投入了在亚历山大时代就享誉盛名的3000名色萨利骑兵，还有1000名塔兰托骑兵。在罗马骑兵渡河之际，色萨利重骑兵成功地击退了罗马骑兵，让他们退回阵列。但罗马步兵军团很快成为皮洛士"难啃的骨头"，让常胜将军皮洛士感到非常棘手，直到最后他出动了罗马人从未见过的战象才勉强取胜。

至于皮洛士的弟子，比皮洛士更享有盛名，后世人称"战略之父"的迦太基统帅汉尼拔，更是连续击败罗马军队。他在著名的公元前216年的坎尼会战中，用一支来自五湖四海，各民族杂烩的3万佣兵全歼罗马精锐军团5万人，使"坎尼"在后世成为西方世界"歼灭战"的代名词。在坎尼会战以及一系列汉尼拔的精彩战例中，最引人注目的是汉尼拔超人的统军能力与个人指挥才能，而他手中来自西班牙地区的伊比利亚重骑兵同样功不可没。

伊比利亚重骑兵拥有俊良的西班牙战马，无论是坐骑还是骑术都远超罗马重骑兵，装甲也不逊色。在坎尼会战中，这些伊比利亚重骑兵构成了汉尼拔的左翼骑兵主力，由汉尼拔弟弟哈斯德鲁巴率领。当罗马军团全军出击扑向汉尼拔军阵时，汉尼拔也命令他的骑兵发起冲锋。

军团的新克星：古罗马时代早期敌人们的重骑兵

上图: 皮洛士带领战象及方阵军对抗罗马军团

上图: 汉尼拔军中使用轻甲马铠的伊比利亚重骑兵（掌旗手）与腓尼基重步兵

在汉尼拔左翼骑兵与罗马右翼骑兵激烈的对冲中，伊比利亚重骑兵很快就打垮了罗马的右翼骑兵。根据当时记载："粗野的战斗接踵

而来，西班牙骑兵很快战胜了罗马骑兵。"伊比利亚重骑兵不仅击败了罗马右翼骑兵，而且一直迂回到左翼，支援正在与罗马左翼骑兵僵持不下的迦太基军中的努米底亚轻骑兵。在两面夹攻下，他们很快将罗马左翼骑兵也打垮了。于是，罗马军团的两条臂膀被干净利落地卸掉，而罗马的步兵陷入了汉尼拔步兵的"月型口袋阵"，在一个拥挤的地区被几面包围。伊比利亚重骑兵与努米底亚轻骑兵从背后发动最后的冲击，并彻底封锁了"死亡包围圈"，直至整个罗马军团全军覆没。

不过，共和国时代罗马的本土骑兵也在一些会战中大放异彩。汉尼拔第一次也是最后一次被罗马击败，是在公元前202年的扎马会战中。当时罗马统帅大西庇阿动用了6100名骑兵去对抗迦太基的4000名骑兵。罗马人的左翼布置着罗马本土的意大利骑兵，右翼则是盟友努米底亚骑兵[1]。当时汉尼拔的精锐骑兵已经不比从前，弟弟哈斯德鲁巴的战死，西班牙兵员的丧失，让他的军中只剩下了努米底亚骑兵和一部分迦太基骑兵，昔日凶猛的伊比利亚重骑兵已经是过眼云烟。他只好将努米底亚骑兵放在左翼，迦太基骑兵放在右翼，并希望他的80头战象能起到重要作用。

没想到大西庇阿的骑兵使用了鼓号军乐对汉尼拔的战象进行惊吓。很可能汉尼拔当时手中的战象没有经过良好训练，它们受惊吓后冲乱了汉尼拔左翼的努米底亚骑兵。罗马的左翼努米底亚骑兵立即发动攻击，打垮了汉尼拔的左翼骑兵。汉尼拔右翼相对薄弱的迦太基骑兵，则被要求尽量与冲过来的罗马本土骑兵保持距离，以约束住他们不去迂回冲击迦太基阵形的背后。

① 当时罗马人的外交攻势已经让更精良的努米底亚骑兵投入罗马人一边。

迦太基骑兵基本完成了汉尼拔的任务，他们拖延了罗马左翼本土骑兵很长时间——但也许还不够长。最后，他们还是被罗马骑兵赶出了战场。在汉尼拔与大西庇阿两军中央阵线鏖战胶着之际，罗马左翼骑兵终于返回，从背后给予汉尼拔军队致命一击。昔日无敌的迦太基统帅战败了。他的军队2万人被杀，2万人被俘，而罗马人大约2500人战死，4000人受伤。

历史学家西德尼尔以此为例，来证明罗马共和国时代骑兵完全不逊色于当时骑兵强国的骑兵。但纵观罗马的胜利，主要是建立在军团的科学性，比对手更稳定更庞大的人力资源，以及外交的成功运用之上的。伊鲁庇斯的皮洛士曾两次击败罗马军团，他的

上图： *扎马之战中罗马军团对抗迦太基的战象*

色萨利重骑兵在面对罗马重骑兵时处于优势，但他自己却以"皮洛士的胜利"来痛惜自己没有像罗马一样充足的后备兵员，并最终失败。

"战略之父"汉尼拔虽然传奇般地带领

下图： *罗马骑兵与努米底亚骑兵在厮杀*

各族欧洲佣兵，翻越阿尔卑斯山，在罗马的土地上歼灭成建制的罗马军团，但依然被罗马人用强大的人力资源和诸多盟友稳住阵脚。接着罗马人歼灭了他弟弟哈斯德鲁巴从西班牙带来的军队。由此，兵源分散的汉尼拔兵力实力大减，更没有了高卢骑兵和让罗马人惊惧的西班牙伊比利亚重骑兵。而罗马仍坚定不移地训练军团前往战场。等到扎马会战之时，骑兵优势已经明显转换到罗马这一边。

而且，诸如扎马会战里罗马骑兵的成功，更多依靠的是数量优势。此前罗马人的外交攻势取得成功，使得努米底亚国王调遣大量的努米底亚骑兵反而加入了罗马这一边。再比如前文曾提过，罗马人与继业者王国塞琉古王国在

公元前190年进行的马格尼西亚会战，冲锋击溃塞琉古左翼重骑兵的，其实是罗马盟国帕加马王国的骑兵。因此，罗马人的骑兵胜利，其实并不是建立在罗马本土骑兵自身的强大上。

之后，罗马共和国经历了朱古达战争，并进行了著名的马略军事改革。马略军事改革是由于公民兵役制被破坏，已经不适合罗马当时的征兵要求，于是以募兵制代替征兵制，变农民兵为职业化军队延长服役年限，使得每名士兵的训练时间与水平大为增加。罗马还统一武器装备，改革了军团的构成，之前军团的青年军、壮年军、老兵的阵形模式被取消，转用统一的"军团士兵"代替，并且给予每个军团"鹰旗"——罗马军团荣

下图： 罗马在外族人中招募与选拔骑兵

誉的象征。在此后几个世纪之中，鹰旗一直是强大的罗马军团代名词。

在马略改革中，曾经的公民骑兵被完全废除，这实际上造成了罗马骑兵的很大变化。虽然过去罗马骑兵也处于辅助地位，但本土骑兵始终保有一定的数量。而在罗马共和国扩张时代的后期，罗马曾经服骑兵役的特权公民阶级状况也在发生重大变化。这些人由于罗马扩张积累了财富，多数开始经营地产和商业，已经不太愿意再为共和国服骑兵役。马略改革后，罗马的军团骑兵则从意大利的平民间招募，本土骑兵仅作为军团的补充力量。当时一个军团有120名骑兵，比之前有所减少，而之后会更少。

随着罗马的逐步扩张，骑兵团就由那些更擅长骑兵作战的外族人组成了，比如高卢人、凯尔特人、日耳曼人等。他们的待遇比本土意大利人更低，却拥有更好的骑兵作战技术和装备，特别是马匹往往是自己承担。因此，自马略改革后，罗马步兵军团战斗力大为提升了。而骑兵的战斗力实际上也增强了——虽然不是本土骑兵。大量的外族骑兵开始在军团里服役，而罗马本土骑兵，缩小为一个很小的规模。总之，在罗马共和国晚期至之后罗马帝国初期的一段时间里，这种模式都是相当有效的。

罗马共和国后期，由于罗马军团连续成功打击东方王国塞琉古，导致后者逐步衰落，这就间接创造出一个罗马的新对手——帕提亚王国。这个王国并非希腊继业者，而是由斯基泰人的一支帕提亚人所建立。帕提亚人最初为游牧民族，后来传承中亚文化，逐渐成为强大的封建制度王国。王国由七个最强大的家族领导，贵族与家臣构成了帕提亚社会的上层，而下层是农民和农奴。虽然周围

民族并不承认，但帕提亚人自称是古波斯帝国的继承者。

跟罗马共和国的军队相比，他们的组织较为松散，政府的行政力度也较为软弱。但在历史上，帕提亚人对于重骑兵的发展，却是功不可没的。因为帕提亚人将曾经与其进行多次战争，并压制自己的塞琉古王国的具装重骑兵再度发展，创造了真正适合超重装骑兵的战术体系。

帕提亚与罗马不同，他们由农奴组成的步兵非常脆弱，在战场上的作用基本可以忽略不计。帕提亚的小贵族与家臣一般骑乘轻型马，使用反曲弓充当骑射手，铁甲具装骑兵则由富有的贵族担任。只有最富有的皇家卫队、大贵族以及臣属，才能支付得起全套金属铠甲与金属全装马铠的高昂费用。其余的富有贵族则使用相对简单的铠甲。从外形上看，帕提亚铁甲具装骑兵与塞琉古铁甲具装骑兵非常相似，只是当时已经盛行铁甲，青铜盔甲的数量已经很少，仅仅一部分骑兵的头盔会使用。这些重装骑兵的盔甲既使用鳞甲，也使用当时开始流行起来的片甲与锁甲，臂部和与腿部大都使用的是环片甲，而关节部位也有柔韧性很好的锁甲提供保护。

片甲（或称为札甲）以及锁甲在今后1300多年间，在几乎整个世界范围内，成为重骑兵甚至是重步兵最主流的重铠甲。札甲与鳞甲由于外形有相似之处，经常容易被混淆。实际上，札甲与早期鳞甲相比，不是将小金属片缝制在织物上，而是用大片的方形或菱形金属片用皮革穿梭连接而成。在提供相同的防护力的情况下，一般鳞甲比札甲更笨重，且札甲如果在战斗中损坏，只需要更换金属片重新用皮带挂上去即可，维修保养也较鳞甲更为方便，因此后来比鳞甲应用得

军团的新克星：古罗马时代早期敌人们的重骑兵

上图: 帕提亚全具装重型骑兵

上图: 1. 萨卡具装重骑兵; 2. 帕提亚具装重骑兵; 3. 贵霜具装重骑兵

更为广泛。

就连经常作为罗马军团重步兵形象代表的环片甲,从皮带连接甲片的方式来说,也是一种片甲,而不是一部分人误以为的板甲,只是甲片更大一些。

锁甲是用小型铁环靠串联连接起来的盔甲,锁甲相对于札甲更轻,同时拥有鳞甲与札甲均不具备的柔韧性,可以覆盖全身,并更容易为身体各关节以及颈部提供硬甲保护。不过作为胸甲,锁甲在抵挡刺穿型攻击,例如弓弩、长矛等武器时,效果要比金属甲片重叠交替的札甲差。

因此,用札甲作为胸甲,用锁甲来保护关节的复合式保护就成为一种非常好的选择,而帕提亚中那些拥有最好防护的铁甲具装骑兵就是如此。

帕提亚的马铠则基本不再使用青铜,这或许比起塞琉古具装骑兵更轻便些,但马匹的眼部还有青铜的护眼罩。马铠根据骑兵的财富,或为皮质,或为铁质,以鳞甲为主。其中完备的由头、颈、躯干三部分组成。由于重量太重,帕提亚铁甲重骑兵并非在每一场战斗中都披挂马铠。

帕提亚铁甲重骑兵使用12英尺长的康托斯骑枪,与诸斯同骑枪几乎同等长。长枪的刃很长,并且枪尖粗大,就像剑一样。帕提亚铁甲重骑兵攻击方式与塞琉古重骑兵很相似,高举过肩向下刺或是双手握持平刺。在沉重马匹的冲击力下,康托斯骑枪可以发挥出可怕的冲击力。对于辅助兵器,除了剑,帕提亚重骑兵还大量使用了钉锤,这些武器被证明是最好的重骑兵近身武器。不过相对于过去的斯基泰人,帕提亚重骑兵似乎抛弃了之前的两用式重骑兵,其重装骑兵不常使用弓箭,而是专门用于冲击与肉搏。

总体上,帕提亚重骑兵可能是那个时代

最强大的重骑兵。当他们发动冲锋的时候，可以打垮任何其他的骑兵。连人带马充分防护的铁甲几乎可以保证他们不会被箭矢伤害。他们一般使用密集队形、以小跑的速度发动冲锋，但这也可能是一种假象——诱使敌军将自己的步兵组成密集队形来防御。这样，他们的小贵族组成的大量弓骑兵就有用武之地了。

就如同过去的斯基泰人，比起数量珍贵的重骑兵，帕提亚轻弓骑兵的数量要大得多。他们可以左手持弓与备用箭，右手搭箭，骑乘至敌军数十米后，包围敌军，绕着圈儿发射箭矢。若敌军追击，则掉头，从马尾方向放箭，就是这种"回马箭"模式，也被称为"帕提亚射术"。总之，使敌军阵形始终覆盖在箭雨中。当敌军在精神上或士气上处于崩溃状态时，帕提亚弓骑兵就会将弓箭火力集中于一点，而帕提亚重骑兵就会发动真正的毁灭性冲击，彻底瓦解对手。

重骑兵与弓骑兵这种方式的协同使用，被称为"帕提亚体系"。虽然之前的草原民族斯基泰人，已经有了这种体系的雏形，但这个体系还是被以这个时代的骑兵强国帕提亚来命名。直至公元 12 世纪的蒙古帝国，这种体系仍是游牧骑兵战术的核心内容。

最能体现帕提亚重骑兵战力的例子莫过于公元前 53 年的卡莱之战。当时罗马共和国正值末期的"三巨头时代"。三巨头之一的克拉苏，为了得到较庞培更伟大的军功而远征帕提亚王国。克拉苏为这次远征配备了 7 个罗马军团，45000 ～ 50000 人，自信可以击败世界上任何一支军队。他还配备了 4000 名高卢与凯尔特辅助骑兵，以掩护他庞大的军团。他的对手则是帕提亚高阶贵族苏莱纳指挥的 10000 名骑兵，其中包括 9000

名帕提亚轻弓骑兵和 1000 名武装到牙齿的铁甲重骑兵。虽然帕提亚国王给苏莱纳的期望仅仅是拖住克拉苏的军团，并不指望后者在 1 比 4 的兵力劣势下进行决战，但苏莱纳本人并不这么想。他希望诱敌深入将罗马人引进来，然后消灭这支罗马远征军。

战事开始后，罗马盟友亚美尼亚国王建议克拉苏取道亚美尼亚，从北部山区逼近帕提亚首都泰西封。这既可以引诱帕提亚骑兵到不易展开的山地作战，国王也可以提供 16000 名骑兵与 30000 名步兵加以援助。但骄傲的克拉苏竟然拒绝了这个建议。也许是嫌这条道路太慢，他直接率领军团向美索不达米亚平原前进。

之后，在奥斯诺恩，他又被当地的酋长误导。酋长让克拉苏误认为帕提亚的军队正在逃跑。于是罗马统帅命令发动追击，不但进行急行军，还远离了水源。而苏莱纳的 10000 名骑兵就在前方的卡莱等待着他。

于是，干渴饥饿的罗马军团要面对

上图：帕提亚射术

军团的新克星：古罗马时代早期敌人们的重骑兵

10000 名帕提亚骑兵。当然，他们有人数优势，克拉苏的将领卡修斯建议统帅布置罗马的传统阵形，步兵居中，骑兵护卫两翼。但克拉苏很快改变了注意，他命令军队展开一个"空心大圆阵"，每一边都布置了 12 个步兵大队。这个阵形可以充分保护罗马人的侧翼，代价则是整支军队的机动性。我们不能说克拉苏的布阵一定是个错误，因为后世的拜占庭皇帝阿里克塞一世与英国的"狮心理查"国王也都曾摆出了同样的阵形，并在面对占据优势的突厥骑兵与马穆鲁克骑兵时获胜。但问题是，阿里克塞与理查当时都没有后勤吃紧的迹象，阿里克塞更是将大量的军用物资围在了整个军队中央地带，以便长期战斗[1]。而组成克拉苏圆阵的，却是干渴而疲惫的罗马军团。

不过，罗马军队后来还是找到了水源——一条不算大的溪流。于是克拉苏的将军们建议扎营，第二天再发动攻击，给士兵们一个充分休息的机会。但普布利乌斯——克拉苏的儿子非常渴望战斗，他说服了克拉苏立即向帕提亚军队发起攻击。

苏莱纳非常了解克拉苏军队的疲惫，他命令骑兵们大量擂鼓，发出刺耳而巨大的噪音，让罗马士兵们更加烦躁，同时命令他的精锐——铁甲具装骑兵们撩开裹住自身的斗篷，露出闪闪发亮的铠甲，以恐吓对手。帕提亚统帅一开始本打算立即发动冲击，但在恐吓之后，苏莱纳发现罗马军队的阵形依然保持着传统的纪律性。他判断，现在命令铁甲重骑兵发动冲击还为时过早，就放弃了立即冲锋的计划，转

① 这种方式也常见于汉朝军队与匈奴军队的战斗。

而调遣弓骑兵们呈环形包围了罗马军团。克拉苏命令罗马轻步兵出击，以驱赶帕提亚轻装弓骑兵，但反被帕提亚弓骑兵的箭雨逼了回去。

接着，帕提亚弓骑兵向罗马军团中的核心——重步兵倾射箭雨。重步兵们虽然有大盾护身，但四肢依然缺乏保护，于是不断有人中箭倒地。罗马军团试图将帕提亚弓骑兵拖入近战，但帕提亚弓骑兵总是灵活回撤，并用"帕提亚射术"继续不停地向罗马军团放箭。为了躲避箭雨，罗马军团组成了"龟甲阵"。这是罗马军团一种密集阵形。士兵将盾牌紧靠在一起，对四面及头部上方全部用盾牌保护起来，所有人都藏在盾阵中，可以有效防范人力发射的箭矢。但是，这样也严重了限制了军团们的近战能力。

于是，帕提亚铁甲具装骑兵开始猛冲这些组成龟甲阵的分队，每一次冲锋都造成一定的伤亡。每次冲锋之后，没等罗马人完全打开龟甲阵进行肉搏，帕提亚重骑兵就转身回撤。如果罗马人打开龟甲阵进行追击，帕提亚弓骑兵就集中火力进行射击。虽然这让铠甲沉重的帕提亚重骑兵气喘吁吁，但是他们与弓骑兵的精彩配合确实造成了罗马军团的恐慌与重大的人员伤亡。

面对这种情况，克拉苏寄希望于他的军团能撑到帕提亚人射完他们的箭，毕竟罗马军团是地中海世界里纪律最好的军队。但苏莱纳用大量的骆驼又为弓骑兵们运来了无数的箭矢，而且有意让罗马人看见，以降低后者的士气。

于是，克拉苏只能孤注一掷。他命令儿子普布利乌斯率领1300名高卢骑兵、500名弓箭手与8个步兵大队打开包围圈的突破口。帕提亚弓骑兵立即转身假撤退，并不停射出密集的箭雨，给罗马突击队造成了重大的伤亡。当普布利乌斯的高卢骑兵与步兵大队们分隔开时，恐怖的帕提亚重骑兵出现了。他们正面向高卢骑兵们冲锋，而帕提亚弓手则截断了退路。随即，一场屠杀开始了。

高卢骑兵在面对重骑兵，特别是具装骑兵时的劣势暴露无遗。尽管仅穿着皮甲的高

军团的新克星：古罗马时代早期敌人们的重骑兵

上图： 举着龙旗的帕提亚轻弓骑兵

上图： 帕提亚重骑兵冲击罗马军团

卢骑兵们打得非常英勇，但也无法与帕提亚重骑兵对抗。由于他们的矛无法刺穿帕提亚重骑兵的铠甲，有的高卢骑兵就干脆下马战斗，甚至徒手抓住帕提亚骑兵的矛将他们拖下马——这算是无马镫时代面对铁甲重骑兵时不错的方法，但也只能如此了。很快高卢骑兵全军覆没，而普布利乌斯拔剑自杀。

至于克拉苏，他一开始还不知道儿子与骑兵们的命运，于是让另一个将军前去增援他认为正处在危险中的普布利乌斯。结果这名将军惊恐地看见了帕提亚军中插在长矛上克拉苏儿子的头颅。

之后，帕提亚骑兵们继续发挥他们的"帕提亚战术"，不停地给罗马人造成伤亡。克拉苏则指挥他的军团且战且退，在留下了数千名

伤员全部被帕提亚军队俘虏后，撤进了卡莱城。罗马军团的士气已经降到了冰点。

第二天，苏莱纳提出谈判，允许剩下的罗马人撤离，条件是罗马放弃幼发拉底河以东的所有地区。克拉苏开始不同意，但已经达到了忍受极限的罗马将领们要求他进行谈判。在谈判中，双方爆发了冲突，克拉苏被杀，其余的罗马人企图逃跑，但大都被帕提亚骑兵杀死或俘虏。自此，卡莱大战降下帷幕，罗马人有20000人在战斗中被杀，10000人被俘。这是罗马人自坎尼会战之后最惨重的失败，而帕提亚人伤亡极小。

卡莱之战的胜利，在重骑兵发展史上是一个重要的时刻。此战标志着，无马镫时代的铁甲具装重骑兵，终于走完了自继业者王国开始

下图： *卡莱战役帕提亚弓骑兵向罗马军团盾墙倾射箭雨*

的战术成熟之路。重装骑兵在不依靠步兵配合的情况下，有可能与弓骑兵配合，在决战中打垮步兵军团。后世著名的波斯萨珊具装骑兵以至于罗马人的拜占庭具装骑兵，都将沿着这条路线继续走下去。重骑兵与弓骑兵相得益彰的"帕提亚体系"，也将继续流传下去，不断改进，直至十二个世纪后依然能大放异彩。

|上图：帕提亚重骑兵攻击罗马军队

但我们也要看到，拥有极为优秀重骑兵的帕提亚人，他们的步兵则非常脆弱。即使其中最出色，并且不可靠的一些外省优秀步兵，诸如德拉米步兵，也完全无法正面对抗罗马军团。而帕提亚骑兵在卡莱对于罗马军团的胜利，与罗马统帅克拉苏一系列决策错误是分不开的，也并非完全的战术相克。当罗马军团战术得当，依然可以多次击败帕提亚军队。

罗马军队自卡莱之战后，大量增加了投石手与弓箭手的数量，这样帕提亚人就不能一直使用"帕提亚战术"来消耗罗马军队。而只要压制了帕提亚骑弓手的射击，帕提亚的重骑兵战术就很难施展。

卡莱之战后的公元前 39 年，帕提亚人挟胜利之余威，从南北两路对罗马共和国发动入侵。罗马优秀统帅文提狄斯带领军团在"奇里乞亚之门"阻挡帕提亚骑兵。

他将军团驻扎在高地上。之前获胜的帕提亚骑弓手则因为信心十足，不等所有军队集结完毕就冲上来向罗马军团射箭。罗马步兵躲避在大盾之后，等帕提亚骑兵稍有靠近就立即以滂沱大雨般的标枪还击。帕提亚弓骑兵刚出现混乱，罗马军团就依靠高地优势猛冲下来，与猝不及防、无法撤退的帕提亚弓骑兵撞在一起，引发混战。不善肉搏的帕提亚轻骑兵被大量砍倒后逃跑，甚至冲乱了

帕提亚后阵的重装骑兵，使之没有发挥任何作用。

一年之后，还是由文提狄斯指挥的吉达鲁斯山之战。帕提亚骑兵竟然如一年之前同出一辙，向驻扎在高地上的罗马军团发起攻击并开始射击。结果罗马军团又从高地上冲下与他们陷入肉搏。被杀死的骑兵与战马顺着斜坡翻滚，造成了大量帕提亚弓骑兵的崩溃。随后罗马军团从两翼包抄，包围了后阵的帕提亚重骑兵。罗马人并未直接进行冲击，而是先用大量投石索抛出弹雨掩护，阻止了帕提亚具装骑兵的冲锋，军团这才从四面八法向帕提亚具装骑兵和统帅冲杀过去，进行贴身战。帕提亚重骑兵只能夺路而逃，而统帅则被杀死。

之后，罗马由共和国进入帝国时代。在罗马帝国时代，帕提亚骑兵面对完善的罗马军团与相对合格的统帅，依然是败多胜少。帕提亚首都也数次被罗马军团所攻克。

但这个阶段，帕提亚王国体现出的最主要的问题是因为政治混乱引发的内战，而非战术落后。而罗马帝国则进入了全盛时期，往往在战争中可以集中庞大的人力与物力，包括数量庞大而严整的军团，而并非对帕提亚骑兵形成战术压制。

上图: 罗马帝国时代的军团重步兵击败具装铁甲骑兵

比如公元 113 年，在罗马帝国全盛的图拉真皇帝时代，他远征帕提亚，而帕提亚几乎没有像样的抵抗，任由罗马军团一路攻城拔寨，直至再次占领帕提亚首都泰西封。之后的罗马皇帝维鲁斯与后来赛维鲁的时代也是如此，他们都在帕提亚没有有效抵抗的情况下攻克了帕提亚首都。

在罗马帝国时代，由于疆域的扩展和统治的深入，罗马骑兵的主体又发生了变化。除了之前提到的纯外族骑兵，罗马军队里还增加了大量的由各省份非公民组成的正规化辅助军团。诸如高卢、西班牙等本身就拥有骑兵优秀传统的行省，都开始提供既有地方骑兵技术优势，也拥有罗马优秀装备的强力辅助骑兵兵源。这些骑兵在罗马皇帝"五贤帝"之一的哈德良

时代的资料中，被认为是"最适合大规模战斗的骑兵"。他们在战场上被公认为公民步兵军团最重要的两翼护卫者。

这些骑兵装备精良，通常是重骑兵。他们装备有完备的锁子甲或是鳞甲；武器是短骑矛、标枪，以及受到日耳曼人影响的被称为 Spatha 的罗马长剑。这种剑刃长约 0.75 米的长剑逐渐在帝国时代取代了罗马短剑，甚至在 10 个世纪之后的东罗马帝国依然是非常重要的武器。重骑兵们还装备着大型的椭圆盾。有的罗马辅助骑兵装备弓箭和较为轻型的锁子甲，作为中型弓骑兵，担任保护侧翼、侦察、小规模战斗或是追击任务。这些优秀骑兵的薪水往往超过公民重步兵约 20% 左右。

但即便如此优秀，已经归化并接受罗马装备训练的高卢、西班牙等地的罗马辅助重骑兵，依然逊色于帕提亚人马俱甲的铁甲重骑兵。在正面对抗中，帕提亚的重骑兵优势依然明显。罗马辅助骑兵在面对帕提亚重骑兵时，会尽量避免单独接战，更倾向于在两翼护卫自己的步兵军团，干扰帕提亚重骑兵的冲锋。以便让己方重步兵在不被对方重骑兵有效冲锋的情况下，将对方的重骑兵拖入擅长的肉搏战。当然，这个战术被证明是有效的，特别是罗马帝国在公元 1—2 世纪初越来越强大，而帕提亚王国政局经常性处于混乱的时候。于是，长期与罗马争斗的失败，几乎让人忘却了卡莱之战中帕提亚重骑兵的威名。

然而，在帕提亚王国末期，他们依然通过与罗马人一次庞大的会战，再次向罗马人宣告东方式的铁甲具装骑兵是不可忽视的。

公元 217 年，罗马皇帝卡拉卡拉向帕提亚君主阿尔达班四世①提出联盟，并要迎娶后者

① 也有文献称他为五世。

上图： 罗马帝国辅助重骑兵的全套装备

的女儿，因此罗马军队被允许进入美索不达米亚。但说好来帮助"岳父"的卡拉卡拉突然翻脸，背信弃义杀死了前来迎接的贵族，并大肆掠夺帕提亚宫殿和当地地区。

217 年 4 月 8 日，卡拉卡拉被禁卫军统领马尔库斯·欧佩利乌斯暗杀，后者成为皇帝。利用罗马人的帝位更替混乱之际，帕提亚君主阿尔达班四世于危机之中，终于真正有效地集中了军队，让罗马人又记起帕提亚重骑兵所具备的战术优势。

马尔库斯·欧佩利乌斯试图与阿尔达班四世谈判，但谈判破裂，于是罗马人与帕提亚人在尼西比斯展开决战。这很可能是罗马人与帕提亚人规模最大的一次会战，同时也是最后的大战。

此战，帕提亚人数占据优势，不但集中了他们久经沙场的铁甲具装骑兵、大量的弓骑兵，还有许多骆驼枪骑兵伴随作战。罗马人仍将他们的主力军团布置在中央，各大队间安插有大量的轻步兵协同，两翼则是骑兵。

大战持续了整整三天。两军的第一次冲突是为了争夺一处水源。战斗在日出时打响，帕提亚弓骑兵射来遮天箭雨，罗马轻步兵则加以还击。这时帕提亚重装骑兵与骆驼枪骑兵发起猛烈冲击[1]，罗马轻步兵猝不及防，没能及时撤回中央战线内，结果遭到重大伤

① 帕提亚人不可能继续卡莱的战术，因为上文也说过罗马会以轻步兵来压制帕提亚弓手，因此帕提亚重骑兵就直接发动了冲锋。

上图： 双方都伤亡巨大的尼西比斯之战

亡。但他们仍扔下了大量的铁蒺藜在身后，使得追击的帕提亚重骑兵与骆驼骑兵踩到后纷纷翻倒。骑手们从坐骑上被抛下，出现的混乱阻滞了帕提亚重骑兵的冲击。

罗马军团重步兵抓住机会，立即向帕提亚重骑兵发起冲锋，让对手的骑兵陷入混战，给前锋的帕提亚具装重骑兵造成重大伤亡。但帕提亚人随即再派出新锐重骑兵发起冲锋，虽然收效甚微，但罗马人也不能扩大战果，这样的厮杀一直持续到夜里。

第二天，双方仍是僵持不下。

上图： 罗马皇帝卡拉卡拉

到了第三天，帕提亚凭借骑兵优势企图包抄罗马军团，于是罗马人放弃了传统阵形，向两边延长战线防止包抄。罗马辅助骑兵与轻步兵左右奔驰换位，截击意图包抄冲锋的帕提亚骑兵。最终帕提亚人没有迂回成功，而双方都在战场上付出了沉重的代价。据说"平原上被满地的死者所覆盖，遍地都是阵亡的士兵，战马与骆驼的尸体堆成了小山堆"。

这个时候，刚即位罗马皇帝的马尔库斯·欧佩利乌斯感觉难以支撑，他向阿尔达班提出谈判，对卡拉卡拉在帕提亚的暴行予以赔偿。阿尔达班的军队是封建性质的，在遭受了重大损失后也难以再战，就同意了罗马人和谈的要求。在收到了罗马人 2 亿塞斯特帖姆①的赔偿后,这场大战终于以帕提亚的惨胜而收场。

这场代价巨大的胜利阻止了罗马帝国的入侵,但对帕提亚帝国却并非幸事。勇敢的阿尔达班损失了大量的精英部队,本来不稳定的王国变得更加动荡,野心勃勃的地方总督们开始谋划推翻阿尔达班的政权。

最后,波斯地区的法尔斯总督阿尔达希尔,也就是后来的阿尔达希尔一世,在奥尔米兹达甘平原击败并杀死了阿尔达班四世,灭亡了帕提亚王国,建立了著名的波斯萨珊帝国。

不过,帕提亚的具装重骑兵并未因改朝换代而停止发展。萨珊帝国将继续发展这种可怕的超级武器,并接替帕提亚人与罗马帝国及后来的东罗马帝国,进行漫长的战争。

同时,罗马重骑兵也在继续发展。在经历了不断的战争之后,罗马人也不得不承认东方式铁甲具装骑兵的优越性。于是他们在公元 2 世纪左右,也开始发展自己的仿东方式铁甲具装骑兵。恰逢此时,斯基泰人的一支——萨尔玛提亚人作为外族骑兵进入罗马帝国服役。作为草原民族,他们除弓骑兵外,重骑兵也非常优秀,其铁甲具装骑兵并不逊色于帕提亚及波斯萨珊的具装骑兵。这使得

上图: 帕提亚重骑兵与刚崛起的波斯萨珊重骑兵交战。1. 早期的萨珊具装骑兵;2. 帕提亚重骑兵;3. 萨珊掌旗手

罗马人开始有了与东方帕提亚人和波斯萨珊抗衡的具装骑兵。

但他们的进入只是一个开始。很快,即使在传统的步兵强国罗马帝国,骑兵特别是重骑兵的地位,在未来的岁月里将飞速提升,直至在东罗马帝国成为军队中最令人瞩目的核心兵种。

① 罗马货币,共和国时代为银币,帝国时代为铜币。

第五章

陷阵的突骑

古典时代的汉帝国重骑兵军团

吾闻突骑天下精兵，今乃见其战，乐可言邪？

——汉光武帝 刘秀

> "夫行天莫如龙，行地莫如马。马者甲
> 兵之本。国之大用。"
> ——马援，东汉名将。

比起文明及军事起源较早的南欧地区及
中亚西亚地区，远东地区的文明中心——中
国的骑兵崛起是相对较晚的。

作为个人技术，马匹骑乘在公元前6世
纪于中国出现，当时也有极其少量的骑兵，
但这些骑兵主要是用于驿传及追捕逃奴，没
有用于战争。春秋时，中原骑兵有了初步的
发展，但是数量很少，通常和战车混合编制。
到了春秋末期，《战国策·赵一》写赵襄子
"使延陵王将车骑先之晋阳"，将车、骑并
提，说明骑兵已开始向独立兵种过渡。到了
公元前4世纪末，在北方少数民族的影响下，
赵武灵王"胡服骑射"，实行了重大的军事
改革，中原骑兵才从战车时代走出，这时重
骑兵还没有出现。而此时，东、南欧及中、
西亚重骑兵的装备与战术已经达到一个较高
水平，比如创造辉煌战绩的马其顿伙伴骑兵，
以及斯基泰与波斯的重装骑兵。

不过，中原骑兵的发展非常迅速。伪托
姜太公所著，但实际成书于战国时代的兵法
书《六韬》，以及同样成书于战国时代的兵
法书《孙膑兵法》和《吴子》，都有成建制
骑兵与骑兵战术的记载。在一些当时人的描
述里，也有战国七雄拥有"骑万匹"（秦、赵、
楚）、"骑六千匹"（燕）、"骑五千匹"（魏）
骑兵部队的记载。当时战争中也有大量投入
骑兵部队的记载。比如赵国名将李牧在攻击
匈奴时，投入了1.3万名骑兵。而在著名的
长平之战中，秦国名将白起作为机动部队所
投入的5000名骑兵，发挥了最为关键的作用。

■上图： *秦军出现了萌芽状态的重骑兵*

虽然关于原始史料人数争议一直存在，但可
以肯定的是，战国骑兵的规模与运用较以往
显著增加了

不过因史料缺失，战国骑兵的具体装备
和作战方式还有待考证。一般认为，在公元
前3世纪末，中原骑兵只有很少一部分装备
了盔甲。他们主要使用弓箭进行机动作战而
非近身搏杀，至于当时弩是否已经被应用在
骑兵上还不确定。有的历史学家认为战国末
期到秦帝国建立期间，中原已经有了重骑兵，
但没有具体的作战记录和考古发现作为证据。

一般认为，当时制约中原骑兵发展的主
要原因是缺乏优良的马种。虽然秦之先祖曾
在汧水与渭水之间，替周天子养马。而其后
历代"好马及畜，善养息之"，但这个时期
的中原骑兵马匹主要是小型的蒙古马①。根

① 这是马匹原始种群分类，并非指仅在蒙古地区的马。

秦兵马俑与秦骑兵战术

研究者通过对秦帝国军事制度和体系的最好模板——秦始皇兵马俑的考察，有了如下发现：

兵马俑所处的状态则属于"陈兵"状态，类似秦军精锐处于检阅而非临战状态。

一号坑的轻装步兵与重装步兵的混合方阵属于中国传统军事理念里的"正兵"。二号坑步、骑、战车混编，拥有机动力、防护力和远程打击力量，并单独拥有建制的合成军阵，则属于"奇兵"。三号坑为指挥机构所在。至于四号坑则空无一物，可能因秦末大起义而被迫停工，所以未能建成。

联系前文，秦国有"骑万匹"的说法。以及秦帝国建立后立即对匈奴动兵。第一阶段夺取河南地，第二阶段驱逐匈奴到阴山以北和贺兰山以西地区。公元前214年，大秦北征军已经踏破贺兰山缺！

秦帝国如此迅猛地击败以"天之骄子"自称，凭借着大骑兵集团雄霸河朔、成加大漠的匈奴人，那么在秦军训练有素，作战经验丰富的战车、轻步兵、重步兵组成的复合型优秀军队中显然也有一支超越过去"胡服骑射"更加强大的骑兵部队。

从一些兵马俑的考证来看，秦骑兵不仅拥有过去赵国引以为豪的轻装骑兵，也拥有身穿铠甲的重骑兵，尽管这些萌芽状态的"重骑兵"数量可能很少。他们仅拥有一件胸甲，没有头盔、护腕、护肩、腿甲，并且对剑的依赖远大过戟或矛，下马作战时也可能会使用盾牌。他们更近似用于马上或马下白刃战的"肉搏骑兵"，而非"冲击骑兵"，但比起"胡服骑射"时代的中国骑兵，仍是巨大的进步。

当年长平之战，白起就是以主力步兵方阵，抵御住了赵军的猛攻；以2.5万名车骑步混编的奇兵，包抄到赵军后方，断其归路；5000骑兵机动部队则突入赵军营垒，袭扰其后方，断其粮道。最终，四十万赵军陷入了锤砧之间，成就了秦国的赫赫战功。

虽然当时交战的具体兵力来自原始史料记载，在现代史学界仍存在较大争议。但仅从作战方式来看，作为奇兵，迂回敌大军后方，并断其粮道的秦骑兵战术，非常近似第二章提到的希波战争时代，波斯统帅玛尔多纽斯派遣的波斯骑兵，成功袭击希腊军粮食补给线及全军水源伽尔迦亚泉，让拥有最优秀方阵步兵的雅典与斯巴达军队一时间陷入非常被动的境地。长平之战的战例，说明中国中原地区的骑兵作战方式日益完善，这也是未来产生标准意义重骑兵的基础。

据陕西历史博物馆王世平先生的研究，秦代马匹的体量，大都还是不适于作为重骑兵进行肉搏作战。从兵马俑中的马俑形象来看，马匹的耳朵特别长，马蹄较小，马鬃短，马尾细，肩高也很不理想。

不过就算如此，秦汉交替之间的农民起义和楚汉相争的战场上，骑兵的作用也越来越大了。比如著名的彭城之战，西楚霸王项羽就用

上图: 阿克哈-塔克马

上图: 汉初的重骑兵

三万骑兵，突袭并击溃了以汉王刘邦为首的数十万联军（兵力人数均为原始史料记载）。此战后，刘邦也以收编的前秦军骑兵为基础，组建了自己的精锐骑兵军团——郎中骑兵。

郎中骑兵组建后，就在京索之战中与楚军骑兵正面交手，并替刘邦一血彭城惨败之耻，大破楚军。此后的楚汉争霸中，郎中骑兵屡立战功。井陉之战，郎中骑兵拔旗易帜，大败赵军；灭齐之战，郎中骑兵破田横、擒齐王广；后又深入楚地，纵横扫荡项羽的大后方。在楚汉最终的大决战垓下之围中，正是郎中骑兵对项羽紧紧追击，并迫其自刎的。

汉帝国建立后，中原骑兵得到了进一步的全面发展。特别是在北方匈奴帝国的威胁逐步增大后，军事冲突规模增大必然导致军事装备的升级，这使得汉朝必须具备同匈奴一样强大的骑兵部队。

当然，早期的汉军骑兵在面对公元前2世纪拥有强大游牧骑兵的匈奴帝国时，显然力有不足。公元前200年，汉高祖刘邦曾经被匈奴大军包围在白登山，之后只能通过屈辱的和亲来求得和平，但匈奴军队依然不断地袭击汉朝边郡。

之后由于国力增强，在汉文帝到汉景帝，特别是到汉武帝时期，大量的骑兵部队被建设起来。

史料记载和相关考古发现也确认，这个时代的中原骑兵，除了依赖弓箭与弩进行机动作战，一部分也开始身披札甲，装备铁质头盔，使用矛与戟作为肉搏武器，上阵搏杀。在中国传统的说法中，这种骑兵是用于冲阵的"突骑"，言其骁勇，可冲突敌阵。

比如汉帝国初年有猛将灌夫，七国之乱时与父出征，披甲持戟，与亲随十几骑，驰入敌阵，杀伤数十人。汉武帝元狩二年，李广遭遇匈奴围攻的那一仗中，李广的儿子李敢，就率领几十名突骑，直透匈奴阵势，打掉了匈奴人的锐气。

因此，可以说，汉朝是中国重骑兵时代真正的开始。

另外，虽然汉军重骑兵真正表现其卓越作战能力是在汉武帝时代，但其基础则是建立在"文景之治"的休养生息上的。汉帝国早期，由于严重缺乏马匹，"天子不能具钧驷"，大臣只能乘坐牛车，自然也就很难保

上图： *现代的伊犁马（部分学者认为的乌孙天马的前身）*

证骑兵部队的规模。

之后，汉帝国很快将精力投入建设马政上去，开始重视良种马匹资源的引进与饲养。汉景帝在秦边郡牧马苑的基础上，"益造苑马以广用"。他主持扩大边境游牧地区军马牧场的规模，在陇右建立有三十六个"牧师苑"——每一个都是规模巨大的养马场。他同时鼓励民间养马，"令民有车骑马者，复卒三人[①]"。这些措施都极大提高了汉帝国军队的军马数量。

汉武帝则继续强化前任的政策，并且倾注了更多的心血。在他的时代，汉帝国的养马数量达到空前的 40 万匹。同时，他重用对马政做出重大贡献的原匈奴王子金日磾，授予他"马监"之后，又授予其"驸马都尉"的重要职位。

汉武帝还致力于改善马品质。随着汉帝国的扩张，汉武帝特别注意大力从国外引进良马，在这方面他的决心与热情都是罕有其匹的。

当时在新疆伊犁河谷的乌孙国，出产良马，现代有的学者认为乌孙马就是现代伊犁马的前身。汉朝人认为乌孙马是极其优秀的，尊为"天马"。汉武帝为了得到乌孙天马，不惜将江都

王的女儿细君公主嫁给乌孙王，而她是和番公主中身份最高的[②]，即最接近"真"公主的一位。乌孙王则以三千匹乌孙天马回报给汉朝。而在面对更优秀的，当时世界顶级战马资源——汗血马时，汉武帝更是不惜血本，发动大量军队对拥有此马资源的大宛进行远征。最终一千多匹大宛马进入玉门关，汉帝国得到了以汗血马为代表的优秀中亚马种。这些战马起源于河中地区，与帕提亚重骑兵的尼萨马在大种上并无太大区别，是当时原始马种中作为战马最卓越的马种之一。而与汉帝国相同时代的著名的萨尔玛提亚重骑兵骑乘的肩高可达 1.50 米的图拉马，可能就是与阿克哈－塔克马，也就是汉帝国相当推崇的"汗血马"拥有共同的祖先。

就这样，当时的汉帝国作为一个马匹种群相对不佳的地区，通过历史上罕见的非凡努力，获得了一部分世界上最好的战马的资源。于是，汉帝国不但保证了组建强大骑兵的巨大马匹数量，而且也尽当时所能，使得自己的战马具备较高的品质。从汉朝的杨家湾骑兵俑来看，汉代战马马耳变短，马蹄增大，口裂更大，胸脯更宽，肩高也明显增加。

在此基础之上，作为公元前 2 世纪伟大的大帝与征服者，汉武帝让中国陆军有了革命性的大幅度进步。他执着与坚决的努力，使中国军事力量飞速提高，并且对后世影响极其深远。在他即位之前，中国汉帝国军队基本沿袭秦朝的作战系统，即以步兵为战场作战主体，战车为辅，骑兵作为次要力量使用。他即位后，大力扩建并改组中央军，建立了诸如"期门军"（在汉平帝时代后被称为"虎贲军"）、"羽林军"等多支精锐的中央军部队。中央军部队

---

① 家里有马，可以免三个人的徭役。
② 之后的解忧公主因祖父参与过七国之乱，导致其父没有爵位。

上图: 汉军突骑兵与轻装骑射手

上图: 手持戟的西汉重骑兵复原图

中的精锐骑兵，即是汉军新式骑兵的开始。不仅如此，许多汉军骑兵中的精英将领乃至之后汉匈战争中的著名统帅，比如卫青等，就是在其中诞生。

至今还没有资料表明西汉中期骑兵中骑射手与重骑兵的比率。不过鉴于汉军的骑兵从匈奴骑兵那里学到了很多，可以肯定的是，在这支庞大的骑兵队伍中，骑射手的数量相当大。加之在战争中，有匈奴的辅助骑兵或胡人的辅助骑兵加入汉军一边作战，使得汉军轻装骑射手与游牧骑射手的作战方式分别并不明显。

但是，与匈奴不同，汉军中弩的数量非常庞大。汉帝国步兵使用各种规格的弩，甚至重装步兵也会携带弩。汉军骑射手也会使

用轻型的弩作战，必要的时候，他们也可以下马使用这些弩作战。且一部分汉军骑射手[1]，也装备了半身的札甲"襦甲"，与完全不着甲的匈奴轻装骑射手有着本质不同。

至于前面提及的重骑兵——"突骑"，在西汉中期数量也不少。这些重骑兵穿着较为完备的黑色的铁质札甲，有保护肩部的披膊，身着醒目的红色军服，有的札甲还会有大型的盆领来保护骑兵的颈部。这些重骑兵头戴铁质或皮质的鞮鍪（头盔），诸如"期门"、"羽林"等禁军部队的头盔还装备着缨饰。汉帝国步兵常常使用的60厘米左右的葫芦型盾牌，虽然有资料显示骑兵也会使用，但在骑兵中还是很少见，因为当时汉军骑兵普遍用来刺杀的戟矛是双手使用的。不过由于

① 可能是相当大一部分。

汉军骑兵也会下马作战，不排除会在下马时使用这些盾牌。

这些重骑兵，在当时已经开始使用骑兵用的格斗用戟矛，长约1.8米至2.5米。骑兵用短兵器上，则逐渐淘汰了并不适用于骑兵砍杀用的铁剑，而使用刃长约1米左右的单刃、厚背的钢质环首刀。从此，在中国，马刀完全代替了剑，成为骑兵的专用武器，直至近代。这些装备专业的重骑兵，在汉匈战争的几次重大的决定性会战中，发挥了非常重要的作用。

总体而言，汉武帝时期，汉帝国的步兵仍在大部分战场上处于统治地位，但骑兵在中国历史上的地位陡然提高。比如在北方草原的战场上，骑兵已经代替步兵成为军队中最重要的主力，甚至许多重大战役完全是由骑兵单独完成的。战车的地位则在这个时期一落千丈。汉朝大约于公元前一世纪左右，彻底淘汰了古典式战车，只保留少量轻车、指挥车与

建立"车阵"用的"武刚车"、"连弩车"等特种战车。实现了陆军作战结构的重大进步。

根据《伊湾汉墓简牍》中《武库永始四年兵车器集簿》的记载，武器库中用于冲击用的"轻车"有301辆。根据《汉初郡长史杂考》的记载："轻车置弩于轼上，驾两马也。"由此可见，这种战车已经非战国时代的冲击战车，而多以弩扰乱对方。以往常用的四马拖拽大型兵车在武库中仅24辆，而且当代历史学家认为这些兵车是作为将领的指挥车使用。此外，用于车阵，车上架设连环强弩的战车却高达564辆，另还有10辆装备最豪华的"强弩武刚车"，即装备强弩的有防护车盖的战车。这标志着在西汉中后期，战车在向着装载重型武器与专业用途上发展，用于冲击的古典式战车几乎已经完全消失。

在专业用途战车与骑兵配合上，西汉有非常精彩的战例。公元前133年，汉武帝决定使用他的新式军队反击匈奴，从而进行了"马邑之谋"的作战布置。虽然最后马邑伏击战没有成功，但这拉开了汉匈大规模战争的序幕。之后，经过双方都损失巨大的河南、漠南与

上图：传统的汉早期冲击型战车，在当时越来越趋于淘汰

河西之战，首先支撑不住的匈奴单于撤回了漠北。

新式的汉军与匈奴在漠南与河西多次交战之后，匈奴单于伊稚斜已经意识到对手那脱胎换骨式的变化。他听取了降将赵信的意见，决定攻击汉朝北部边郡，诱使汉军越过大漠，然后在自己熟悉的地形下，集中兵力，歼灭汉军主力。

▮上图：汉武帝

▮上图：匈奴轻骑兵

汉武帝在估计到对方的战略意图之后，仍决定迎难而上。利用这次机会反过来歼灭匈奴主力。他与各位军事将领商议说："翕侯赵信给匈奴单于出谋划策，常常认为我国军队不能够轻装穿过大沙漠，即使到了那里也不能久留。此次我们发动大军，一定要达到我们的目的。"

公元前119年，汉武帝通过一系列政策，筹集了大量的财力与物力，并集结了手中庞大的骑兵队伍，将他们交给卫青与霍去病指挥。这两名已经在汉匈战争中多次建立卓越声望与辉煌胜利的统帅，各率领5万名骑兵，此外还有4万匹马匹用于他们的辎重运输[①]。还有数万名步兵与不计其数运送辎重的民夫，伴随他们一起行动。大军兵分两路，从代郡与定襄出发。

汉军本来的计划是霍去病部由定襄北进。但这时汉武帝得到情报说，匈奴王的主力在东部，便让霍去病从代郡出兵，并且将更精锐的骑兵分配在他的手中。显然，在安排上，汉武帝更期望年轻的骠骑将军能够找到匈奴军的主力，并获取最大的功勋。不过，这个情报却是错的。

其实匈奴得知汉军来攻后，赵信为匈奴王伊稚斜单于出谋划策："汉兵既度幕，人马疲，匈奴可坐收虏耳"。于是伊稚斜单于将部众人畜辎重转移到更远的北方，将精兵部署于漠北，专候西路汉军的到来。

结果由于错误的情报，兵出定襄、大将军卫青率领的西路军才真正要面对匈奴人的主力。相对于霍去病，他的兵员没有这么精锐，基本上是后者挑选过后剩余的。在出塞之后，通过俘虏，卫青了解到匈奴的主力实际是在他自己面前。大将军卫青没有退缩，他命令"飞将军"李广与赵其食两位将领，从东路攻击匈奴的侧翼，而他继续向正面开进。在北进800多公里之后，他们碰上了匈奴单于伊稚斜早已准备多时的8万余人主力军队。而且，匈奴军队以逸待劳，卫青的汉军却经过长期行军非常疲惫。伊稚斜也非常明了战场的形式，这是对长途行军的敌人发起突然袭击的绝好机会。他立即命令1万名

① 人数与马匹数是原始资料，至今还未经过现代历史学家的整理，大部分国外历史学家对此数字的态度是"有争议"。

下图: 匈奴的精锐骑兵

上图: 使用强弩的汉军重步兵

强力的先锋骑兵对汉军发起猛烈的攻击。

卫青显然已经估计到会出现这种情况，并迅速采取了防守反击的对策。他将强弩战车与著名的重装甲战车武刚车摆出了环形的大圆阵，创造了一个移动的堡垒，以保护步兵、弩手与弓箭手。疲惫的士兵可以依托车阵进行休息与补给，并利用武刚车与其他战车组成的堡垒，防御骑兵的冲击。武刚车的顶盖可以抵御匈奴弓箭骑射手的箭矢抛射，车阵也可以提高汉军各种弩箭的射击精度。同时，卫青还部署了 5000 名精锐骑兵——军事专家一般认为这就是当时的汉军重骑兵"突骑"，来加强这个车阵。一旦人多势众的匈奴骑兵冲过车阵，这些汉军重骑兵即发动反突击，以彻底根除汉军车阵面临的威胁。

无独有偶，后来的公元 4 世纪，哥特人在亚得里亚堡会战中，同时利用车阵与骑兵的良好配合，歼灭了由罗马皇帝率领的主力军团。而在公元前 2 世纪，车阵已经在中国北方战场上展现出它的威力。

这个阵形被证明对游牧骑兵非常有效。其实从哥特人对罗马人的亚得里亚堡战役胜利来看，在使用得当时，这个阵形对于复合型军队一样有效。匈奴骑兵虽然猛烈冲击，但无法突破汉军的防线。不过匈奴骑兵人多势众，战场态势出现了胶着，而沉静的卫青则一直保留着预备队。

这种僵局持续至黄昏，大漠中的一场沙暴遮蔽了战场。卫青知道连续冲击车阵未果的匈奴骑兵已经疲惫，而这混乱的环境就是自己的机会。他立即派遣主力骑兵，利用低能见度掩护，从两翼发动大规模迂回，并包围了伊稚斜的军队。黑暗中冲杀出来的汉军骑兵猛烈攻击匈奴骑兵，而伊稚斜则被这次钳型攻击彻底击垮。

公平点儿说，伊稚斜作为一个经久沙场的统帅，他的撤退还是及时的。虽然他率领数百近卫骑兵狼狈地向西北方向逃走，但这避免了被卫青大军直接歼灭。在混乱的撤退中，迅捷的匈奴骑兵也发挥了他们的特长，边撤退边混战。到此时，匈奴骑兵与汉军的伤亡数字几乎是相当的，但汉军坚决的追击最终使匈奴军队全面溃逃。汉军随后连续追击160多公里，一共砍倒了大约19000多名匈奴骑兵，但没有抓住伊稚斜。而汉军也损失了一万人左右。

之后汉军到达了匈奴军要塞——蒙古那柱特山的赵信城。在那里汉军摧毁并焚烧了要塞，还掠夺了赵信城中匈奴军的大量存粮。

就这样，匈奴单于计划围歼卫青的西路军的骑兵主力遭到了其预估之外的惨败。伊稚斜之后失踪超过10天，导致他的部下以为他已经在漠北之战中阵亡，甚至已经推举了新的单于。新单于在伊稚斜又重新出现之时才退位，匈奴当时的混乱状态可见一斑。

但非常可惜的是，原先被卫青派出攻击匈奴侧翼的李广和赵其食两位将军迷了路，完全错过了战斗。如果他们在汉军追击时能出现在伊稚斜溃部的侧背方，甚至可能会提前749年，上演之后唐帝国灭东突厥那样"一

仗定乾坤"的经典一幕。伊稚斜的主力军队将付出的代价，也会远远不止2万人。

同时，由于卫青以较弱的西路军挫败了伊稚斜单于的主力，带领最强东路军的霍去病的大侵袭作战就更没有后顾之忧。就这样，漠北之战虽然与汉武帝原先设想的"最强对最强"的计划不同，但却取得了更大的战果。

侧翼没有危险的霍去病的东路军，没有浪费这个宝贵的战略机会。霍去病带领校尉李敢(李广之子)同右北平郡太守路博德会师，穿过大沙漠，深入匈奴腹地1600多公里，驱使所俘获的匈奴人为汉军在前方开路，直接寻找并攻击了匈奴左贤王的大营。战斗是坚决而迅速的，左贤王的匈奴骑兵根本无法对敌霍去病的精锐汉军骑兵，遭到彻底的溃败。

霍去病的精骑彻底包围与瓦解了敌军。在无情的攻击中，东路军一共杀死与俘获了70443名匈奴人，俘虏了三个王和83名贵族。不过，霍去病全军的减员也达到了1万人。之后，他率军到达狼居胥山祭祀天神，姑衍山祭祀地神，又登上翰海旁边的山峰眺望。

在"帝国双璧"——卫青与霍去病的联合打击下，漠北之战汉军获得了完胜，以2

上图：汉军手持长戟的重骑兵在集群突击

上图：获胜的霍去病与他的精锐骑兵

万人的损失歼灭了匈奴人89443人。霍去病的东路军在卫青的西路军拖住伊稚斜主力之际，积极发挥了骑兵在沙漠战中的大穿插迂回能力。而沙漠战的一个特点就是非常难于保护侧翼，因此，要靠积极的进攻与迂回来掌握主动，当然这是在能够维持后勤的情况下。

骠骑将军霍去病同时也充分利用了大部分游牧民族在防御上的弱点——虽然有足够深远的战略纵深和利于转移的优势，却几乎没有任何险要地形或城市可以掩护与防御。但一旦被

对手发现具体位置，遭到突袭将毫无抵抗力，甚至会造成整个防御体系的瞬间崩溃。

在汉帝国骑兵长达近2000公里的长途奔袭中，行军路线关系到生死存亡，这是极其重要的。霍去病在进攻路径上的准备工作显然卓有成效，包括使用对地形相对熟悉的匈奴人来寻找路径。当然，之前霍去病就已经很习惯于这种长距迂回包抄的新骑兵战术，并多次取得辉煌的成功。因此。在他的率领下，汉帝国的骑兵在如此长距离奔袭中，依然准确锁定敌方大营——最薄弱与重要的环节。在攻击成功之后，汉帝国的骑兵利用敌方游牧民族没有固定体系的防御纵深工事及城市可以依托掩护的缺点，不停歇地进行无情的追击，直至给予毁灭性打击。

大将军卫青虽以较弱且疲惫的西路军面对伊稚斜单于的主力匈奴大军，但不仅没有让伊稚斜单于实现预先与赵信所计划的"诱敌歼灭"方案，反而依靠合理的"车骑协同"战术，重创了伊稚斜单于主力，使得匈奴单于一度失去了统率全军的调度能力，迫使匈奴主力军处于溃退及混乱的状态。这让同时在东部受到霍去病打击的左贤王部处于完全孤立的境地。只可惜，负责攻击匈奴主力侧翼的李广和赵其食迷路，完全没有参加战斗。如果他们能在伊稚斜溃退之际出现并发起攻击，或许能将追击战演变为追歼战或围歼战，西路军的胜利将成为最辉煌耀目的战例，

070 ▌上图：匈奴骑兵，其中左下方为匈奴的重骑兵

而"飞将军"在关键时刻的突击也将成为不朽的传奇。如果一切成真，年迈的"飞将军"也不会在此战之后因懊丧与失望自尽。

值得一提的是，李广的迷路也许有运气不好的成分，但更可能的是战技高强的"飞将军"更习惯传统战术，并不太擅长寻路迂回战术。这种状态在其他一些汉军将领身上也是常见的。因为自汉武帝开始，中国骑兵地位、数量及战术出现了前所未有的大发展，并引起整个军事结构的变革。与曾经一直占据骑兵技术优势的南欧、西亚、中亚地区逐步进行的军事变革相比，这种变革来得更迅速、更猛烈——之前还占据着较高地位的冲击战车部队几乎成建制地消失，转而在战场上变为防御用的重武器载具；不久之前还骑乘着小型马射击与骚扰敌军的骑兵，现在骑乘专业战马、大量集结在一起，并进行大范围单独的迂回、穿插、包抄与冲击。如此大量的转变确实会让很多军人难以适应。

当然，这场伟大的战役对于汉军也是个极大的消耗。从公元前129年的龙城之战至公元前119年的漠北之战，尽管汉武帝为此做的准备是充分的，但损失仍是巨大的。汉军在远征中损失了大约80%的战马，这既包括战斗中的伤亡，也包括非战斗因素造成的损失。诸如长途奔袭中的消耗，以及匈奴人在水源中投毒所造成的瘟疫。

不过，漠北之战并未彻底打垮匈奴，汉匈之间的战争还会长期持续下去。但后者确实遭到了重创，损失了本来就不充裕的人口中的大量有生力量。与此同时，数以百万的家畜的大量损失也造成了匈奴帝国食物的短

上图：正在冲杀的汉军重骑兵

缺。更为重要的是，由于失去了肥沃的南部草原，匈奴帝国只能迁徙至贫瘠而苦寒的北部戈壁沙漠和西伯利亚地区。

7年之后，汉匈停战。虽然匈奴人并未因此停止侵扰汉帝国，但威胁大减。匈奴再也未恢复过去的光辉岁月，在未来的几十年规模继续缩小，并分裂为更小的势力与部落。

就这样，汉武帝开创了中国的征服者时代，中国边界向西部迅速推进，塔里木盆地与中亚的道路逐步通畅，河西走廊开始归属于汉帝国。之后逐步建立起来的丝绸之路，不但让各种物产开始频繁流通，而且也打开了中国的视野。中国开始充分接触到中亚、西亚这些军事技术发达地区的装备[1]。

值得一提的是，汉武帝时代，汉帝国已经与西域强国，也是前文我们提到的罗马人的老对手——帕提亚王国建立了联系。中国称帕提亚王国为安息，并评价其"兵弱"。不过，需要说明的是，汉使张骞第一次与帕

---

① 包括前文提及的非常重要的优良战马。

提亚王国接触是在公元前 128 年前后，之后汉帝国在公元前 121 年或是 115 年再次派遣了使者。这个时代的帕提亚还没拥有数十年后歼灭克拉苏军团的强大实力。

当时，作为马其顿继业者王国的塞琉古王国原本一直压制帕提亚人。但前者在与罗马共和国争夺霸权时，也就是公元前 190 年的马格尼西亚战役中遭到惨重失败，之后国势大衰，东部的地区逐步失控。到塞琉古王国安条克七世之时，他企图恢复版图的计划再次遭到失败，公元前 129 年，他在与帕提亚人作战时身亡。之后塞琉古王国的势力逐步瓦解，并内部纷争不断。至公元前 63 年，罗马共和国的庞培将叙利亚变为一个行省，塞琉古王国宣告灭亡。因此，卡莱战役之时的帕提亚已经取代了塞琉古成为该地区的霸主。而张骞等汉史出使西域的时候，帕提亚是即将崛起而未崛起。两个时代的帕提亚自然实力不同。

另外，虽然帕提亚国力与动员能力较汉帝国都有较大差距，但公元前 2 世纪后期的帕提亚王国与塞琉古王国一样，也掌握了全具装铁甲重骑兵技术。而在重骑兵技术上飞速追赶南欧、西亚、中亚的西汉帝国仍未掌握这一技术。虽然汉武帝时代的汉朝重骑兵无论装备还是战术，较中国以往朝代已经有了脱胎换骨的变化，但应该仍未出现半具装骑兵与全具装骑兵。作为突骑冲击与刺杀的主要武器——1.8 米到 2.5 米的长戟，仍保留着一些曾经步兵的形制。3 米以上的专业冲击型长骑矛也未在汉骑兵中出现。当然随着时间发展，汉帝国骑兵马上使用的戟也将被越来越多更适合骑兵的骑矛代替。

总之，对中国重骑兵发展来说，汉武帝的统治时期，在军事领域是个非常伟大的时代。曾在骑兵装备和战术上落后于南欧、西亚、中亚的中国人，在那个时代极大缩小了这一差距。

虽然仍没有半具装或全具装重骑兵，骑矛的专业性也有待增强，但汉武帝时代的中国重骑兵已经拥有了最专业化的近战副武器装备——长约 1 米的单刃厚背的钢制环首刀。用与西亚中亚地区几乎同等优秀的战马（"乌孙马"、"大宛马"）逐步代替不合适冲击作战的本土马匹[①]。加之汉帝国的国力可以支持较帕提亚等国规模更大的军力，于是在足够规模的国力支持下，汉帝国革新了骑兵集团的战术。

于是，汉帝国成为为数不多的，使用大规模骑兵集团对游牧民族发动长距离奔袭，并取得成功的农耕民族国家。汉帝国的军队也几乎是最早使用"战车工事"配合重骑兵，在重大战役中取得成功的军队。在那个时代，完成这一切确实代价巨大，但也使得西汉帝国在同时代成为世界上最强大的国家[②]。

如前文所说，漠北之战严重削弱了匈奴，但双方的战争并未因此而停滞。之后在缺乏出色统帅的情况下，汉军也在一些战役中遭遇过失败，并受到重大损失。但总体上说，胜利的天平更倾斜于汉帝国方面。到了汉宣帝时代，汉朝国力自武帝之后又得到回复，而匈奴则发生了较为严重的政治分裂与内部叛乱。公元前 72 年之后，汉宣帝联合了拥有优良战马的盟国乌孙国，再次向匈奴发动大规模攻击。汉军和乌孙国军队都动用了数量非常庞大的骑兵军团，并取得胜利。大约有 40000 名匈奴人以及他们大量的牲畜被汉军与乌孙军俘虏和夺取。

① 本土较为成功的杂交在唐代才完成。
② 罗马还在共和国时期，且未进行马略改革。

上图: *使用戟刺杀的汉骑兵*

汉朝对于河西走廊的掌握，以及对丝绸之路的开拓对东西方都是大有益处的，然而这对中原地区来说更为重要。丝绸之路也是远东面对军事技术相对发达的东南欧、西亚、中亚地区的重要窗口。自西汉之后，中国的军事技术与装备之所以一直保持着世界先进水平，充分而富有远见的交流可谓功不可没。

虽然一部分学者认为，东汉时代中国才如中亚地区一样开始出现了半具装骑兵，但根据《武库永始四年兵车器集簿》记载，中国的半具装重骑兵很可能在西汉时代的后期就出现了。当时记载武库中的马用甲数量达到了5330套。其中包括以皮质来制作的马用甲——当胸，和当时被称作"鞮督"①的皮质马面甲。

据笔者分析，马用甲在中国出现得很早，在早期的战车冲击时代就被应用在拉拽战车的马匹身上。如前文所说，到了西汉后期，冲击型战车已经处于基本淘汰的阶段，武库中要么是指挥车、仪仗车等特种车辆，要么就是用于骚扰的"轻车"。另外，包括数量比较大用于"移动工事"防御的强弩车及一些武刚车，都用不上马用甲。而如果作为"礼仪"使用，如此巨大的生产量对当时的社会来说是巨大的浪费。因此，皮质的当胸加上鞮督，只能是用于汉朝的半具装重骑兵。

到东汉时已经有明确记载，军队里有了半具装骑兵。只可惜，因为资料有限，公元1世纪时期，窦固与窦宪率领的驱逐北匈奴的东汉劲旅中并不确定是否有半具装骑兵的存在。

① 士兵的头盔也称鞮瞀。

073

当然，中国这个时代的半具装骑兵的装备还是由保护马匹头部的鞯督和保护前胸的当胸组成，并没有完整的全身或半身马用甲，也没有金属质地的马铠。也就是说，汉军重骑兵在具装骑兵道路上走得还不够远。

不过这种情况也是作战环境或资源导致的。无论是西汉帝国或东汉帝国，都将匈奴作为主要的外敌之一。与纯游牧民族作战，较为灵活的只披挂马面甲与当胸的重骑兵，或者没有马铠的重骑兵，更适合长途奔袭与追击。包括匈奴人在内，汉军的对手中没有使用大量坚实步兵方阵的民族或派系，也就让以"人马披挂重甲冲坚阵"的全具装骑兵的出现变得缓慢了许多。而且从马匹资源来看，虽然汉朝获得了大宛汗血马、乌孙天马等绝佳马匹，但并没有将这些胡马杂交培育本土化的历史记录，而

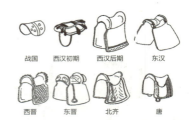

战国　西汉初期　西汉后期　东汉

西晋　东晋　北齐　唐

上图： 中国古代的军用马鞍变化

其余大量不够强壮的本土马匹，即使有较好的耐久力，也不适合披挂过重的具装马甲来作战。

除了半具装骑兵出现外，比起西汉骑兵，东汉骑兵也逐步淘汰了长戟，而广泛使用骑矛，并且马鞍在东汉时期有了很大发展。相对于西汉时期简易的马鞍，东汉时期已经出现了明显的鞍桥，使骑手的作战更加稳定。也可能是由于主要对手的削弱，诸如匈奴已经分为南匈奴

上图： 贵霜（月氏）贵族（左）正在遭到匈奴骑兵（右）和塔施提克佣兵（中）的攻击

汉军的重骑兵与弓骑兵在突击

与北匈奴，因而主要与北匈奴作战的东汉骑兵大部分战役总人数在 1 ～ 2 万人，比起西汉武帝时代的大规模远征有所"节约"。

到了东汉末年，由于内部的纷争，汉帝国丧失了对西域的控制，整个骑兵部队的规模也在缩减。之后各军阀混战的三国时期，骑兵的规模又较东汉更为下降。特别是一些南方的军阀，诸如孙吴的势力，因不掌握马匹产地，骑兵的数量更少。根据《三国志·吴书》的记载，东吴的主力军中，每 2000 人中仅配置 50 名骑兵，整个吴国骑兵总数估计在 2000 人左右。蜀汉的骑兵数量则更少，诸葛亮曾经忧虑于蜀国的骑兵，"賨（丛）叟、青羌，散骑武骑一千余人，此皆数十年之内所纠合四方之精锐，非一州之所有。"

不过虽然规模变小了，但三国时期，骑兵作战，特别是重型骑兵作战技术与装备有了更大的发展。各路军阀，特别是拥有良马资源的北方军阀，他们的领地因靠近草原地带可以获得相对优良的战马。此外一些擅长马术的少数民族，如羌、乌桓等游牧民族战士也大量加入他们的骑兵队伍。相对于南方军阀，北方军阀骑兵的规模也大得多。战术也更加高超，冲击型的重骑兵战术越来越受到重视。如《三国志》中记载，公孙瓒曾率领数十名"幽州突骑"与数百名鲜卑骑兵对决，"瓒乃自持矛，两头施刃，驰出刺胡，杀伤数十人，亦亡其从骑半，遂得免。鲜卑惩艾，后不敢复入塞。"反映出极高的骑兵作战技巧。而吕布在常山攻击张燕时，"与其健将成廉、魏越等数十骑驰突燕阵，一日或至三四，皆斩首而出。连战十余日，遂破燕军。"则展示了当时的中原重骑兵已经掌握了在日后中世纪大行其道的冲击方式，"冲击—撤回—再次冲击"。关羽杀颜良也是"策马刺颜良于万众之中"。

这里顺便一提，《三国演义》是明代小说，关羽使用的著名的"青龙偃月刀"在当时应该是不存在的。弧形厚背刀刃、双手使用的长柄大刀这种武器出现在中国宋代，在明代也使用广泛。历史上的关羽刺颜良，更大可能使用的是当时比较流行的骑矛。

另外要提到的是，虽然当时中国整个骑兵的规模比汉帝国时代特别是西汉缩小了很多，但重骑兵的比率却提高了。有的重型骑兵，身披重札甲，同时携带着骑矛和弓箭，体现了"双重重骑兵"的作战方式。有的历史学家猜测，曹操著名的王牌骑兵卫队"虎

上图: 1.三国时代的重装骑兵; 2.西北地区的黄巾军; 3.辎重队   **上图**: 魏晋时代的重骑兵（左）

豹骑"就是这样一支队伍。

　　具装骑兵的代表——马铠在军阀混战前期显得非常宝贵。曹操在《军策令》中曾说过，袁绍在官渡之战前拥有马铠三百具，而自己的马铠还不到十具。后来曹操击败袁绍势力统一了北方，就拥有了非常强大的重骑兵实力。他在与马超、韩遂交战时，曾"又列铁骑五千为十重陈，精光耀日，贼益震惧"。

　　三国时代的马铠依然是半具装，但已经非常完善了。有的学者认为，汉朝一向习惯于对皮质盔甲叫"甲"，而金属铁质盔甲叫"铠"。西汉《武库永始四年兵车器集簿》中的马用盔甲仍被称为"马甲"，所以应为皮质。而东汉末年三国时代曹操称马用铠甲为"马铠"，则应为铁质马铠。如果是这样，三国时代中国具装骑兵又有了一定的发展。当然，也有一部分历史学家认为三国时代的马铠仍为皮质。

　　总之，汉武帝时代的汉帝国在骑兵战术与装备方面飞速发展。虽然其在骑兵矛与铠甲等方面仍稍有不足，但其庞大的数量，"骑兵军

团"的作战模式，是在当时的世界上首屈一指的。东汉与三国时代，中国的重骑兵装备与战术又有了很大发展，虽然技术装备仍逊色于帕提亚人，但从记载上看应该已经超越了当时罗马帝国的辅助重骑兵。不过随后，在西晋结束三国局面之后，中国的军事，特别是在骑兵发展上，出现了一个较为懈怠的时期。

　　其实在西晋统一中国前期，就已经露出了一些端倪。司马氏掌权之后，就停止了在骑兵上的充分建设，转而较为依赖带有浓重佣兵色彩的羌族骑兵参战，而非像过去一样将少数民族骑兵直接编入自己的军队。至西晋统一后，上层迅速士族化，较为重文轻武，沉溺玄学清谈，有的则沉迷于奢靡的生活。西晋比起汉朝，其军备松弛，军队战斗力下降。

　　中国古代王朝还有个很有趣的现象。因为在早期，海路对中国的影响较小，还无法连通另一处重要的文明地带——欧亚交融处文明地带，所以那些掌握着西域或通过"丝绸之路"，直接或间接联络西亚的王朝，会有着极佳的资

源、信息、技术获取途径，文化风气上也毫不闭关自守。这样的王朝视野开阔，有积极进取的探索精神，同时具备着极大的包容性，王朝也往往既强大又富有活力。而一旦统一中原却不掌握这条向西的重要通道，王朝就会在不以为然的自满状态下逐步沉沦，文化风气也变得固执封闭，军事技术不但不像过去飞速发展，有时还会出现倒退，直至周边的敌人逐步变得越来越强大，对中国文明造成威胁。

总之，汉帝国通过长期战争严重削弱了匈奴，最终迫使匈奴西迁。而另一个游牧民族鲜卑人却趁机崛起。且在西晋王朝北方，一项巨大的、影响整个重骑兵乃至骑兵历史走向的发明即将出现。

这个让骑兵在数个世纪之后登上王座的发明，随后将影响整个世界。它就是马镫！

最早的原始马镫——"趾镫"大约在公元1—2世纪出现在北印度，另一种"钩镫"则出现在草原斯基泰人居住区。在公元3世纪初的西晋随葬马俑中，曾出现了用于上马的单边马镫，但这些都非标准意义的马镫。现代历史学家大部分认为，标准意义上的，可以用于作战的马镫的发明者是4—5世纪的北方中国人。

马镫与擅长马术的鲜卑骑兵结合，显然会产生极为可怕的力量。事实上也是如此。其实在西晋沉沦的状态中，即使没有马镫北方游牧骑兵也已经是足够巨大的威胁了。而且威胁绝不仅来自于鲜卑人、匈奴人、羌人、羯人等北方少数民族都拥有威胁西晋王朝的能力。西晋建立之后的"八王之乱"，更是给了北方民族乘虚而入的机会。在八王之乱中，中原军力的衰落显露无遗，而来自塞外的鲜卑与乌桓骑兵，再度成为中原战场的决

胜力量。就这样，西晋王朝即将遭遇毁灭性的外族入侵。

这场被称为"五胡乱华"的浩劫，对中原文明是一个巨大的破坏与打击。大规模的游牧民族入侵从公元316年开始，直至公元439年鲜卑统一北方结束。他们不但向南方的汉族进行大规模的攻掠，游牧民族之间也内战不休。无休止的战乱与屠戮造成了无法估量的损失。

但随着北魏统一中国北方，中原文明又迎来了一个重新崛起的机会。鲜卑人最终并未拒绝中国文明，而是在胡汉交融中建立了北魏。南方的东晋最终也站稳脚跟演变为南朝宋。这是一个毁灭的时代，但同时带来新生的技术与力量。大量的新骑兵技术出现，铁质马镫得到普及，在中国被称为"槊"的冲击型长骑矛得到广泛使用，更高的鞍桥让骑士在冲锋中的乘坐更加稳定，以及带有巨大盆领护颈的全身重铠的引入，这些都预示着中国全具装铁甲重骑兵的黄金时代即将来临。中国人将在这个大量民族交融的时代中吸收西域的技术，再度推进中国重骑兵的装备与战术，使之在这个特殊的时代达到世界先进水平。

第六章

崛起的 "龙旗"

罗马帝国与萨尔玛提亚重骑兵

公元三世纪中叶至五世纪中叶，可以看作是古罗马军事体制和理论的大转变时期。
作为几个世纪来罗马军队核心的重步兵逐步丧失了它的重要性，让位于骑兵。
——《武器和战争的演变》T·N·杜普伊 [美]

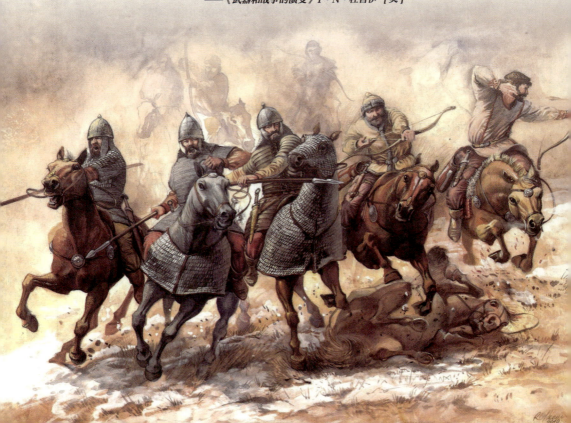

作为在重骑兵发展史上拥有突出贡献的斯基泰人，他们在罗马帝国时代的公元1世纪之后，又在重骑兵领域进行了影响深远的改革与创新。前文曾提及的在公元前513年曾协助斯基泰国王伊丹图尔索斯对抗波斯王大流士一世的另一支斯基泰人——萨尔玛提亚人，现在强大起来。他们作为一支强大的草原民族，经常性劫掠攻击帕提亚王国，让后者无法专心对抗西方的大敌罗马帝国。但那时萨尔玛提亚人并非罗马盟友，因为他们也蹂躏罗马帝国的多瑙河沿岸省份，特别是潘诺尼亚省。他们还试图深入多瑙河低处的匈牙利平原寻找长期定居点。

萨尔玛提亚人作为斯基泰人的另一支，信仰与斯基泰不同。他们崇拜火神而不是斯基泰人崇拜的自然之神。萨尔玛提亚部族分布在里海西北、顿河以东、乌拉尔山脉以南，后来西迁。公元前3世纪，他们到达黑海北岸，之后统治该地区达5个世纪之久。从维斯瓦河至多瑙河口，现代南俄的克里米亚、比萨拉比亚地区，都是他们的分布范围。

萨尔玛提亚人继承了之前斯基泰人那迷人的女战士文化，并将之推广的更甚。根据古代罗马历史学家记载，萨尔玛提亚人的年轻女性"必须杀死一个敌人才能够结婚"。萨尔玛提亚女性和男性一样骑马打猎，使用套索，标枪、弓箭。她们对套索尤其喜爱，"当她们与敌人骑兵相遇的时候，扔出套索扣住敌人的脖子直接将敌人拉下马，或者拉住敌人，将绳索绕在敌人的马躯体上，让他们绊倒。"

现代考古学家在下伏尔加与下顿河地区的萨尔玛提亚墓葬区，发现了其中有20%均是与男人一样配备武器装备的女战士墓。女性墓葬中随处可见箭矢、矛、匕首，有时也

能见到剑，但重型盔甲基本没有。这也证实了现代历史学家的估计，萨尔玛提亚女战士与之前的斯基泰部族相仿，她们虽然经常被召唤加入战争，但主要还是提供轻型骑兵。

虽然萨尔玛提亚弓骑兵的数量更庞大，但萨尔玛提亚人的核心力量还是由重型枪骑兵组成的。萨尔玛提亚的重装骑兵很显然还是由男性贵族来担任的。他们装备着肩高可达1.5米的图拉马。这些战马起源于河中地区，与帕提亚重骑兵的尼萨马在大种上并无太大区别。

从诸多文献来看，萨尔玛提亚具装骑兵很可能比帕提亚或萨珊的具装骑兵要轻一些，并且在不同时期差异很大。

一部分历史学家认为，在公元前3世纪亚历山大大帝统治河中地区后，使用短矛或普通长矛的斯基泰具装重骑兵，开始逐渐转变为使用马其顿诸斯同长骑枪的萨尔玛提亚具装重骑兵。后来的塞琉古王国和帕提亚王国都出现了这一变化。

使用长骑枪的萨尔玛提亚重骑兵与塞琉古王国的重骑兵基本出现在同一时期。虽然他们的全具装骑兵出现得可能比较晚，但他们使用长骑枪可能比塞琉古王国更早。当时的萨尔玛提亚重骑兵使用鱼鳞甲，长骑枪也

上图: 萨尔玛提亚女战士在使用套索

像帕提亚重骑兵的一样矛头粗大。此外他们还装备着长刃的剑,这些剑与日耳曼人的剑逐渐影响罗马帝国,使罗马帝国经典的罗马短剑(gladius)进化成了新的罗马长剑(Spatha)。

公元 1 世纪左右,萨尔玛提亚枪骑兵的参战记录开始增多。根据历史学家塔西佗的记载,在公元前 35 年亚美尼亚,伊比利亚国王[1]率领萨尔玛提亚雇佣骑兵攻击帕提亚人,"战斗一开始,精通回旋攻击与追击的帕提亚弓骑兵冲出阵列,并分散队形以便射击,但萨尔玛提亚骑兵并没有用弓箭还击,因为他们的弓箭在射程上处于劣势。他们就用骑枪与剑发动冲锋,像正统骑兵那样去战斗,共同的前进与后退,冲击与砍杀敌人。"这场仗萨尔玛提亚骑兵使

用了与诸斯同骑枪相似的康托斯骑枪,而且分成整齐有序的分队在战斗。

康托斯这个词在希腊语中有"船篙"的意思,可见这种双手用骑枪的长度。由于出土文物中只有矛头因此其长度无法估计,但根据壁画等来源判断,该骑枪至少有 3 米长,最长的能达到 4.5 米。在使用的时候,骑兵用左臂进行瞄准和支持武器重量,而髋部与右臂向前推。这与部分帕提亚重骑兵长矛的使用方法相似。在公元 2 世纪,萨尔玛提亚人开始用剑刃0.75 ~ 0.85 米的长剑,代替之前 0.6 米的斯基泰剑。在同时代,罗马军队与日耳曼士兵们也在使用这样的长剑,这很可能是一个互相影响的结果。

在公元 69 年春,9000 名萨尔玛提亚人被罗马公民军团与辅助军团击败。他们因为劫掠了太多的战利品,并在开春后解冻湿软的泥土上行军,所以遭到罗马人突袭后,无法有效地撤退与保护自己。根据记载,被击败的萨尔玛提亚首领,"身穿重甲,显示出他是重要人物,一旦从马背上摔下来,很难用自己的脚站起来"。塔西佗也提到,在如此不利的条件下,他们无法利用他们那种双手使用的、过于长的矛和剑。这种过于长的矛,非常可能就是康托斯骑矛。

这是萨尔玛提亚骑兵的一场特殊情况[2]下的失败。塔西佗在同时代也写过,在正常情况下,当他们开始组成中队冲锋时,几乎没有任何战线能挡得住他们。历史学家阿里安对于在公元 137 年对罗马军队发动冲锋的萨尔玛提亚人和阿兰人,有过这样的评价:"他们的康托斯骑枪持有者,就是铁甲重骑

---

① 这是指小伊比利亚,是格鲁吉亚附近地区,不是西班牙。
② 满载劫掠物品、在湿软的泥地被突袭。

上图： 使用康托斯骑矛的萨尔玛提亚冲击骑兵

上图： 萨尔玛提亚重骑兵及弓骑兵

兵。但是他们后阵的骑兵，往往是轻装备，马匹也没有保护。"

到了罗马时代，萨尔玛提亚具装骑兵一般身穿一件札甲或鳞甲，如临近的日耳曼迁徙民族一样，使用典型的"骨架"式头盔，装备皮革框架、柳条编制的盾牌。但很可能大多数萨尔玛提亚重骑兵根本不配置盾牌。

他们的轻骑兵装备着轻甲，"马或者牛鬃毛制成的织甲，虽然比希腊与罗马样式难看，但效果不错，可经受得起近战打击与近距离的箭矢。"这些萨尔玛提亚弓骑兵使用的是轻型的亚洲马，速度快，耐力好，但负重有限。

萨尔玛提亚骑兵喜欢使用一种被称为"德拉孔"（draco）的旗帜，外形是一种长身体飞行的怪兽。很多历史学家认为这就是龙（dragon）的原型。

这种旗帜用染色的缝纫织物制成套筒状，组成龙的身体。当骑手停止前进的时候，旗帜是下垂的。当骑兵奔跑的时候，龙的身体就会横向飘动起来，并在风中呼啸着前进。最初这种旗帜是被弓箭手当作风向标来校准风向和风速，后来应用得非常广泛，诸如骑兵参加检阅等。

在作战的时候，龙旗也可以用来维持队列秩序。龙旗的头部形象不是固定的，而是丰富多彩的。虽然习惯被称为龙旗，但并非只有标准的龙头，有的像鱼，有的像狼，有的像狗。这种旗帜并非萨尔玛提亚人专有，当时罗马帝国著名的敌人——帕提亚王国与波斯萨珊帝国也喜欢为他们的骑兵配备这种龙旗。

历史学家一般认为，罗马骑兵的龙旗最可能来源于萨尔玛提亚人而非萨珊波斯人。因为在3世纪之后，大量的萨尔玛提亚骑兵为罗马帝国服役，并属于帝国的精锐骑兵。萨珊波斯帝国则一直作为罗马帝国的敌人，罗马人在标志上向其学习的可能性要小得多。

在这个时代，罗马精锐步兵军团仍用"鹰旗"来标示，而精锐的骑兵，则用"龙旗"来标示，出现了"龙鹰并存"的景象。当然，在这个时代，"龙"仍从属于"鹰"，罗马

军队最核心的作战力量依然是重步兵军团。但一个世纪之后，这种情况将随着骑兵的发展而发生根本性的转变。

最早大约在公元69年，有几个萨尔玛提亚高阶贵族提出，希望罗马帝国雇佣他们来服骑兵役，以保卫罗马帝国的边疆（诸如潘诺尼亚地区）。而他们则将得到居住的地方。但这一提议被罗马人拒绝，因为罗马人认为萨尔玛提亚人"太容易被贿赂而不值得信赖"。

不过这种想法也转变得很快。仅仅过了几十年，罗马人就开始大量雇佣萨尔玛提亚人充当他们的辅助骑兵。

公元175年，罗马帝国"五贤帝"的最后一位——马克

奥略留在击败了叛乱的萨尔玛提亚人之后，流放了大约8000名萨尔玛提亚骑兵。有5500名骑兵留在了不列颠加入罗马军队。一个世纪之后，至少还有500名萨尔玛提亚骑兵驻扎在不列颠。这些骑兵还参加了对抗入侵的盎格鲁-撒克逊人的战争。甚至有英国历史学家将他们作为最早中世纪骑士的雏形，以及公元5世纪"亚瑟王"与"圆桌骑士"的真正原型。

当然，很多未加入罗马帝国的萨尔玛提亚人依然是罗马人的对手与敌人。公元374年，萨尔玛提亚人的入侵几乎摧毁了罗马帝国两个分别来自西亚和潘诺尼亚的军团。

当时潘诺尼亚军团试图援助被萨尔玛提亚人攻击的西亚军团，但两个军团未能充分配合，被萨尔玛提亚骑兵各个击破。

其实之前罗马军队也多次击败过萨尔玛提亚人。但显然，罗马人不大愿意越过多瑙河，去大草原上追击这些机动性强、拥有难于估计战略纵深的游牧部落。

这个时代，罗马人也开始出现了两种新兴骑兵。一般认为，罗马人的全具装重型骑兵是借鉴了帕提亚人的模式，而罗马人那些被称为contarii的不那么超重装的重型枪骑兵则复制于萨尔玛提亚人。和以前的罗马重骑兵不同，他们不再使用短矛和掷矛，而是使用双手用的康托斯骑枪。罗马军队里甚至出现了不穿盔甲与头盔，使用康托斯骑枪的冲击型轻骑兵。可见萨尔玛提亚骑兵对罗马帝国影响之大。他们的龙旗，他们的鞍，他们的骑兵战术，将在公元4世纪之后直接影响罗马军队的整体结构。

罗马帝国在公元2世

纪之前的"五贤帝"时期达到了军事、社会等各方面的极盛，成为世界上影响力最大及最强盛的帝国之一。在"五贤帝"的最后一位马可奥略留死后，这个看似永远强大的帝国出现了一些衰落与混乱的迹象：皇帝经常在政变中身亡，军事叛乱频繁发生且规模越来越大，这也就是后来所称的"3世纪危机"。

所幸，罗马人凭借强大的国家实力，在一些或强大，或狡猾——诸如赛维鲁、奥勒良——具备在极度危机时刻力挽狂澜的能力的君主领导下，通过一系列东征西讨的平叛，让罗马不至于在危机中陨落。

其实直到公元3世纪末期，罗马皇帝戴克里先即位之后，才将罗马皇帝的元首制度改为真正的君主制度，并在公元293年实行四帝共治。公元324年，君士坦丁一世皇帝在战胜了政治对手之后，成为帝国的主宰。他在公元330年，将博斯普鲁斯海峡西岸的

上图: 罗马帝国"世界光复者"奥勒良大帝

拜占庭城扩建成巨型城市。这里成为罗马帝国的新首都，也就是君士坦丁堡。这一般也

下图: 较为轻装的萨尔玛提亚冲击型枪骑兵

上图: 晚期罗马帝国护卫军重步兵

上图: 君士坦丁一世与他背后旧式的斯科拉瑞骑兵

被看成是东罗马帝国,即拜占庭帝国的开始。

这个时期,罗马陆军的编制较元首时代出现了重大变化,主要分成三种类型:

一是帝国护卫军(也有人译为"直卫军")代替了原先经常发动叛乱的帝国禁卫军。不同于禁卫军,帝国护卫军往往规模非常大,有可能达到2～3万人,而且全是装备精良的军队,并包括大量的精锐骑兵。通常这些部队都由皇帝亲自指挥,但不限于保卫皇帝的安全。也许是考虑到2—3世纪非常频繁的叛乱,帝国护卫军主要被皇帝用来防范篡位者,而其庞大的军队人数就足以让心怀叵测者望而生畏。如果真的发生叛乱,往往仅靠帝国护卫军就可以镇压。这种帝国护卫军在8世纪之后的拜占庭时期成为"帝国卫队",虽然名为卫队,但实际上却是人数达到几万人的精锐部队。帝国护卫军的另一个作用就是陪同皇帝,参加对外战争中的重大战役,或者击退大规模的蛮族入侵。

第二种是野战军。他们与帝国护卫军其实很相似。广义上说,帝国护卫军在君士坦丁一世之后,也属于野战军的一部分,所以也有人

译为"帝国野战军"。野战军属于"移动式军队",主要用途是作为机动部队,支持边防军的防务。

第三类就是边防军,他们的职责就是防备单一的行省。

传统观点认为,早期帝国阶段的军队主要是由边防军构成的。但在3世纪后,整个罗马的防线过于绵长,而大迁徙时代日益增长的边境压力,也使得分散的边防军很难有效防御。当时帝国缺少机动部队,也缺少后备军事力量,往往只有皇帝的卫队可以机动调遣。

于是,戴克里先曾大力强化边防军,并创立了野战军。君士坦丁一世则将边防军加以削弱,而将野战军大力增强,这样可以部署在内部,作为战略预备队,反击蛮族的入侵。但最新的学术资料显示,野战军之所以布置在内部,最大的作用还是为了防备篡位者。

在三种军事力量编制之外,罗马军队中最高等级的是斯科拉瑞骑兵[1]。他们相当于皇帝陛下的私人卫队,由君士坦丁一世所创建,全部由精锐骑兵组成。但需要注意的是,这个时

[1] scholares,可译为"御林骑兵"或"教导军团"。

代的斯科拉瑞骑兵，并非是延续至拜占庭帝国公元 8 世纪以后闻名遐迩，由全具装重骑兵组成的最精锐的攻击型帝国卫队。刚建立的斯科拉瑞骑兵仍是一支旧式的，但装备精良的罗马重骑兵。他们装备诸如元首时代的锁子甲、大型盾以及短骑矛。他们在这个时代处于指挥系统之外，职责主要还是在军事行动中保护皇帝的安全。

但总体而言，3 世纪的动乱所产生的破坏与瘟疫仍沉重地打击了帝国的税收基础。政府发行越来越贬值的罗马银币，导致了疯狂的物价飞涨。货币经济的崩溃导致军队只能通过直接的粮食征收来获得供应。

这个时期的罗马军队，已经严重依赖雇佣兵，并且士兵们的薪水较 2 世纪少得多。帝国公民在军队中的比例越来越少，大量的蛮族士兵进入以前只有罗马公民才能进入的重步兵军团。至 4 世纪中期，蛮族出身的士兵大约占据了罗马军队总人数的四分之一，在精英军团中，甚至达到了三分之一。进入 5 世纪后，大量掌握军事实权的蛮族将领与他们的军队，直接成建制的存在于罗马军团中。

到了 4 世纪中后期至 5 世纪初，东西罗马正式分裂之后，情况又有了新变化。斯科拉瑞部队本来共有 12 支，每支 500 人，有 5 支被分配到西部，7 支被分配到东部。只有东部的其中两支斯科拉瑞部队是很特殊的：一支就是连人带马的全具装重型骑兵，另一支是骑射手。

这两支部队是之前 2 世纪后期，受萨尔玛提亚人与东方波斯萨珊帝国影响的产物，而这种影响将在接下来的时代里渐渐扩大。之后，罗马的全具装重骑兵在斯科拉瑞部队中的比重越来越大，直至拜占庭时期成为御林骑兵的核心力量。

那个时代罗马骑兵正处于变革期，旧式的罗马重骑兵依旧是主力，但骑兵部队装备较过去有所增强，且多样化，而且还新增了许多专业单位。诸如具装的冲击型重骑兵，以及装备比较完善的骑兵射手。不仅是斯科拉瑞，其他军事编制中也有具装铁甲重骑兵出现。

罗马具装冲击型骑兵人与马均披挂重甲，只露出双眼。骑手的臂甲采用了特制的、波斯萨珊重骑兵式样的环臂甲，圆形薄铁片层层重叠，与身体的曲线完全贴合，并覆盖整个四肢。当时人记载，"那些被称为铁甲骑兵的，带着护面甲，身披金属胸甲和腰带。四肢被薄铁甲片完全覆盖，并且完全按身体的曲线非常巧妙的铰接起来。"

在战斗中，他们的核心战术就是使用强力冲锋，旨在指定的位置用压倒性的力量冲破敌军的阵线。在战斗中，他们或被布置在后阵作为预备队（诸如新式的全具装斯科拉瑞骑兵），或被布置在侧翼寻找机会给予敌人冲击。

有趣的是，虽然这个时期罗马骑兵的种类丰富，但战绩看起来并没有改善。他们虽然在一些小规模战斗里取得了胜利，但在帝国晚期几次著名的大规模战役中，罗马骑兵留下了无能甚至懦弱的名声。甚至连号称最精锐的斯科拉瑞骑兵，也在一些重要的战役中表现得令人失望。

如前文提及的那样，进入公元 4 世纪之后，欧洲开始了蛮族大迁徙时代。这主要是指各族日耳曼人在整个欧洲南下的超大规模行动。历史学家一般将大迁徙时间段定为公元 376 年至公元 800 年间，主要为日耳曼人与北欧人的南迁。迁徙的尾声阶段也成为古典时代至中世纪早期时代的分水岭。

上图：罗马帝国晚期各种新式骑兵

　　大迁徙使得本来就处于内战与动乱中的罗马帝国遭受到了更大的外部军事威胁。过去数个世纪中，日耳曼人经过与罗马人的充分接触之后，掌握了更先进的生产方式与军事装备。当时日耳曼人的原始公社逐步解体，部落军事首领与军事贵族渴望向外掠夺新的土地和财富，而人口的增长也促使日耳曼人寻求更多的土地与生产资料。也有历史学家指出，当时气候出现了一个小冰河期，变冷的气候促使日耳曼人各部落为了生存，向南大规模迁徙。而罗马帝国往日的荣耀——罗马军团，在不断的内战与叛乱中逐渐衰退。

同时，来自东方的匈人也开始大规模西迁，阿兰人、萨尔玛提亚人大量地加入了匈人入侵的军队。哥特人则在匈人的威胁下，直接倾巢向色雷斯地区转移。这使得罗马帝国在匈牙利平原与色雷斯平原上的军事压力陡然提高。

罗马人的压力还远不止于此。在公元4世纪至5世纪的罗马帝国，大量的各路大迁徙民族，比如法兰克人、汪达尔人、勃艮第人、西哥特人、东哥特人、阿勒曼尼人、伦巴第人以及北方的盎格鲁人、撒克逊人等等，不停地组成迁徙浪潮，大量涌入今天英国、西班牙、法国、德国南部、意大利北部、匈牙利、保加利亚一带。罗马帝国边境线上，出现了一条西起西班牙西部，北至大不列颠地区，向南深入今天的法国，向东横穿德国，横跨匈牙利，止于色雷斯地区的绵长而可怕的迁徙潮。

如前面所说，在面对大迁徙民族时，罗马具装铁甲骑兵在一些小型战斗，比如356年在科隆附近与阿勒曼尼人的战斗中表现出色。当时，罗马副帝尤里安仅带了200名斯科拉瑞的具装铁甲骑兵及160名弓骑兵赶往前线。在行军路上，他们及地方军击败了人数众多的阿勒曼尼人，并仅是因为"装备太重没有进行有效的追击"。

但在随后357年与阿勒曼尼人在斯特拉斯堡展开的大决战中，情况有了变化。阿勒曼尼人国王克略多玛的军队人数接近罗马军

上图: 晚期罗马帝国阅兵式中的斯科拉瑞具装骑兵

队的3倍，但骑兵的质量不如罗马骑兵，他很清楚罗马骑兵质量上的优势，且一年前大股日耳曼人军队刚被尤里安铁甲骑兵击败过。因此他狡猾地安排了一部分轻步兵穿插在自己骑兵的阵形中。他们所在地是大片的小麦田，正好得以隐藏。国王命令，一旦他们的骑兵与罗马人的铁甲重骑兵交战，他们就匍匐着，攻击铁甲重骑兵没有保护的坐骑腹部和腿部。

当时，罗马的铁甲具装骑兵及弓骑兵被布置在右翼，但其实还有另一支之前提到过的，击败过阿勒曼尼人部队的200人斯科拉瑞铁甲骑兵被布置在尤里安的身边。战斗开始后，罗马军队首先开始调动自己的右翼骑兵。弓骑兵们拍马上前，向敌军发射箭矢骚扰日耳曼军队的左翼骑兵，并在他们追过来前撤退。这正是过去罗马的东方敌人们惯于使用的"帕提亚战术"。但日耳曼骑兵也许

是不愿意暴露他们麦田里埋伏着的轻步兵，所以忍受着伤亡稳住不动。

本来罗马弓骑兵可以继续进行这样的消耗战术，直至引出不愿继续遭受伤亡的日耳曼骑兵。但这个时候，罗马右翼的铁甲重骑兵直接对日耳曼骑兵发动了冲锋。不知道这是否是尤里安的命令，如果是的话确实过于莽撞。因为之后无论是 6 世纪，还是 10 世纪，能熟练掌握使用具装骑兵技巧的东罗马军队，总是在合适的关头使用他们，而非在战斗一开始就将他们投入战场。因为很显然，具装骑兵很难在战场上隐藏，一般也会是敌方重点防范的对象。过早打出王牌会让最昂贵的部队冒过大的风险。

罗马铁甲重骑兵冲向日耳曼骑兵后，他们的长骑枪与重装甲很快对轻装的日耳曼骑兵显示出了压倒性的优势。但这个时候，阿勒曼尼国王的计策奏效了，隐藏在麦田里的日耳曼轻步兵冲了出来，趁着双方骑兵胶着于肉搏，用短矛刺入罗马铁甲骑兵坐骑那没有装甲保护的腹部。

结果，重骑兵们纷纷从马背上摔下来，并被很快杀死。两名铁甲骑兵营的军官当即阵亡，骑兵司令也负了伤。这立即引发了崩溃，重装骑兵们开始转身向后逃离战场，差一点冲乱中央阵线的右侧。最后他们被罗马军团右翼中两个训练有素的步兵部队"角盔营"和"臂环营"挡住了，并冷静下来。尤里安立即赶到，通过

上图：公元 357 年的斯特拉斯堡会战

个人的鼓舞，让他们重整旗鼓。但其中一个团的铁甲骑兵仍拒绝参加战斗。事后，他们被尤里安施予了羞辱性的责罚。

最后，依靠罗马步兵的优秀表现，罗马人仍获得了斯特拉斯堡会战的最后胜利[1]，但右翼铁甲重骑兵糟糕的表现还是被人诟病。骑兵的失利有指挥布置的因素，但之后拒绝参加战斗，则是战斗素养的问题了。不过，曾打败阿勒曼尼人的 200 名斯科拉瑞铁甲骑兵并不在这些表现懦弱的铁甲骑兵之中，他们当时仍坚定地伴随在副帝尤里安的身边。

然而，即使如此也不能说明罗马帝国晚期的斯科拉瑞骑兵的战斗力就一定可以保证。378 年，灾难性的亚得里亚堡会战的惨败，使得罗马皇帝的保镖卫队——斯科拉瑞部队之前所获得的威望被一扫而光。

当然这场战役失败有多种原因。作为统帅的东罗马皇帝瓦伦斯当然要负最主要责任，他犯下了一系列致命的军事错误——没有与西罗马前来支援的盟军汇合；地形处于明显劣势，却盲目自信地强攻对方严阵以待的"车阵"；对哥特人兵力达到 5000 人的骑兵在外围活动一无所知；在 8 月初这段最

---

[1] 战役的详细过程见作者另文《战争事典 020：迁徙与征服——古典时代日耳曼人与阿拉伯人的扩张与征服》。

上图: 斯特拉斯堡会战中右翼罗马铁甲重骑兵遭到日耳曼轻步兵的突袭

炎热的时期将罗马军队长期暴露在干渴中，而对手在车阵中休息。但对于斯科拉瑞部队来说，他们所犯的错误也难辞其咎。这些骑兵连同一些弓箭手突然对哥特人发起鲁莽的攻击，然后被击退。他们被击退后，本该撤回到步兵侧翼，与其他骑兵一起对侧翼提供保护，这样当大批哥特骑兵赶到之际，罗马步兵的侧翼就不会因为没有保护而遭遇直接冲击。但他们却懦弱地在战役开始前逃离了战场，将步兵丢给了敌人去屠戮，这正是整场战役失败最重要的原因①。

较早的文献，常将亚得里亚堡会战作为骑兵崛起与步兵衰落的标志。但现在的大部分文献则否定这一观点，因为真正的骑兵时代到来是两个世纪之后的事情。欧洲与西亚骑兵战术的不断完善，一些关键性装备——诸如标准意义上的硬质马镫的普及，都是在6至7世纪完成，而非4世纪。

但4世纪的改变同样不容忽视。在该战之后，骑兵——包括重骑兵在战场上的作用越来越重要，就连最重视传统步兵的地区——罗马帝国，其军队里代表着精锐骑兵的"龙旗"的地位也越来越高。

虽然亚得里亚堡会战并未导致罗马帝国的灭亡，罗马的军事力量也只是暂时瘫痪，但该战却成为一个重要的转折点——从此以后，蛮族以个人身份大量进入罗马帝国军队服役的时代结束了，以哥特人为代表的日耳曼人军事首领开始带领成建制的本族士兵为帝国"服务"。随后，罗马的赛奥多西大帝，不得不给予西哥特人与东哥特人永久的居住点，让其享有完全的自治权，还享有免税权。

同时，他们还获得帝国服役的高额军饷，并被成建制地纳入帝国边防军的编制。此后，罗马军队中的日耳曼成分变得异常强大，最重要的将领中日耳曼人也越来越多。

但之后，西罗马帝国与东罗马帝国的"反哥特"斗争却走向了两个相反的方向。在西罗马帝国，哥特人军事首领阿拉里克在狄奥多西大帝去世后，立即终止了所谓对帝国的"服务"关系，带领军队南下希腊进行大规模劫掠。虽然他被西罗马蛮族将军斯提里科击败，但西罗马皇帝霍诺留斯为权力之争将斯提里科处决，导致后者麾下的蛮族士兵大举投向阿拉里克。

公元410元，已经丧失防御力量的罗马城被哥特人占领。"永恒之城"——罗马城终于被攻陷了。阿拉里克随即进行了大规模劫掠。西罗马帝国的局势江河日下。

到了西罗马帝国的最后时间，也就是瓦伦提尼安三世统治时期，各蛮族入侵愈演愈烈，达到了大迁徙时代的高潮。西罗马帝国依靠名将"最后的罗马人"埃提乌斯左遮右挡地苦苦支撑。甚至在匈人王阿提拉率领匈人联合部落大举侵袭之际，他还组建了罗马与西哥特的暂时联盟，其联军于公元451年

上图：378年罗马皇帝瓦伦斯与正在逃窜的罗马骑兵

---

① 战役的详细过程见作者另文《战争事典020：迁徙与征服——古典时代日耳曼人与阿拉伯人的扩张与征服》。

的沙隆会战中最终击败阿提拉。

埃提乌斯再次挽救了西罗马帝国，但他随后却被妒忌其威望与成就的皇帝瓦伦提尼安三世所杀。瓦伦提尼安随即又被士兵们杀死，混乱的局面已经预示着西罗马帝国灭亡的时间为期不远。公元476年9月4日，蛮族将领奥多亚塞罢免了最后一位西罗马皇帝，西罗马宣布灭亡。

与此同时，东罗马帝国的反哥特政策却取得了成功。虽然哥特人仍大量作为帝国的士兵加入军队，但他们是作为个人佣兵的身份，由帝国将领来指挥。虽然哥特人及阿兰人等蛮族

将领在东罗马帝国上层势力依然很大，诸如阿兰人军事首领阿斯帕尔，就是对君士坦丁堡影响极大的人物。但东罗马帝国很快又依靠小亚细亚境内的伊苏里亚势力，压制了哥特势力。之后伊苏里亚人大量进入军队，甚至出现了一位伊苏里亚皇帝，从而约束了哥特人在政坛上的势力。

到了公元498年，伊苏里亚人的势力也被控制与瓦解。虽然他们与哥特人依旧在帝国中定居与服役，但他们对于国家政权的颠覆性影响已经消失了。

总之，在5世纪末这个阶段，东罗马帝

国在欧洲大迁徙时代最危险的时候，幸运地获得了喘息的机会。帝国在休养生息，慢慢依靠其当时的地理优势积蓄力量，但这些并非表现为军事上的成功。例如在利奥一世统治时期，东罗马军队于公元466年远征占据北非的大迁徙民族汪达尔人，结果以惨败告终。

但到了6世纪初，休养生息的成果终于作用到了军事方面。当时，东罗马－拜占庭军队的实力已经恢复，新式的罗马铁甲重骑兵经过了长达两个世纪的探索时期，现在逐步走入成熟。在那个时代，他们的表现将一改人们对于从罗马共和国时代延续下来的罗马骑兵相对衰弱的习惯性认识。在6世纪拜占庭名将——贝利撒留的率领下，他们超越了大迁徙各民族中的各式重骑兵，并与当时世界上最强的波斯萨珊重骑兵展开巅峰对决。

其实不仅是西欧、拜占庭或是西亚中亚

上图： 西罗马与哥特联军在沙隆会战中击败匈人王阿提拉

地区，也包括远东的中国，这是整个欧亚大陆重骑兵崛起的时期，而这一切的关键都是源于一个来自东方的中国发明——马镫。

第七章

马镫上的甲骑

南北朝时期中国具装骑兵的崛起和领先

帝率麾下千余骑，遇茹茹别部数万，四面围逼。帝神色自若，指画形势，虏众披靡，
遂纵兵溃围而出。虏乃退走，追击之，伏尸二十里，获庵罗辰妻子及生口三万余人。

——《北齐书·帝纪第四·文宣》

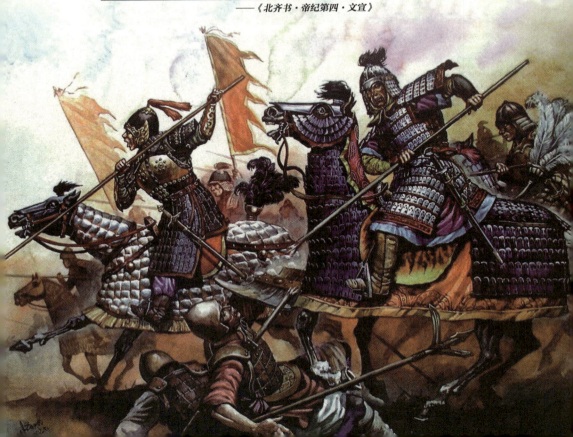

英国科技史学家怀特认为："很少有发明像马镫这样简单，却具有如此重大的历史意义，马镫把畜力应用在短兵相接之中，让骑兵与马结为一体。"

标准意义上的马镫的产生与普及，并非出现在骑兵战术与装备相对最先进的东南欧、西亚或中亚地区，而是在东方的中国，也许在其北方的少数民族中，也许在其中原地区。

这使得自汉代、三国时代飞速发展，并追赶世界最先进水平的中国重骑兵在这一刻登上了世界重骑兵技术的顶峰。但这个状态带给中国的并非是荣耀而是极度的痛苦。

沉沦的西晋王朝几乎出现了与西罗马帝国末期非常相似的状况——先是王朝真正具备战斗力的军人逐步被各"蛮族"士兵所取代，然后在内乱中崩溃，各游牧民族潮水般地入主中原。各游牧民族为了争夺霸主地位也互相攻杀，无节制的战争与屠杀在这一个阶段里几乎没有停歇。中国无论是经济与人口，都遭到了令人瞠目结舌的损失，这是一个真正毁灭的时代。

偏据江南的东晋王朝，从西晋王朝的堕落状态下脱离，在南方站稳脚跟。通过长时期稳定的南朝演变，他们继续保存并输出着中华文化。而北方游牧民族混战中的最终胜利者——鲜卑拓跋氏北魏王朝也进行汉化，实现了民族融合。北魏王朝广阔的视野，带来了生机勃勃的新文化习俗，甚至一直影响到南方的南朝。这些变化也使中华文化转型，并重新向外关注和影响这个世界的运转。这

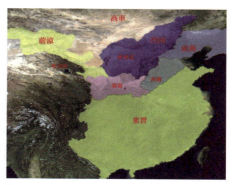

▌上图： 东晋十六国时代的形势

直接带来了技术文化上新的革新，走向6—8世纪真正的涅槃重生。

这个时代的历史记录也是较为混乱的，战争的过程与参与人数往往充斥着自相矛盾和春秋笔法。因此"五胡乱华"时代各游牧民族细致的军事状态，已经很难理清。但至少在北魏时期，由于绘画与雕刻艺术发展，加上墓葬中出土的文物，我们可以从其他角度来接近历史的真相，探寻东晋与北魏时代中国重骑兵的巨大发展。

在诸多变化中，马镫肯定是最重要的。最早发现的成对标准马镫是在公元322年左右中国晋代的南京（建康）附近——一件装着双镫的陶马。至于双镫实物最早的发现是在5世纪初辽宁省北票市墓葬中的铜马镫①。而使用于骑兵作战的马镫实物被广泛发现则是在公元477年左右，但是大部分历史学家认为，标准硬质马镫在中国真正使用的时间要比这早得多。

马镫大大减少了骑兵的训练成本与时

① 出土于辽宁北票的北燕冯素弗墓中。这副马镫，通高23厘米、宽16.8厘米，镫环以三棱体的桑木条揉成，形状近似圆角三角形，木条两端向上合成镫柄，分裆处再填以三角形木楔。这样的设计，让踏脚承重时不致变形。镫环和柄的外表都钉了鎏金铜片，镫环内侧则加钉了一层薄铁片，其上涂有黑漆。据《晋书》记载，冯素弗死于公元415年。

上图：南京象山出土的双镫陶马　　**上图**：晋代铁质马镫

间，也让他们更不易在战斗与冲击中从马背上跌落，并能更为充分利用马匹冲锋所产生的巨大动量带动骑兵武器，特别是骑矛来发动冲击。在冲击时，骑兵也更不易被反作用力所困扰。这使得骑兵，特别是重骑兵能更加频繁甚至放肆地发动冲锋。即使在面对严阵以待的步兵坚阵时，重骑兵的冲击方向也不仅像古典时代那样仅限于侧后方，有时候也会从正前方直接撕开对方的阵形。冲击过后，马镫也能让骑兵们更加安全的撤退，从而进行更加完善的中世纪时代那种冲击—撤离—再次冲击的重骑兵典型战术。

另外，马镫也带来了骑手的更大平衡，使得骑兵可以更为方便地，甚至是在骑兵奔驰时解放双手在马背上战斗。诸如同时使用刀剑与盾牌，或双手持握重型长骑矛作战，这些动作虽然经过严格训练的无马镫骑兵也可以做到，但马镫让这一切变得自如与容易得多。

马镫结合当时中国骑兵其他诸多技术进步，自然会产生更具可怕威力的效果。在公元4世纪，西晋末年，中国的全身马铠已经开始

出现，也就是说，中国的全具装重骑兵出现了。而且之前的半身马铠在中国重骑兵里的应用已经非常广泛。

根据记载，"五胡乱华"刚开始的阶段，公元312年羯人石勒击败西晋与鲜卑联军，"缴获了五千具马铠"，只是还不清楚这些马铠中有多少是全身马铠。从记载来看，这批马铠应该都是鲜卑军队的，这也印证了鲜卑人更倾向于具装骑兵作战。同时"五胡乱华"时代，游牧民族为中国北方带来了新的良马种群，这些强壮的坐骑可以负担较为沉重的马铠，这也为全具装骑兵的广泛使用奠定了基础。即使在北魏已经转入定居农耕的孝文帝时代，骑兵的物资储备依然得到重视。仅在河南位于黄河附近的牧场里，就饲养着战马100000匹。所以到了北魏时期，使用马镫、乘坐全具装战马的具装重骑兵更成为其军队的核心。

不过有的历史学家认为，鲜卑具装习惯来自于中亚地区，而非三国时代具装马铠至西晋的演变。因为6世纪早期的敦煌壁画中就描绘有完整的一体式马匹铠甲。这种铠甲的样式很近似帕提亚或萨珊帝国采用的鳞甲

或札甲式的马铠。从披挂上说，这种一体式马铠往往就连马面甲也是非独立的，可以由一名随从或后勤人员以较快的速度，以近似穿大衣的方式给战马连头带全身穿戴完毕。所以一部分历史学家认为，这种变化主要原因是北魏时期对于西亚、中亚军事技术特点的引入。

而在中国南方的政权，诸如东晋与南朝，情况却有很大的不同。虽然他们的马匹资源远不如北朝，但由于北方重骑兵的压力，所以也发展了自己的铁甲具装骑兵与之对抗。在河南邓县发现的大约公元500年左右的梁代砖雕，展示了南朝全具装骑兵的形制。这名具装骑兵的马铠不同于上述北朝那些拥有西亚、中亚特征的全身一体化马铠，而是更具备一些学者认为的"本土化"特点。该重骑兵马铠是由5片单独的部分构成，分别保护马头、颈部、肩部至胸部、腰部两侧以及臀部。也就是"面帘"、"鸡颈"、"当胸"、"马身甲"与"搭后"。另外，马臀部的护

上图: 北魏具装重骑兵复原图。左为装甲步兵弓箭手；右为采用一体式马铠的具装重骑兵

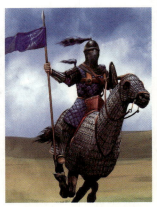

上图：梁代砖雕体现了南朝重骑兵

上图：多采用一体化马铠的拜占庭铁甲重骑兵

甲上还附着着长羽毛作为装饰，并被称之为"寄生"。这种装饰在大部分历史学家看来是没有实用用途的，不过作为一种美观的流行，北朝重骑兵和后来的高句丽重骑兵也纷纷采用这种装饰。诸如西魏时代的敦煌壁画——《500强盗成佛图》中，出现的正在剿灭强盗的全具装重骑兵，其马臀部就一样有"寄生"。

从文物发掘的实物复原来看，也并非北朝固定采用一体式马铠，而南方重骑兵采用组合式马铠那么模式化。实际上，这两种马铠在南北双方都是存在的，诸如在辽宁省北票市喇嘛洞出土的鲜卑贵族墓葬中，出土复原的马铠也是分成五个部分，是标准的分体式马铠。南朝镇江出土的甲骑具装画像传拓片又有疑似一体化的特征，只是其马面甲似是单独的。

可见，这两种马铠在南北方同时使用，互相借鉴，展现了本土中原军事传统及技术发展，与北方草原传入的西亚、中亚军事技术交融的结果。从实用角度上说，这可能展示了各个政权、各支部队，甚至各个骑兵身份所拥有的后勤备用战马储备或随从人员资源的差异。

很显然，骑兵们并不会在整个行军与战斗中，始终端坐在披挂全具装马铠的战马身上，这会让坐骑在真正需要强力冲锋的场合精疲力竭。

骑兵为节省马力，往往有这样几种方式：

第一种方式，更换备用战马。通常一匹战马披挂具装铠，另一匹备用马则不披，一些游牧民族或优良马匹较为丰富的定居民族往往这么做。行军时，为节省具装战马马力，骑兵往往骑乘在备用马匹上，诸如拜占庭帝国铁甲具装骑兵。当然备用马也可能是其他的骑乘工具，例如阿拉伯重骑兵可能在沙漠中骑乘骆驼来代替备用马。

第二种方式则是步行与步兵一同前进。

第三种就是将马铠放置在辎重队中，待需要的场合再对马铠进行安装。

如果是第三种行军运输方式，而随从或者后勤人员过少，甚至是没有随从的情况下，组合式马铠相对是不太实用的，难以应对突发性战斗，战斗准备时间也过长。但如果拥有较多随从或后勤人员同时工作的话，组合式马铠的安装或脱卸会更快。根据之后唐帝国时代的记载，中国当时更本土化的运载马铠的方式就是第三种。这可能也是后来唐朝留存下来的具装重骑兵壁画、塑像及俑更多是组合式马铠的原因。

有趣的是，同时代的东罗马帝国和波斯萨珊帝国，他们的马匹较为丰富且质地优良，疆域广大，但人力资源相对并不是很充足。东罗马帝国早期需要大量哥特人、伊苏里亚人、匈人充实兵源，7世纪时期则补充大量亚美尼亚人充当兵源，在亚美尼亚地区与波斯萨珊帝国为争夺亚美尼亚兵源而征战不休。根据6世纪拜占庭兵书《战略》记载，随从不是那么充足，部分拜占庭重装骑兵也可能没有随从。在同时具备马匹资源丰富与人力资源缺乏的两个条件下，当时两大帝国的具装骑兵大都采用了一体式的马铠。

因为现在没有南北朝各地生产马铠的详细资料，因此无法判断是否在生产上也会有南北差异。但即使有南北差异，在使用上也会是模糊的。因为这并非是一个稳定的时代，而是一个势力转换变化飞快的时期。一个数年前还很强大的政权可能会突然灭亡，或是又有新生势力突然崛起。所以各方军队会大量缴获对方的军事装备为自己所用。南北双方的叛将都可能带领军队投靠原先的对立方。比如南朝宋皇帝刘裕就拥有一支完全由鲜卑人组成的精锐具装骑兵——具装虎纹突骑，他们的装备也很可能来自北方。

这个时代的马铠既有铁质的，也有皮质的，南朝军马由于优良战马的数量有限，采用皮质马铠减轻坐骑负担的可能性更大。前面提过的南朝刘裕手中的1000多名精锐强悍的鲜卑重骑兵，统率他们的是敦煌人索邈，据记载"使宁朔将军索邈领鲜卑具装虎班突骑千馀匹，皆被练五色，自淮北至于新亭，贼并聚观，咸畏惮之"。这里的虎纹，根据现代文物学家的意见，应是装饰后的皮甲马铠。

在武器上，自汉代开始盛行的享有盛誉的厚背单刃环首刀，依然是非常重要的武器。对于重骑兵使用的长柄武器，在这个时代，3米甚至3米以上的冲击型长骑矛，中国称之为"矟"的武器开始在骑兵中大范围使用。他们的持握方法与冲击模式，与帕提亚、波斯萨珊的铁甲重骑兵基本相似。不同在于，南北朝的重装骑兵们使用了马镫，提供着更稳定与高效的冲锋。为了让马镫与长骑矛结合得更完美，较东汉时代鞍桥更高的马鞍[1]也应用在这些重型骑兵上，让骑兵们在猛烈的冲锋中更不易被反作用力影响。所有的这一切，马镫、长骑矛、鞍桥更高的马鞍、全具装的马铠、提供全身保护的骑兵铠，让当时的中国重骑兵更为强大，经常发动无所顾忌的冲锋。

此前中国的骑兵，即使是重骑兵也比较缺乏腿部保护，甚至身甲较短。这主要是为了在无马镫时代让骑手的双腿减少疲劳，更好地驾乘战马，但这也会降低骑兵的防护力。在公元582年墓葬中出土的那套札甲，拥有铠甲护腿，对骑兵的全身保护更完整。北朝的东西魏或者北周、北齐的骑兵，一部分

① 与11世纪末期开始在欧洲出现的高桥马鞍形制并不相同。

上图: 重骑兵的腿甲在这个时代大为加强

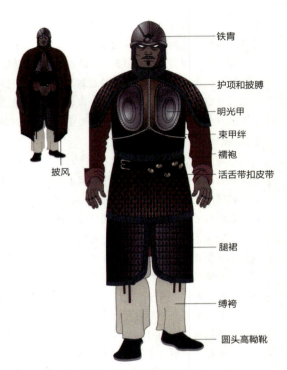

铁胄

护项和披膊

明光甲

束甲绊

襦袍

活舌带扣皮带

披风

腿裙

缚袴

圆头高勒靴

上图: 南北朝时期的重骑兵全身甲胄

还拥有保护颈部的巨大盆领，使得这个时代铁甲重骑兵防护更为全面。之后至公元7世纪，中国东北方骑兵强国高句丽的重骑兵，依然保持着这种使用习惯。

这一时期的铁质重型盔甲的种类也变得更多，出现了胸前加装保护金属片的札甲[1]，重装步兵的保护也更为完备。

在这个时代，无论是南朝还是北朝，都会更倾向于将更好的盔甲配备给重骑兵，也更倚重配备马镫的铁甲重骑兵的冲击力。

在这点上，北方政权更为明显。《晋书》记载，前赵皇帝刘曜"召公卿以下子弟有勇干者为亲御郎，被甲乘铠马，动止自随，以充折冲之任"。这种使用精锐具装重骑兵为卫队的模式，与当时的西亚与中亚王国，以及罗马帝国，都很类似。这也证明当时具装骑兵在中国北方的重要地位。

当时的北方政权甚至有的时候完全依靠骑兵去野战。例如公元520年，北魏军攻击安西地区的叛军，"所领悉是骑士，习于野战，未可攻城"。重装骑兵自然是期待在野战中消灭敌军主力。但包围城市时，他们也可以利用骑兵优势破坏周遭的乡村[2]，断绝城市的粮食供应，待守城军队出城寻找补给时加以歼灭，进而达到占领城市的目的。

早期的北方政权几乎没有本族步兵，比如羯族石勒的军队有30000人，几乎完全没有步兵。之后，他才逐步招募氐族、羌族步兵进入自己的队伍。当北方政权逐步汉化，并从游牧转入农耕状态之后，步兵的数量有很大提升，毕竟步兵在围城战等复杂地形的作战，以及维护成本上的优势都是骑兵所不能比拟的。

南朝的步兵则更多，这个时期南朝军队使

① 一部分历史学家认为这就是"明光甲"。
② 比如我们在第二章提到的波斯骑兵队在希腊地区的做法。

用长矛、单手环首刀①与大型的椭圆形或长方形的盾牌，有的还携带弓。而且南朝的重步兵非常普遍，几乎是军队的核心。既然要应对南方政权众多的重装步兵，北朝对"披坚执锐冲坚阵"的具装铁骑需求也就更高。

不仅如此，北方政权之间的战斗往往也以骑兵来决胜。例如公元 402 年北魏与后秦之战，"太祖诏毗陵王顺以精骑冲击，获兴甲骑数百，斩首千余级。兴退，南走四十余里，太祖引还。"

当然，不管南方或北方的割据势力，都在那个时代崇尚铁甲具装骑兵。但南朝由于良马资源非常有限，因此在作战上经常受制于此。东晋王朝在站稳脚跟之后，也经常进行北伐。但从健康附近集结的南方步兵行进至华北平原之后，就会暴露在北方骑兵的威胁下。在战场机动性受限的情况下，容易处于被动。比如公元 369 年，东晋将领恒温的第三次北伐，其 5 万大军的后勤遭破坏。虽然他们在撤退中一直保持警惕，但在即将返回国内的时候由于松懈，依然遭到了鲜卑名将慕容垂 1～2 万名骑兵的突袭，遭到重大损失，5 万人只有 1 万人得以返回。

作为整个南朝历史上最具才华的军事统帅，东晋刘裕北伐显然要做得好得多。他的军队一度灭掉大量北方势力，并摆下"却月阵"，以车载弩炮与截短的长矛重创了当时最具盛名的北魏重骑兵。除了他手中固有的东晋劲旅"北府兵"外，刘裕也尽可能吸收北方骑兵以及统率骑兵的人才来弥补南方军的不足，比如前文提及的具装虎纹突骑。

同时，随着北魏逐步在中原定居，到了

上图：使用马刀的具装重骑兵

面帘　　　寄生

鸡颈

搭后

当胸

身甲

上图：组合式马铠分解图

东西魏时代，或北周、北齐时代，其步兵数量与规模也变得更大。因此这个时代的铁甲具装骑兵的作战状态与西方东南欧、西亚、中亚的战斗方式更类似了。有的时候，北方军队会用步兵以"砧板"的状态缠住敌人步兵主阵，然后再以具装骑兵绕至侧后方发动致命的冲击，这种战术常被用来对抗拥有众多步兵的南朝。北魏孝文帝时期，北魏将领韦珍面对南朝将领苟元宾，后者"据淮逆拒"，结果"韦珍乃分遣铁马，于上流潜渡，亲率

① 这种刀在国外英语资料中常被译为"剑"，一方面英语词汇中没有单独描述"刀"的词，各种刀都是专有名词，另一种可能是当时中国刀是直刃且刀刃较为细长的原因，但实际上这种单刃刀与欧洲双边开刃的剑区别还是很大。

步士与贼对接。旗鼓始交，甲骑奄至，腹背奋击，破之"，展示了马镫时代，具装重骑兵对步兵军阵发动背后冲击时，那一锤定音的可怕力量。

另外，当时的具装铁甲骑兵往往在决定性的时刻投入战场，冲击敌主力军阵，给敌军阵形造成巨大混乱，再协同其他部队发起总攻击，将敌人彻底击溃。那个时代，先期投入的具装铁骑数量都不算大，常常是数十人或者几百人的规模。

公元537年，著名的东西魏沙苑之战，东魏军队占人数上的绝对优势。由于东魏军队看见西魏军队人数少，就加速进军，造成了队列混乱，这正是西魏具装铁骑突击的良好时机。西魏将领李弼率领60名重骑兵冲击东魏高欢的中军，将其大军截断为两截，造成东魏军队的军阵混乱，而西魏趁机步骑配

合总攻取得全胜。

同时，具装重骑兵往往可以在战场上抓住敌军指挥官的位置进行向心突击。10世纪拜占庭军事手册《军事学》中，就曾明确记载了这种具装重骑兵战术，"这是非常必要的，优先于其他一切，观察敌军指挥官在什么地方，以让楔形阵的铁甲重骑兵锁定他……而我们铁甲重骑兵的楔形阵前列必须以正确的阵形，用小跑的步伐粉碎敌人指挥官的所在位置。"

这种战术也出现在东魏与西魏的战争中。公元543年的洛阳之战中，东魏将领彭乐统率右翼重骑兵，直接杀入西魏军的左翼，那里正是西魏军的指挥中心，结果彭乐的骑兵俘获了2名西魏的皇室成员与48名将领，直接造成了西魏军的全面崩溃。

到了北周时期，将军宇文亮叛乱，率轻骑兵袭击了北周上柱国韦孝宽。北周名将元景山"率铁骑三百出击，破之，斩亮传首"。

这和拜占庭与汪达尔骑兵在阿德戴西姆交战时何其相像，贝利撒留麾下的勇将约翰也同样是率领着300重骑兵，迎面冲垮汪达尔的2000名轻骑兵，并当场击杀了率领汪达尔骑兵的统帅阿曼塔斯，让败退的汪达尔骑兵因始终无法得到统帅的组织而处于恐惧之中。300重骑兵竟然一路杀至迦太基城下，显示出重骑兵突击时轻骑兵不可比拟的杀伤力，且往往可以成功地进行"斩首行动"。

在这个时代，中国过去一直以轻装为主的弓骑兵也在这种影响下开始了重装化。比如公元352年，慕容鲜卑的庞大骑兵部队面对冉闵的军队时，其中央阵线的5000名

上图：北朝重步兵，从左至右分别为北齐重装步兵、北魏重装卫士、隋朝卫士

弓骑兵列成方阵发射箭矢，之后又用两翼骑兵包抄，击败了勇猛的冉闵。这显示了重型弓骑兵与重骑兵的配合战术模式。虽然原始记载鲜卑骑兵"以铁索相连"，但这应该是一种在防御中维持队列的强制性临时手段，并不是之后传说中的所谓"连环马"。并且经现代历史学家的整理，证实这种显失逻辑的战术是不存在的，包括后来金国的"铁浮屠"等也是如此。无论如何，这表明当时的鲜卑骑兵不仅是枪骑兵，其弓骑兵重装化也非常明显，并开始在战斗中以静态的编队进行射击。

不仅是北朝，南朝的军队也有这种重装骑兵静态编队射击战术，而且还是拥有沉重马铠的具装骑兵。《宋书·蛮夷传》记载，宋军讨伐"沔北诸蛮"的时候，也是"以具装马夹射，大破之"。从整个战史来看，静态射击战术虽然少于弓骑兵机动战术，但也不罕见。

如果将弓骑兵机动战术与具装铁骑配合使用，那就会产生巨大战果。例如公元498年在邓城，北魏面对南齐军队时，首先派遣一支分遣队截断南齐军队归路，而另两支北魏军队分别在城北和城东猛烈向城内发射箭矢，南齐军队在北魏军队的箭雨下向城南门撤退，北魏军队立刻从北门涌了进来。南齐军猛将刘山阳则统领数百勇士为大军撤退断后并拼死战斗。这时候北魏军出动了他们的王牌骑兵——一百多名人马俱甲的铁甲骑兵。刘山阳让部下射箭阻击，但在北魏重骑兵凶猛的突击下，这些作为后卫的南齐军根本挡不住。在断后失利的情况下，南齐军队

下图: *使用组合式马铠的南朝重骑兵复原图（右）*

上图：中国具装铁甲重骑兵在冲锋

上图：500 强盗成佛图中展现的当时北朝具装重骑兵形象

的撤退逐步演变为败退，而败退的南齐军撤出城南门时又被北魏弓骑兵在道路两边发射的箭雨覆盖，截断归路，败退最终成为崩溃，主将傅法宪也被杀死。

从历史脉络上来看，北魏分裂成东魏与西魏，两者又逐渐演变为北周与北齐，之后北周灭亡北齐，在转变为隋后南下攻击陈朝，终于结束了中国内部 200 多年无休止的混乱与分裂状态。

已经定居的北魏王朝过去需要面对的柔然势力，也被新崛起的突厥人势力代替。统一的隋朝拥有强大的物资与人员储备，这使得帝国的步兵较南北朝时期多得多，但也依然保持了铁骑具装的传统与阵容。在面对突厥人数量庞大的骑兵时，隋军一般会采取与卫青漠北之战西路军类似的阵形，以战车为工事，骑兵在内，步兵在外围掩护骑兵的战术。

但在有利的情况下，隋帝国依然可以利用自己的传统重骑兵优势，发动突击。隋朝统帅杨素在公元 599 年的灵州之战中，没有使用车阵，而是直接让骑兵列阵。对隋军骑兵实力判断失误的突厥军队随即发动全面突击，以为可以歼灭没有战车工事保护的隋军骑兵。杨素看见突厥骑兵阵形不整，命令隋军重骑兵给予迎击，自己带领后阵大军全线压上，重创突厥军，突厥统帅达头可汗也身负重伤。

隋炀帝即位后，隋朝军队中的具装铁骑规模可能更为巨大。从《隋书》中隋炀帝率领庞大的军队征讨北方的高句丽政权可见一斑，当时隋帝国骑兵共有二十四军，每军拥有"骑兵四十队。队百人置一纛。十队为团，团有偏将一人。第一团，皆青丝连明光甲、铁具装、青缨拂，建狻猊旗。第二团，绛丝连朱犀甲、兽文具装、赤缨拂，建貔貅旗。第三团，白丝连明光甲、铁具装、素缨拂，建辟邪旗。第四团，乌丝连玄犀甲、兽文具装、建缨拂，建六驳旗……"。

也就是说一支骑兵"军"拥有 4000 名具装骑兵，而整个远征军的具装骑兵达到了 96000 人的惊人数字。

前面提过"虎纹具装"即为皮甲马铠具装，因为唐人写《隋书》的时候要避讳"虎"字[①]，

① 唐高祖李渊祖父李虎的名讳。

因此，书里的"兽纹具装"等同于"虎纹具装"，即皮甲具装。根据以上记载，这些隋朝骑兵，有一半是"铁具装"另一半是"兽纹具装"。也就是说，铁质马铠与皮质马铠的数量基本相当。且每一单独建制的团队，骑兵所披的铠甲、战马装备的具装铠的质料相同，色彩统一。也就是说，这支数量庞大的重骑兵几乎达到了全部具装的状态。文物学家往往感叹于记载中这光辉夺目达到具装顶峰的情景。从数量上说，可怕的96000名具装骑兵，即使同时代以具装骑兵闻名的拜占庭帝国或波斯萨珊帝国，也没有达到同样的高度。

上图： 北齐具装骑兵俑

但从军事角度来看，这华美的气象却隐藏了令人惋惜的悲剧。这是隋帝国对于人员与装备的巨大浪费，是愚蠢而铺张的军事布置。这些装备精良的士兵与战马，本应在智力正常的皇帝或将领手中得到妥当的分配，而不是以超巨型仪仗队的阵容，去一个地区为一名表演型人格极其强烈的君王，白白断送性命与军人的荣誉。

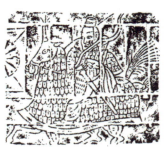

上图： 拥有近一体式马铠的南朝具装重骑兵形象

具装骑兵虽是那个时代的军事核心，但绝非单一的强大兵种就等同于胜利。实际上，这种重骑兵的弱点也是较为明显的。具装重骑兵的冲锋速度较慢，不具有轻骑兵或是快速重骑兵[1]进攻的突然性，在组成强力的冲击阵形向前所向披靡的同时，笨重的具装战马在密集阵形中转向不便，因此比一般的骑兵更需要保护侧翼与后方。

日后拜占庭10世纪的《军事学》在铁甲重骑兵的使用方法上也清楚阐述了它的弱点，"须派遣50名骑兵穿过铁甲重骑兵阵形两边的任意一边的间隔，并转移到铁甲重骑兵的右翼，另50名奔驰到铁甲重骑兵左边，让敌军远离他们的侧翼，以使敌军不能转移或者扰乱破坏铁甲重骑兵的冲锋。如果有大量的敌军攻击铁甲重骑兵的侧翼，那么给他们支援……"，且之后还要有骑兵作为后卫接应。

事实上，北魏时代，各方势力在作战的时候都

① 也就是人穿重甲而坐骑不披甲的骑兵。

很讲究各种骑兵们之间的配合。无论是中心弓骑兵静态射击，加两翼铁骑包抄，或是弓骑兵断敌归路，"交射城内"、"夹射之"，再以"铠马突击"，都是各种骑兵之间良好配合的写照。在隋代早期，隋文帝或是他的将领们，在与突厥人的战争中也讲究各兵种配合。而他的后代隋炀帝在组织庞大的重骑兵队伍时，虽然拥有更多的物资储备，但也有令人吃惊的愚蠢与狂妄。

其实无论是拥有多好马匹资源的地区或王国，其"强壮战马"的数量仍是有限的。即使是战马资源比隋朝好得多的拜占庭帝国与波斯萨珊帝国，仍要从他们品质优良、肩高腿长的小亚细亚战马与尼萨马中挑选"强壮的坐骑"

来供应铁甲具装骑兵坐骑。如果将所有战马不分青红皂白，仅为了美观与整齐披挂马铠，只会带来灾难。战争不是盛会或表演，这只会让大批战马不堪重负而无法真正地战斗。且具装战马在行军阶段，其马铠一般也会放置在骑兵辎重队中，要么骑兵使用备用坐骑或步行以节省马力。在战斗地区或战斗将临时，骑兵才会乘坐具装战马，以节省宝贵的马力。

隋炀帝的做法也许是为了让高句丽看见"壮丽"的隋军阵容而屈服，但他这批"仪仗队"披挂鲜艳夺目的马铠行军的愚行加快了悲剧的上演。征伐高句丽从当时隋朝的战略来说是必要的，隋文帝也进行过征伐。但绝不应该以如此非常规的方式，并以一个强大的帝国覆灭为代价。

　　他们的对手，中国北方的政权高句丽王国，绝不会像隋炀帝这样浪费自己将士的生命。高句丽的武士拥有剑刃较为修长的铁剑，还使用钉鞋，可以防止在山地战中打滑。高句丽虽然是一个山地农耕民族，但当地却盛产马匹。当地马种"果下马"虽较为矮小，但却适于山区作战，且强壮有耐力。

　　他们宝贵的铁甲具装骑兵也被使用得很好。虽然人数不多，但从战马至盔甲，完全不逊色于隋朝具装骑兵，兵器也与中国几乎相同。他们也使用与中原相似的高鞍桥马鞍、金属马镫，披挂覆盖全身的重型札甲，拥有北朝时期巨大的盆领以保护颈部，甚至还使用中原具装骑兵流行的"寄生"装饰。更重要的是，他们被很好地利用，在机动防御战中教训了貌似强大、却被一个愚蠢君王指挥的隋朝重骑兵。不过，获得胜利的高句丽王国也在面对人多势众的隋军时遭到了很大削弱。

　　隋帝国的"百万大军"在远征高句丽王国时伤亡惨重，同时帝国内部叛乱与起义纷起，这直接加速了强大隋王朝的崩溃。幸而在隋末的群雄对决与争霸中，一个更强大的帝国替代隋帝国，统一中国。这个王朝不仅要完成隋朝曾经失败的高句丽远征，而且要再次实现自汉武帝以来，南北朝之后，中国本土骑兵又一次新的崛起。

　　这些骑兵将成为古代中国历史上最具备开拓、探索与包容精神的帝国手中坚实的军事中坚，并在不断的对外作战中担任当之无愧的主力。通过努力的建设，这个帝国拥有中国定居王朝政权有史以来最大的军马规模，更引进并杂交世界的顶级战马马种，真正开启中国中原王朝骑兵最强大，也是重骑兵最强盛的时代。

　　在这个时代，连远征的步兵都有骑乘军马跟随骑兵前进，具装骑兵也绝不会像隋炀帝时代那样白白牺牲与浪费，他们与"快速重骑兵"的比例也达到了一个合理的实用主义状态，这个帝国的重骑兵会通过无数次战争证明自己，建立自汉武帝之后又一个新的征服者时代。

　　不过在此之前，我们必须将视线转回欧洲与西亚。因为马镫——这项对远东骑兵影响深远的发明，将被游牧征服者扩展到更远的区域。从东方迁徙至欧洲的一支游牧民族——阿瓦尔人，开始替代匈人成为袭扰文明帝国的忧患。但他们的影响不仅如此，他们为本身就拥有具装铁甲骑兵的东罗马帝国带来了新的骑兵战术、新的训练方式以及最重要的装备——马镫。而这些变化，将在东罗马帝国与波斯萨珊帝国的再次巅峰对决中充分体现。

上图： 高句丽具装重骑兵　　　　　　**上图：** 高句丽具装重骑兵复原像

第八章

东西方的双雄

罗马－拜占庭帝国与萨珊波斯帝国的重骑兵

当步兵布阵时，两翼应配置骑兵，而且要让穿铠甲、持长矛的重骑兵紧挨
着步兵并排站立，而弓箭手或不穿铠甲的轻骑兵则站得远些。
——《兵法简述》弗拉维乌斯·韦格蒂乌斯·雷纳图斯［古罗马］

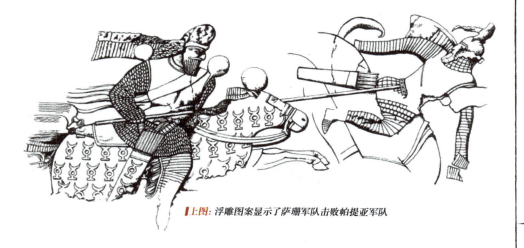

上图：浮雕图案显示了萨珊军队击败帕提亚军队

在东西方两大文明——罗马文明与汉文明几乎同时进入公元4世纪的"蛮族大入侵"时代之时，位于西亚、中亚地带，继承了帕提亚王国衣钵的波斯萨珊帝国虽然也要应付来自东方的游牧敌人，但压力要小得多。公元226年，在阿尔达希尔一世吞并了帕提亚王国之后，也继承并发展了原帕提亚王国的军事力量。萨珊帝国认为自己是数百年前被亚历山大大帝灭亡的古波斯帝国的正统继承者。在这个帝国，人们被分出"种姓"，萨珊帝国依赖高种姓的贵族武士与拜火教祭司来统领这个国家，并认为他们的王是"万王之王"。他们的骄傲也确实有一定道理，当时他们确实是西亚最强大的帝国。

萨珊帝国掌握着印度洋的贸易线，大量的波斯商人分布在各地，给帝国带来了大量的财富。而萨珊掌握的一些地区，诸如亚美尼亚、高加索以及河中地区都拥有丰富的矿藏，使得帝国可以组建昂贵而豪华的军队。西亚与中亚地区优良的战马资源继续得以利用，萨珊帝国在刚攻灭帕提亚王国时，主要的兵种还是骑兵弓箭手。但很快，所有这一切资源使得萨珊帝国可以组建比帕提亚帝国规模更大的铁甲具装重骑兵。

虽然萨珊帝国还拥有一些不算太可靠的超级武器——战象，但重型骑兵依然是当之无愧的核心力量。萨珊帝国与过去的帕提亚王国一样，也拥有重型铁甲具装骑兵与轻型弓骑兵的组合，但重型骑兵及近战骑兵的比例要比后者大得多。萨珊帝国中的自由民"阿扎坦"（azatan）组成了数量众多的低阶贵族，他们拥有自己的小庄园，是萨珊重骑兵的主要来源，他们中的阿斯瓦兰重骑兵尤其出名。萨珊军中的轻型与中型骑兵，则是由联盟军，诸如嚈哒人、贵霜人、可萨人来服役。萨珊帝国北部的阿拉伯人也往往提供中型骑兵为之作战。这与帕提亚王国大贵族担任重型骑兵，小贵族提供轻弓骑兵的情况不同。而且，萨珊帝国的重型骑兵更讲究"双重化"，即拥有强大的冲击力的同时，也装备着弓箭可以进行射击。到公元5世纪左右，波斯军队中的骑射手越来越被大量的步兵弓箭手所代替。

除了由庄园主"阿扎坦"组成的重型骑兵外，萨珊帝国皇帝手中拥有其直接指挥的卫队。其中一支沿用了古代波斯帝国最著名步兵卫队的名号，称为"不朽者"，也译为"不

上图：萨珊皇家卫队

左图：萨珊铁甲重骑兵及战象

死军"，人数号称有 10000 名①。这些精英骑兵装备厚重的鳞甲或锁甲、钢制而闪闪发光的束腰，展现着国王手中的力量。从公元 3 世纪帝国建立，直至公元 7 世纪帝国灭亡，很多重要战场上都有不朽者的身影。

"万王之王"并不只掌握一支卫队。除不朽者之外，萨珊皇帝还掌握着更加精锐的重型骑兵。他们就是编成于公元 4 世纪，由萨珊帝王沙普尔二世组建的 1000 名萨珊皇家禁卫骑兵（pushtigban）。他们不但装备超群，而且纪律严明。其中有一部分被称作"圣陨骑兵"（gyan-avspar），更是包含了"强烈的献身精神"的含义，是最出色的萨珊禁卫骑兵，乃重

型骑兵精锐中的精锐。他们虽然数量很少，但在与拜占庭名将统领的精锐部队作战时，曾发挥过决定性作用。

萨珊帝国重骑兵的装备是由他们的地位与财力所决定的，所以也有重骑兵不披挂马铠，或是使用较轻的皮质或者毛毡马铠，而地位较高的贵族或皇家卫队则装备得更加厚重，他们连人带马包裹在厚重的盔甲中，基本可以无视人力发射的箭矢。冲锋时，他们也与帕提亚重骑兵一样，使用大型的双手持握的冲击骑矛。在这些方面他们之间是没有太大区别的。直至萨珊帝国末期马镫引入前，他们的重骑兵很少装备盾牌。他们使用剑与钉锤作为骑兵主要的

① 但这个数字很可能是夸大的。

上图: 萨珊铁甲重骑兵与步兵。1. 萨珊征召矛兵; 2. 叙利亚步弓手; 3. 安纳托利亚投石手; 4. 库尔德标枪手; 5. 萨珊铁甲重骑兵

下图: 从左至右分别是贵霜战士、西部的萨珊重骑兵、沙普尔一世

上图：3 世纪中期罗马军团在对抗萨珊铁甲重骑兵

近战武器。

相对于异常强大的萨珊重骑兵，萨珊帝国的步兵虽然较帕提亚贫弱的步兵有所改善，但与罗马军队相比依然较为虚弱。萨珊军队与帕提亚不同的一大特点是征召大量低种姓农民作为弓箭手参战。萨珊的步兵弓箭手是萨珊步兵的主力，虽然在战斗中并不那么可靠，但他们的弓射速很快，箭矢的威力也不小，只是穿甲能力较差，这点倒是有古波斯帝国的风格。此外还有一些被称为"炮灰"的近战步兵，他们装备着矛与柳条大型盾，虽然可以近战，但效果显然不会特别理想。

另外，虽然轻步兵是萨珊步兵的主要力量，

但波斯萨珊也会部署一些重步兵，例如薪水很高的德拉米重步兵。他们穿着厚重的盔甲，使用剑与标枪。当然，他们与罗马军团重装步兵还是有较大差距。

自从继承了帕提亚衣钵，萨珊帝国就与罗马帝国展开了长期的拉锯战。和罗马与帕提亚之间的战争情况不同，这个时期的罗马帝国已经在内乱中衰落，因此在萨珊帝国的早期，更多是萨珊帝国拥有战争的主动权。灭亡帕提亚后，阿尔达希尔一世就立即致书罗马皇帝赛维鲁，要求罗马帝国退出亚洲，结果开始了 400 多年的罗马帝国与萨珊波斯帝国的战争[1]。

此后的萨珊波斯帝国君主沙普尔一世与沙

　　　① 这包括之后东罗马与萨珊的战争时间。

普尔二世都很擅长战争。萨珊波斯帝国在这个阶段也连续向西发动攻击。

公元 260 年，罗马皇帝瓦勒良率领七万大军与沙普尔一世的萨珊军队在艾德萨交战。结果罗马军队遭到毁灭性打击，七万大军全军覆没，皇帝瓦勒良被俘虏。据说为了羞辱罗马人，沙普尔一世让瓦勒良跪着作为跨马上鞍的垫脚。因为关于战争进程的记载非常少，历史学家只能猜测是罗马军队被诱敌深入后，被波斯人截断了后勤。

但拥有雄厚国力基础的罗马帝国可不会这么容易屈服。随即，两个超级大国展开了长时间的拉锯战。公元 297 年，罗马将领突袭萨珊波斯大营取得大胜，并俘虏了萨珊皇帝纳赛尔的家眷。纳赛尔只能与罗马人签订条约，放弃了底格里斯河以西的省份。总体上说，双方也是互有胜负。

在公元 3 世纪末，萨珊波斯与罗马帝国的战争暴露了罗马军团在装备上的一些问题。罗马公民军团所携带的重型标枪以及剑虽然在对付帝国西部与北部的敌人时很有效，但并不适合对抗以铁甲重骑兵作为核心的波斯萨珊军队。波斯萨珊军队虽然建立在帕提亚系统之上，但在风格上更依赖重骑兵冲锋的"重锤"，而非轻弓骑兵的"袭扰"。但是，罗马军团依然靠优秀的组织能力、纪律性以及后方充足的人力、物力资源，弥补

上图： 3 世纪中晚期的罗马军团装备

了装备上的不足，与波斯人展开了势均力敌的较量。罗马人也意识到了自身不足，所以进入 4 世纪之后，罗马步兵军团的装备和风格也在发生变化。

当然，4 世纪之后罗马军团的变化有多方面的原因，不能认为仅是为了对抗波斯萨珊所致[①]。当时的罗马帝国军团的规模较原先元首时代大大缩小，帝国步兵不积极于肉搏，也很少冲锋，而是等待敌人冲锋，自身更喜欢摆出密集阵形形成稳定的压力。

值得一提的是，在当时，2.5 米的长矛已经代替了之前的罗马短剑成为主要肉搏武

① 对此，《战争事典 020：迁徙与征服——古典时代日耳曼人与阿拉伯人的扩张与征服》中有详细介绍，这里不加详叙。

器。重装步兵们会组成盾墙，从椭圆形或圆形的大盾中间的"V"字形缺口刺出长矛。同时，步兵更依赖远程的优势，用携带量更多、射程更远的轻标枪与梭镖取代了原先的重标枪掩护。对罗马的东方战场来说，这种方式也较以往元首制时代，更适合对抗强大的萨珊重骑兵。

罗马的骑兵就如本书第六章所述处于变革期。旧式的罗马重骑兵依旧是主力，但骑兵部队装备较过去有所增强且多样化，新增了许多专业单位。比如具装的罗马冲击型重骑兵，以及装备比较完善的骑兵射手。不过在4世纪初，这一切才刚刚开始，完全未能制约萨珊的传统骑兵优势。

总之，在公元3世纪，萨珊波斯帝国与罗马帝国的战争可算是始势均力敌。但到了公元309年，被称为"大帝"的萨珊波斯皇帝沙普尔二世即位，他利用当时罗马帝国政局不稳，再度向罗马人发起攻击。他攻击的目标是长期处于边界要冲的尼西比斯城。

虽然罗马的反击组织得非常缓慢，但守卫尼西比斯的罗马守将在338年、346年、349年，连续三次挫败了沙普尔的猛攻。当时萨珊波斯军队使用了船只、火攻，甚至使用了战象，但始终折戟尼西比斯城下。之后，萨珊波斯军队于334年围攻新加拉城也遭到失败。而359年的阿米达围城战，萨珊波斯最终以30000人惨重伤亡的代价才攻克此城。

在这些围城战中，很显然由于地形原因，波斯军队强大的铁甲重装骑兵毫无用武之地，而步兵的虚弱显露无遗。特别在第一次尼西比斯围攻战中，沙普尔二世已经成功地使用了水

上图：沙普尔二世

攻，但波斯步兵竟然畏惧自己造成的洪水，不敢攻击，坐等罗马守军修复城墙。之后，萨珊波斯反而因为洪水泛滥而造成瘟疫，导致己方大量非战斗减员。

前文曾提到的罗马副帝尤里安，于公元361年，在高卢军团的拥护下称帝。而罗马皇帝君士坦提乌斯在病危中，无奈地宣布堂弟尤里安成为新的罗马皇帝。

尤里安在历史学家的笔下是一位贤能有德行的君主。并如前所述，他在公元357年的斯特拉斯堡战役中大胜对罗马帝国西部威胁最大的阿勒曼尼人，并深得当地人民心以及高卢地区军团们的支持。

公元363年4月，尤里安发动了9万罗马大军，还有100多艘舰船，浩浩荡荡地对萨珊波斯展开反攻，意图收复被萨珊帝国占领的美索不达米亚地区。一开始攻击非常顺利，连克数城，直捣波斯萨珊的首都泰西封城下，并以仅损失75人的代价歼灭了萨珊2500人，攻克了泰西封城的南郊区域。整个过程仅用了50多天。

萨珊波斯皇帝沙普尔二世通过公元330年对罗马的攻击，很清楚自己的步兵无论是人数或质量，都远远不及尤里安的罗马军团，正面对敌毫无益处。而且，尤里安的罗马军团虽然人多势众，但还不具备强攻泰西封的能力。此外，对手最大的弱点就在于庞大军队的补给。因此，当时最明智的做法就是避开与罗马军团的正面决战。

6月3日，罗马皇帝尤里安明白必须解决大军的补给问题。他力排众议，烧毁了自己的舰船，决定离开幼发拉底与底格里斯地区，向萨珊的腹地挺近。尤里安想以掠夺作为军事补

充，同时逼迫萨珊主力与自己决战。

260多年后，著名的拜占庭皇帝希拉克略成功地执行了这一战术，但不同的，希拉克略手中有当时波斯人都无法企及的精锐骑兵，且当时的波斯政府的统治相对分散。现在尤里安的主力是步兵，他面对的却是在萨珊国内声望极高的沙普尔二世大帝。

罗马军团进入萨珊波斯内地之后，萨珊波斯人采取了坚壁清野的焦土政策作为应对。罗马大军无法从这些残破的城市中得到补给。尤里安强行军加快行军速度，转向大城市苏萨城，期望能得到补给。但沙普尔二世又派出间谍，混入罗马军队中，将罗马大军引入错误的路线，从而误入了荒野。在这种情况下，罗马军队士气低落，尤里安只能下令撤退。

明智地避开罗马军团主力，不与其会战的沙普尔在尤里安撤退的时候找到了机会。他集结了自己的大量精锐部队，包括大量萨珊波斯帝国引以为豪的铁甲具装重骑兵，以及恐怖的战象。

公元363年6月26日，罗马军团与追击的萨珊波斯军队遭遇。

拂晓，萨珊波斯军队对罗马大军发动了全面攻击。前罗马军官的历史学家阿米安记载："波斯人大量出现，他们的骑兵指挥官、皇帝的两个王子，以及大量的贵族，都出现在战场上。……他们全都穿着全身铠甲，覆盖着坚固的钢片。盔甲的叶片合适每一处肢体的关节，像人的雕像一样的面甲准确地戴在他们的头上。任何箭矢都无法射穿他们，除了他们头盔小开口处露出的双眼与呼吸的鼻孔。"

"重骑兵身旁站着浩浩荡荡的、被装饰得鲜艳夺目的巨大战象。这些战象可以让罗

上图： *萨珊铁甲重骑兵*

马的骑兵在其巨大的身躯、咆哮与气味下产生恐惧。"

攻击以波斯步兵弓箭手惯有的覆盖天空的箭雨开始。在向罗马人倾泻大量箭雨作为掩护后，萨珊波斯恐怖的战象与重装骑兵就发动了冲锋。特别是战象的冲击直接造成了罗马人的恐慌。

但这严峻的时刻，尤里安有力地组织了他的罗马军团开始对抗。纪律严明的罗马军团并未被击溃，而是组成了两翼展开的月型阵形承受对方的攻击。虽然一开始罗马的弓箭手在攻击中处于无序的状态，但他们很快就被组织起来，并向前推进，按尤里安的信号发射箭矢来对抗敌军。罗马的重装步兵则排出了密集队形，努力击退了萨珊波斯军队的正面攻击。

于是，萨珊波斯人以战象与重骑兵发动的攻击，并没有像预想中那样，打垮因补给问题与疲劳造成士气低落的罗马军团。随后，手持矛与盾的萨珊波斯步兵投入了近战，但他们更不是罗马军团的对手。在遭到了重大

上图: 罗马军团被萨珊重骑兵及战象突袭

下图: 尤里安亲自指挥反击萨珊铁甲重骑兵的突袭。1. 萨珊禁卫骑兵; 2. 罗马皇帝尤里安; 3. 罗马指挥官; 4. 罗马军团; 5. 萨珊圣陨骑兵; 6. 拜火教神圣祭司

伤亡之后，萨珊波斯人退回阵列，转而继续用箭雨射击他们的对手。最终罗马军团退回了他们的营地，而萨珊军队反而遭到了重大的损失。

但对于罗马人来说，形势并未好转，补给依然是其军队必须解决的问题，罗马军团还是必须撤退。

沙普尔二世则转而从侧翼寻找机会，想用骑兵突袭罗马军团。三天之后，萨珊军队的战象与重骑兵再度在夜间发动突击，这次突击的方向是罗马营地中没有完全封闭的后方。萨珊重骑兵成功的冲锋造成了大量罗马士兵阵亡，他们甚至一直冲进了左翼的中心。尤里安顾不得穿上盔甲，就抓起盾牌与武器冲出去组织反击，罗马人则用密集的长矛阵与箭雨和萨珊对抗。

这时候，意外发生了，一支标枪击中尤里安的身体，贯穿肋骨射中了罗马皇帝的肝脏。尤里安被抬了下去，随后在军营中阵亡。不久之后，罗马军队的主要指挥官也在战斗中相继阵亡。萨珊波斯军队受到鼓舞继续加强攻击。

但由于尤里安过去在军中的声望以及德行，他的战死反而激励了罗马军团拼死战斗。依靠罗马军团惯有的组织性与纪律性，士兵们杀死了一些战象，并挡住了波斯铁甲重骑兵的冲击。萨珊波斯军队的攻击并未取得成功，反而又遭受了较大的伤亡。最后，波斯军队撤退了。

根据记载包括三天前的战斗，萨珊军队有五十名贵族与总督在攻击中阵亡，其中还包括两名主要将领。

就这样，虽然尤里安阵亡，但之后罗马军团在撤退中得到了诸如"赫拉克勒斯军团"等其他军团的接应，从而撤回了境内。并且在这些战斗中，波斯人的伤亡还是略高一些。就像沙普尔二世之前对罗马并不太成功的围城攻击一样，萨珊波斯帝国的"短板"——步兵，严重地限制了萨珊波斯帝国的扩张与胜利。

萨珊波斯的步兵面对罗马军团，即使对方疲惫、缺乏给养、正在撤退，而且还遭受过萨珊铁甲重骑兵甚至战象的冲击，仍不能取得决定性战果。

加之由于在这个时代，马镫还未从东方传来。无马镫重骑兵，即使如萨珊波斯般武装到牙齿的铁甲具装骑兵，在面对最纪律严明的职业化重步兵时，

▌下图： 晚期帝国首席步兵军团——赫拉克勒斯军团的装备

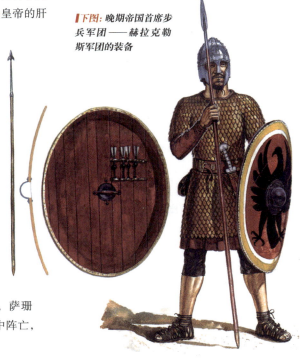

依然不能独立获得胜利。

之后，尤里安的继承者与萨珊波斯签订条约，双方重建了和平。

到了5世纪，双方战端又起，但都规模不大，且战且谈。之后，罗马帝国正式分裂，无论是在西罗马还东罗马（拜占庭），都必须将精力转向西方，对付即将渡过莱茵河对罗马产生威胁的日耳曼人入侵。萨珊波斯帝国的东方也遭到游牧民族嚈哒的入侵，又忙于镇压国内的叛乱，所以无暇西侵。这也造就了一段两个大国之间的不常见的短期和平。

之后，西罗马帝国在西方蛮族的攻击下灭亡，只留下东罗马帝国独立支撑。

5世纪末至6世纪初，形势又发生了变化。随着日耳曼大迁徙时代的结束。拜占庭帝国也逐步解决了境内长期的哥特人问题与伊苏里亚人①问题。

虽然5世纪末的拜占庭皇帝利奥一世似乎不擅长战争，他曾向占据北非的汪达尔人②发动了大规模的舰队攻击，却被打得大败。但是在他的时代，却建立起了新兴的拜占庭军队的基础。

公元527年，著名的查士丁尼一世即位，拜占庭帝国解决了内部最主要的问题，并且实力有所恢复。于是雄心勃勃的查士丁尼不再用被动的方式解决边境问题，希望恢复昔日罗马帝国的领土与荣耀。

查士丁尼时代的拜占庭军队仍以晚期罗马帝国军队的风格为基础：皇帝直接统领帝国直卫军、斯科拉瑞御林军，加上野战军与边防军一起组成了陆军的主要力量。在步兵方面，本土步兵的蛮族比例非常高，这些士兵由于长期

上图: 完成转型的东罗马重骑兵与弓骑兵部队

征战，作战技术非常熟练，但在面对战利品的诱惑时，纪律性较差，往往高威望的将领也无法控制。这点与罗马帝国时代，纪律严明的公民军团无法相提并论。

这个时代，包括查士丁尼一世在内的大部分皇帝，总是派遣他们的将领率领军队出征，所以皇帝本人没有或很少拥有直接带兵的军事经验。因此在那个时代，君士坦丁一世曾经建立的斯科拉瑞御林骑兵部队，越来越缺乏实际战斗经验。曾经在罗马分裂时期，逐步转型成功的东帝国斯科拉瑞部队，提供了越来越多的铁甲具装骑兵作战力量，在那个时候却因为长期执行文职工作，逐步沦为一支礼仪化的军队。并且因为没有对外征战的风险，部队挤满了首都那些娇生惯养、出身名门的贵族青年。

查士丁尼一世曾要求他们出征（更像是吓唬），竟然在该部队造成了恐慌。结果他们为此向皇帝支付了大量金钱以免于出征。不过，很可能皇帝召集他们的本来目的，就是为了从他们的财富中征集作战资金。

不过，斯科拉瑞在8—11世纪时期又是另一种情况了，因为到了8世纪之后，他们

① 当时居住在小亚细亚的蛮族。
② 日耳曼大迁徙民族中的一支，渡海占据了原先罗马人统治的北非。

由皇帝君士坦丁五世进行改组，成为直接被皇帝领导的专业重装骑兵——多数为人马俱甲的具装重骑兵。之后其不断加强，成为整个帝国卫队的核心作战力量，是对外征战非常重要的部分。到 10 世纪中期，斯科拉瑞为了征战需要扩大为东西两支，这些后文还会详叙。

总之，在公元 6 世纪，斯科拉瑞部队没有真正的军事用途。不过，此时拜占庭帝国在正规骑兵方面战斗力却有很大的提高。晚期罗马骑兵的转型已经基本结束，新式的铁甲具装骑兵、半具装骑兵，以及中型或重装的骑兵弓箭手，代替了原先那些手持短矛与大型圆盾的旧式罗马重骑兵。

其中重装弓骑兵身披锁甲，戴铁质头盔，

上图： *8 世纪之后的拜占庭斯科拉瑞重骑兵*

上图： *贝利撒留麾下的重型枪骑兵*

有的还有面甲，其中一些马匹披挂半身马甲。他们既有远距离攻击能力，又有较强的肉搏能力。根据普罗科比的记载："他们精于骑术，能在全速驰骋时毫无困难地左右开弓射击，无论在追击敌人或撤退时都能向敌人射击。"除此以外，马萨格泰人、阿拉伯佣兵的大量加入，也弥补了罗马人缺乏优秀轻骑兵的不足。

此外，由于长期征战，拜占庭著名将领在皇帝允许下，开始组建自己的私兵部队。这些私兵被称为"布契拉提"（bucellari），有家臣的性质，往往跟随将领身经百战，且忠心耿耿。将领也愿意以自己的财产来最好地武装他们。

例如查士丁尼时代最著名的将领贝利撒留，他的私兵就是由优秀的重装枪骑兵组成，早期就已经达到1500人的可观程度。在贝利撒留统兵后期，甚至一度达到过7000人。根据一些记载，这些枪骑兵连人带马身披铠甲，使用长矛，也擅长复合弓，是"双重重骑兵"，往往在战场上的关键时刻发挥决定性作用。他们既可以像游牧骑兵一样在小规模战斗中使用弓箭，也可以用骑矛与剑发动标准的重骑兵冲锋。他们携带长骑矛，肩部有无柄的小盾用来保护面部与颈部。

此外，一部分外族佣兵，在跟随自己熟悉的拜占庭将领作战时，也会逐渐形成"半私兵"性质。这多半出于对对方能力的信任，例如常在贝利撒留身边作战的马萨格泰将领阿伊干等，基本只跟随前者作战。

公元526年，萨珊波斯帝国以宗教问题为借口，实则是因为与拜占庭帝国在亚美尼亚领土问题上发生了争执，对后者发动了战争。

在公元528年的战事中，萨珊波斯人大获全胜，摧毁了拜占庭边境上的要塞。挟之前胜利的余威，萨珊军队共4万人在统帅波尔泽斯的指挥下，直奔拜占庭的尼西比斯地区重镇达拉城而来。达拉城是军事性质的要塞，防守者正是贝利撒留。当时他手中有2.5万人，显然寡不敌众。因此波斯将领非常高傲，波尔泽斯甚至写信给贝利撒留，要他在达拉城中烧好洗澡水恭候大驾。

贝利撒留则决定迎战波斯人。他考虑到自己手中这批步兵素质不佳，而骑兵的实力是可以保证的，因此挖了一道有创意的"几"字形沟渠。这样在波斯军队发动进攻的时候，必须要先接触罗马军阵的两翼。之后，贝利撒留将步兵放置在靠后的中央阵线壕沟后。这道沟渠即可以保护他那数量相对波斯军队要少得多的步兵，还可以让步兵得到离这里很近的城墙上的火力支援。不仅如此，当萨珊波斯人攻击两翼时，壕沟后的步兵还可以为罗马人的两翼提供远程火力给予协助。

拜占庭重骑兵则布置在两翼壕沟的延伸处。而每一翼后方，也就是"几"字形的两直角处，分别有一支马萨格泰游牧骑兵作为支援。贝利撒留还布置了一支赫鲁利骑兵[①]埋伏在左翼高地。在贝利撒留所处的中心位置后面，他战斗力最强的私兵重骑兵——布契拉提就布置在那里作为总预备队。

第一天的战斗没有大打，只是由萨珊波斯方面的勇士前来挑战，要进行一对一的单挑。结果拜占庭军阵中的角斗士学院教练安德里亚斯前去迎战，杀死了萨珊方面的勇士。接着他又杀死了萨珊波斯的第二名前来挑战的勇士。

---

① 一支当时在黑海以北的大迁徙民族，有一部分加入拜占庭军队，一般穿着皮甲携带圆盾作为轻骑兵，但这不包括加入拜占庭将领私兵的赫鲁利骑兵，他们的装备可能要好得多，并能提供重骑兵服役。

下图：拜占庭双重重骑兵

置在左翼作为预备队的马萨格泰游牧骑兵立即迅速迂回。马萨革泰骑兵从侧翼冲击波斯人，而300名赫鲁利骑兵从高地上冲下来，迂回到波斯军左翼后方发起冲击。波斯军左翼在三面打击下，被杀死3000人之后被迫撤退。

在左翼处于相持阶段，波尔泽斯决定偷偷调动自己的王牌，波斯重骑兵的精锐不朽者骑兵卫队。这些连人带马身披厚重铠甲的具装骑兵在波尔泽斯的亲率下，向拜占庭军队的右翼发动冲击。防守右翼壕沟的拜占庭重骑兵被击退，接着参加防御的步兵也被击退。不朽者一直追赶拜占庭骑兵，冲到了拜占庭整个军阵的后方，甚至到达了拉城城下。如果贝利撒留手中没有足够强大的预备队的话，那么波斯铁甲重骑兵就将从背后给拜占庭军阵线以致命一击。

但这个时候，波斯铁甲重骑兵也和自己的本队分开了。壕沟内的拜占庭步兵仗着右侧纵向的壕沟保护，发射箭矢与标枪干扰波斯重骑兵的追击。不朽者也确实受到了干扰，发生了一定的混乱。而贝利撒留早就估计到波斯人会转向右翼发动主攻，于是他在左翼占据上风之后，就连忙让左翼马萨革泰人骑兵不参与追击，高速转向右翼支援。

于是在这关键的时刻，左翼赶来的马萨革泰人冲到了波斯重骑兵的侧面。同时，贝利撒留也决定动用自己的底牌，出动中央阵线之后最忠诚与精锐的私兵重枪骑兵。私兵重骑兵与马萨革泰骑兵立即从左侧，对波斯

萨珊波斯军队见没有占到便宜，便于晚上撤退了。

第二天，贝利撒留向萨珊波斯统帅写了一封表达和平愿望的信，但这个时候萨珊波斯人得到了10000名援军，已经两倍数量于拜占庭军。因此波尔泽斯自然对贝利撒留的请求完全无视，并发动了大规模的攻击。

战斗首先是双方的弓箭手互射。在箭雨对射中，双方都遭到了一定的伤亡。波斯人的箭雨更快，但是拜占庭军队的弓箭射程更远，穿甲杀伤力更大，而且风向对后者有利，因此波斯人伤亡要更大些。

波斯统帅看对射不利，又注意拜占庭军队的重骑兵布置在两翼，而内部的几字形壕沟像是一个陷阱，就派出骑兵与步兵的混合编队，先穿越壕沟，依仗人多势众对拜占庭左翼的重骑兵发起攻击。波斯军中有大量的卡迪斯尼①佣兵，他们依靠人数众多，击退了左翼的拜占庭重骑兵。

在萨珊波斯人与左翼的拜占庭重骑兵交战的同时，拜占庭军中的赫鲁利轻骑兵与布

① 来自当时伊朗东部的一个部族。

上图: 波斯萨珊不朽者重型骑兵

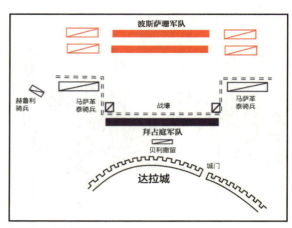

上图: 达拉会战阵势图

不朽者重骑兵发动了猛烈的突击。在突击中，他们将波斯重骑兵的队形截成两段。之前被波斯不朽者击退的右翼拜占庭重骑兵也并没有溃退，而是保持着良好的纪律性。这个时候，他们转身返回，与马萨革泰人、私兵重骑兵一起包围并攻击波斯重骑兵。

激烈的骑兵对决时，马萨格泰人将领苏尼卡斯先砍倒了波斯军的掌旗手，又杀死了波斯人的主将波尔泽斯，这造成了波斯军的溃败。取得右翼胜利的拜占庭重骑兵转而趁势攻击了萨珊主战线的侧翼，造成了波斯步兵的败退。波斯军在这个方向有5000人倒在战场上。

拜占庭骑兵随即转入追击。但贝利撒留知道对方主力尚在，因此在做了几英里追击后，命令骑兵返回，以免反过来落入萨珊军的埋伏。至于拜占庭军的损失，现代历史学家估计大约在1000人左右。

这场以寡敌众的贝利撒留成名之战，也成为罗马人重甲骑兵崛起的标志。之前自公元3世纪开始，罗马重甲骑兵虽然已有很长的历史，却鲜有在大规模会战中表现卓越的战绩。当然，这场胜利最主要的原因是贝利撒留布阵得当，并比骄傲的波斯统帅波尔泽斯更加敏锐地抓住了重要的战机，再加上贝利撒留麾下的高素质私兵重枪骑兵以及马萨革泰骑兵的优秀表现。

但不可否认的是，此战的胜利与罗马重骑兵的纪律与素质较公元4世纪有了大幅度提高，也是不无关系的。虽然装备系统没有太大变化，但当时的拜占庭重骑兵已经可以与强悍的波斯萨珊铁甲重骑兵匹敌。就如同一些战史专家所述："波斯萨珊的铁甲重骑兵在装甲上较罗马人更厚，但罗马重骑兵有更好的纪律与组织。"

当时两翼的拜占庭重骑兵被击退后，并没有溃退或跑散，依然保持着良好的阵形。一旦贝利撒留的私兵骑兵与马萨革泰骑兵发动攻击，他们也立刻转身发起反击。这就是纪律性，罗马骑兵最重要的灵魂！在今后的岁月里，纪律性将成为罗马 – 拜占庭重骑兵的标志，并在与波斯萨珊帝国之后的无数次对决中，再次不断完善自己的战斗力。

但如果就此认为，当时拜占庭铁甲重骑兵已经超越波斯萨珊重骑兵，也是不成立的。因为在骑兵装备与传统的个人战术素养上，作为罗马重骑兵的"老师"，萨珊重骑兵还是更胜一筹。毕竟，在此战的正面对决中，两翼的拜占庭重骑兵终究是被击退了[①]。因此，绝不要忽视波斯萨珊骑兵传统的优势。

仅过了一年，在公元531年，双雄对决就是另一幅场景了。而且这场会战也是贝利撒留所指挥。

萨珊皇帝这次挑选了15000名精锐骑兵，同行的还有5000名阿拉伯佣骑兵。在萨珊勇士阿扎莱塞斯的带领下从北方渡过幼发拉底河，入侵拜占庭领土。波斯萨珊人避开拜占庭人的要塞，直驱拜占庭东方最重要的城市安条克城。

这个在罗马人意料之外的计划确实引起了一定的恐慌。贝利撒留则在各城建立守备队，防止被波斯人渗透，自己率领步骑兵2万人前去拦截。他的军队除了13000名罗马人外，还包括2000名伊苏里亚步兵，5000名迦萨尼德骑兵[②]。

阿扎莱赛斯得知贝利撒留率领大军到来，便沿幼发拉底河右岸撤军。拜占庭军队紧随其后，萨珊波斯人于是在附近的卡利奈孔扎营。

贝利撒留认为不宜交战，只想赶走波斯人。他考虑到自己步兵较多，而且处于复活节禁食，不愿意冒无畏的风险。但部下却大部分躁动不安，表现出极大的战斗热情，并对不想决战的贝利撒留表示了嘲讽。贝利撒留未能说服部下，加上担心如果不答应出战，

可能会造成哗变，因此还是布置了战斗。

公元531年4月19日，两军对阵。贝利撒留将拜占庭重步兵沿河岸布置在了左翼；他本人与骑兵则布置在中央，其中包括拜占庭铁甲具装骑兵，由在达拉战役中表现出色的阿斯坎统领；连接中央阵线和右翼的是2000名伊苏里亚步兵；在处于优势地形的右翼，他将5000名阿拉伯加萨尼德骑兵布置在这里。

萨珊波斯将领阿扎莱塞斯则布置了传统的部署，将他的军队分成三个等分，总体上波斯人处于右翼，而阿拉伯人处于左翼。在中央的后面，他还布置了一支最精锐的部队作为预备队。

战斗是由双方的弓箭手与轻步兵拉开的。双方都射出了大量的箭矢，造成大量的士兵阵亡。这次波斯的弓箭手占据了有利的风向，且波斯步兵的弓手比例很高，再加上更高的射速，因此射出了更多的箭。但是由于萨珊波斯箭矢穿甲威力有限，常常不能射穿拜占庭士兵的胸甲，而拜占庭弓箭手的箭

上图： 从左至右依次为：伊朗地区萨珊具装骑兵、莱赫米（也是阿拉伯的一支）精锐骑兵、阿拉伯辅助军

① 也要考虑萨珊骑兵人数带来的优势。
② 这是罗马人在中亚的一个附庸国，可以算作是支持拜占庭的阿拉伯士兵。

矢威力更大，因此当白天的三分之二时间过后，两面仍不分胜负。这个时候，阿扎莱塞斯利用这个时间，偷偷地将中央后阵的精锐部队——比不朽者还精锐的重装骑兵、萨珊禁卫军中最出色的一支、以献身精神闻名的圣陨骑兵——转移到左翼，并且一直等待因复活节没有进食的拜占庭士兵特别疲惫的时刻。贝利撒留这次没有注意到这个环节，也没有做出应对措施。

接着，波斯军队最精英的铁甲重骑兵从阵中冲出，目标是拜占庭右翼小山上的迦萨尼德骑兵。这些纪律性很差的阿拉伯人也许是静待时间过长，队伍已经完全分散了。他们在遭到波斯重骑兵的第一次冲锋后就立刻逃离了战场，甚至有了叛变的嫌疑。这样，伊苏利亚步兵与罗马中央阵线中的拜占庭铁甲骑兵就处于危险的境地。

圣陨骑兵在夺得罗马人右翼的制高点后，

上图： *萨珊铁甲重骑兵*

立即迂回，以他们势不可挡的冲锋，攻击拜占庭军队的中央阵线。波斯军中的阿拉伯骑兵也跟随圣陨骑兵一起占据了高地并且向下猛冲。

尽管贝利撒留麾下勇将阿斯坎英勇抵抗，杀死了不少波斯人，但还是阵亡在战场上。他麾下的拜占庭铁甲重骑兵也被波斯铁甲重骑兵冲垮。至于那批伊苏利亚步兵，原本就较缺乏战斗经验，现在直接在战斗中崩溃并遭到重大伤亡。这样，波斯精英骑兵的连续冲击让整个拜占庭军右翼与中央阵线完全崩溃，大量的人员在四散奔逃。

贝利撒留努力撤退并重建他的阵线。他做出一个正确的选择，让军队撤向左翼，并依靠左翼的重步兵，背靠岸边组成了防御阵线。左翼的拜占庭重步兵虽然也在刚才的震惊中跑散了一部分，但还能够勉强进行抵抗。由于拜占庭重步兵背靠河流，于是波斯骑兵就不能迂回包围。拜占庭重步兵紧紧靠在一起，用盾牌组成了龟甲阵。

波斯骑兵轮番冲击这个方阵，但罗马人坚持抵抗。面对长矛与盾墙的防御，波斯骑兵由于无法迂回只能正面攻击，也遭到了较大的伤亡。这也又一次证明了无马镫时代重骑兵面对结阵重步兵正面的无奈。于是，利用这条河流，拜占庭军队撤出了他们大部分的军队。

最终，波斯人在掠夺战场上的战利品后，收兵回营然后归国，而贝利撒留与他剩下的军队也撤离了战场。

这一仗之后，双方的统帅都受到了各自皇帝的责罚，贝利撒留被撤掉了东线统帅的职务。当然贝利撒留很快会在另一个战场证明自己。而阿扎莱塞斯虽然获胜，却因伤亡过大而遭到了波斯皇帝科斯劳一世的责罚。

此役之后，拜占庭皇帝查士丁尼一世就与萨珊波斯皇帝科斯劳一世签订了和平条约。不

上图：卡利奈孔之战的尾声，拜占庭重步兵背水结成盾阵抵御波斯萨珊铁甲重骑兵攻击

过拜占庭与萨珊波斯的双雄对决还会随着时局变化卷土重来。

　　当然，雄心勃勃的查士丁尼一世，更希望在东线战场上抵挡并稳住波斯萨珊，而向西恢复罗马帝国昔日的光辉。当时，日耳曼人大迁徙已经结束。而在欧洲与北非林立的各日耳曼王国也因迁徙结束后的安定生活，

而削弱了一定的进取心与战斗勇气。这让拜占庭皇帝嗅到了可乘之机。既然拜占庭铁甲骑兵在与强悍的铁甲骑兵萨珊重骑兵的对决中，证明了自己已经几近与"老师"不相上下。那么，他们就要转移到其他战场，与西欧骑兵再度进行对决，以证明拜占庭时代罗马重骑兵的真正崛起。

第九章

重建罗马的荣耀

查士丁尼时代拜占庭重骑兵与他们西方的对手

所有罗马人和他们的同盟者，以及匈奴人都是优秀的骑弓手，但哥特人却
没有这种作战方法的经验。他们的骑兵只惯于使用长枪和短剑。

——拜占庭帝国名将 贝利撒留

大迁徙时代，罗马人与各日耳曼人部族在漫长战线上的冲突，在本书第六章已经有所描述。最后，东罗马－拜占庭帝国存活了下来，而西罗马帝国则在公元476年灭亡。

在西罗马帝国的废墟上，各大迁徙民族建立了一个又一个王国。建立这些王国的民族经过一个多世纪的定居，其侵略性已经大为减少。有的王国中的贵族也在富足的生活中走向腐败。拜占庭帝国则解决了内部最主要的问题，军队也得到了重整与恢复，战力经过与萨珊波斯帝国的"伊比利亚"战争①也得到充分的锻炼。加之与东方大敌波斯萨珊帝国和平条约的签订，雄心勃勃的查士丁尼皇帝将目光投向了西方。

占据北非的汪达尔王国，首先出现了让查士丁尼可喜的政局不稳。皇帝想收复这片自公元前122年就属于罗马人的领土。为此名将贝利撒留再次登场。

公元533年，皇帝交给贝利撒留10000名步兵、5000名骑兵、500艘战舰、30000名水手，及一大批杰出的将领，组成了一支规模不算大却精锐的远征军。这时汪达尔国王盖里摩尔正好派遣弟弟察宗率领5000人的陆军与120艘战舰，镇压撒丁岛上的叛乱，国内兵力相对空虚。

贝利撒留的舰队先行驶至西西里岛，然后在汪达尔人没有察觉的情况下，于北非突尼斯东海岸登陆，从而避免了与汪达尔享有盛名的海军进行海战。毕竟，在5世纪后期，利奥一世那耗费巨资的舰队与汪达尔人海战的失利，令罗马人仍记忆犹新。因为同样的原因，虽然登陆的地点离目标迦太基城还有

上图：查士丁尼一世与他背后的铁甲重骑兵

上图：入侵北非的早期汪达尔军队

一定距离，但贝利撒留还是否决了部下让舰队直接前进攻击迦太基城的计划。他让军队全部上岸后立即扎营，而舰队则在营地的视线内。

贝利撒留的军队中，10000名步兵部分来自野战军，部分来自外籍军团。5000名骑兵中，有1500～2500名是他那战技卓越的私兵重骑兵，此外，还有600名马萨革泰游牧骑兵与400名赫鲁利轻骑兵。

① 这里的伊比利亚还是指格鲁吉亚亚美尼亚等地区的小伊比利亚。

上图： 曾经纵兵劫掠罗马城的汪达尔军队

他的对手汪达尔人可以作战的人数是30000～40000人，且其中骑兵的数量非常庞大。但汪达尔人的骑兵，仍是4—5世纪大迁徙时代的日耳曼人状态。这些骑兵大都轻装，且仅擅长短兵相接，几乎完全忽视弓箭与标枪的作用。这与贝利撒留专业的弓骑兵与重骑兵形成了鲜明对比。

贝利撒留在整顿好军队之后，就打算趁着对方来不及反应，向迦太基城进军。舰队则在水手的驾驶下，紧跟着他陆上沿海岸线前进的军队。他将自己私兵重骑兵中的300人交给一位出色而勇猛的亚美尼亚人——他的家臣约翰来指挥，作为先锋。这300名先锋骑兵在主力军之前约4.5公里处开道，600名马萨革泰游牧骑兵掩护先锋的侧翼。贝利撒留率领剩下的私兵跟在后面，防范盖里摩尔的袭击，因为有情报说他的军队离这里不远。

贝利撒留的军队一路上军纪很好，因此当地居民并不躲避，还给军队提供补给和服务。这期间，贝利撒留的军队如果遇到城市就进去过夜。显然，汪达尔人在这里的统治是相当松散的，在这个区域没有任何驻军或者要塞。

同时，盖里摩尔听说敌军已经登陆，离这里并不远。于是他亲率汪达尔军队主力隐蔽在罗马军队的北方，并让迦太基城那边也集结兵力做好准备。等罗马人进入"阿德戴西姆"隘路，他就要集结军队加以歼灭。而贝利撒留的军队则一路继续前进。

9月13日，拜占庭军队接近了阿德戴西姆，似乎即将进入盖里摩尔计划的包围圈。

盖里摩尔计划，从三个方向包围并伏击罗马人。他让他的弟弟阿曼塔斯带2000骑兵从迦太基城出发，攻击敌人的前卫；他的侄子吉巴穆德带2000人从西面发起攻击；他自己的主力军则从拜占庭军队背后发起突击，以彻底包围并歼灭"兵力微小"的罗马人。

这个计划在纸面上是很不错的，但在当时那种没有钟表，且勘察地理与行军能力都与现代不能相比的条件下，这种分进合击的计划，真正执行起来却非常困难。

结果阿曼塔斯的2000骑兵过早地赶到了战场，并在其他两路军队没有赶到的时候发起了攻击。他亲率的汪达尔骑兵队伍战斗队列非常混乱，结果碰上了约翰的300先锋私兵重骑兵。对冲中，汪达尔骑兵被迅速击垮，阿曼塔斯在战斗中阵亡。汪达尔骑兵看拜占庭重骑兵来势凶猛，以为碰上了大批罗马人就没命地逃跑。约翰带领私兵们一路追杀13公里，杀死了许多汪达尔士兵，一直冲到迦太基城附近。

这里顺便提一下铁甲具装骑兵转化的灵活性。不同于现代战争中不可以相互转化的重型坦克与轻型坦克，铁甲具装骑兵与快速重骑兵则可以相互转化。要知道，他们"有能力以具装的形态来作战"，而非"必须以具装的形态作战"。毕竟，他们的马铠是可以脱卸的。只要不是仓促迎战的情况下，马衣与马铠的脱卸与安装并不复杂，这一般是留给后方的步兵辎重队伍管理。有时候具装骑兵则是直接更换备用马匹。波斯萨珊具装骑兵与帕提亚具装骑兵也如此，他们并非在每一场战斗中都以具装形态作战。重型骑兵甚至还有下马作战的大量记录，以后我们也会多次提到。

一般历史学家认为，贝利撒留的私兵重骑兵是拥有马铠的具装重骑兵，但并非一定要以具装形态作战。他们在北非炎热的气候下，也很可能以半具装甚至无马铠的状态作战，因此追击 13 公里并不奇怪。

至于盖里摩尔的侄子吉巴穆德，他的 2000 人在迦太基城南面，遭到了贝利撒留的马萨革泰游牧骑兵突袭，也全部被歼灭。

这两支军队的全军覆没，盖里摩尔并不知晓，他的主力军在向拜占庭军队前进时，还在山地中迷失了方向。

贝利撒留的主力军在到达阿德戴西姆附近后，设立了一处营地，将步兵留在营地中，然后派遣骑兵出击。在出击队列中，他让外籍辅助骑兵在前方，而将自己的精锐私兵骑兵放在后方。这个时候，盖里摩尔的主力军也到了，并仗着人多示众发动了猛烈的攻击。贝利撒留的外籍辅助骑兵被击退，逃向贝利撒留的本阵。

但盖里摩尔这个时候看到了弟弟的尸体。他万分悲痛地给他举行了葬礼，却浪费了宝贵的时间。他既未抓住机会趁势攻击贝利撒留的本阵，也未向北攻击约翰的 300 人小部队，更未夺取那些罗马人靠近海岸的船只。同时，贝利撒留却赶紧重整了败退回来的士兵，并集结了军队。

集结完毕的拜占庭骑兵向盖里摩尔发动猛烈的冲击。私兵重骑兵再一次击垮了盖里摩尔混乱的军队。汪达尔人四散奔逃，而且

下图: 在北非作战的拜占庭重骑兵

没有逃向迦太基城，而是跑向了努米底亚方向，这样，不设防的迦太基城就向贝利撒留打开了大门。

贝利撒留进入迦太基城后，加固了城防。这时他得到消息，盖里摩尔的另一个弟弟察宗已经从撒丁岛赶回，并与盖里摩尔会合了兵力。汪达尔人兵力现在又非常强大了。并且，盖里摩尔趁势企图说服贝利撒留的马萨革泰人骑兵，去背叛他们的东罗马雇主。

之后，汪达尔国王为了夺回迦太基城，开始向东方进军，并在一个叫特里卡梅伦的地方扎营。贝利撒留也率军向这里赶来，同时先锋约翰的骑兵也到了，贝利撒留让骑兵行军在前面，步兵努力跟上。那些摇摆不定的马萨革泰佣兵则向贝利撒留表示，他们经过考虑，将帮助胜利的一方。

当盖里摩尔的军队遭遇罗马人的时候，后者的骑兵在河岸附近做饭。但可能汪达尔人的队形也很散乱，因此他们并未发动突袭而是先结阵。罗马骑兵见状也赶紧上马，做好准备。贝利撒留亲自调动的后备500骑兵也来到了特里卡梅伦。

当时那里集中了贝利撒留麾下大概所有的罗马骑兵。贝利撒留让之前发挥出色的勇将亚美尼亚人约翰，带着主帅军旗，统领着精锐的私兵重骑兵，布置在中央。马萨革泰人因为摇摆不定，于是在罗马军阵的另一个方向上列阵。汪达尔人位于军阵中央的是盖里摩尔的弟弟察宗，盖里摩尔本人则在军阵中四处巡视。

勇将约翰带领一部分挑选出来的拜占庭私兵重骑兵，向汪达尔人的中央阵线发动一次突击，但这次突击被汪达尔人击退。接着，他又带领更多的私兵骑兵突击，结果又一次被打退。第三次，他手持主帅军旗大声呐喊，带领着贝

利撒留几乎全部的私兵重骑兵突击。这次突击杀死大量的汪达尔将领，连主帅察宗也被阵斩。贝利撒留见状立即命令拜占庭骑兵发动全面攻击，而每一处攻击都占了上风。

见风使舵的马萨革泰人见状立即确定了自己的阵营，旋风一般席卷向汪达尔的军阵。汪达尔人败退回军营。拜占庭骑兵追击了一阵子后就等待自己的步兵。不久，罗马人的大队步兵也赶到了。贝利撒留决定不给敌人以喘息之

130

机，让步兵猛攻汪达尔人营地。连续的打击和失败，包括两个弟弟的死亡，让盖里摩尔心灰意冷。他直接逃离了战场，这导致了整个汪达尔军队的崩溃。攻上来的拜占庭军队夺取了营地，并大肆掠夺金钱。汪达尔营地中集中了过去他们掠夺的大量财富，这让罗马人完全混乱了，并完全丧失了纪律性，连主帅贝利撒留都无法阻止。他非常担心，生怕败退的盖里摩尔重新组织军队反击，这样拜占庭军队就全完了。但所幸汪达尔人已经完全丧失了斗志，无法做出有效的反击。

盖里摩尔继续没命地逃亡，一直逃到西边努米底亚地区的帕步亚山中。他王国的大部分领土丧失了。

公元 534 年 3 月，盖里摩尔被包围，在伤病中向贝利撒留的将领投降。

贝利撒留，这位拜占庭统帅完成了他军事生涯中最传奇的一幕。他仅用 15000 人，在短短几个月时间内，就收复了整个北非，并灭掉了汪达尔王国，取得了令查士丁尼皇帝都不敢想象的，迅捷而完美的胜利。贝利撒留之后带着俘虏的汪达尔国王盖里摩尔返回君士坦丁堡，受到了君士坦丁堡市民倾城而出的欢迎。

征服北非是新式拜占庭重骑兵的一次成功的展示。无论是开始的阿德戴西姆之战，或是最后的特里卡梅伦之战，拜占庭步兵几乎都没有参加。当然，北非海岸地形少有天险，也非常适合骑兵长驱直入。并且，汪达尔人很可能因为疏忽，在这里没有驻军与要塞，才让拜占庭骑兵一路杀到迦太基城附近。

在战斗中，汪达尔骑兵还保持着 4—5

下图： 从左至右依次为贝利撒留的家臣、边防军战士、拜占庭双重重骑兵

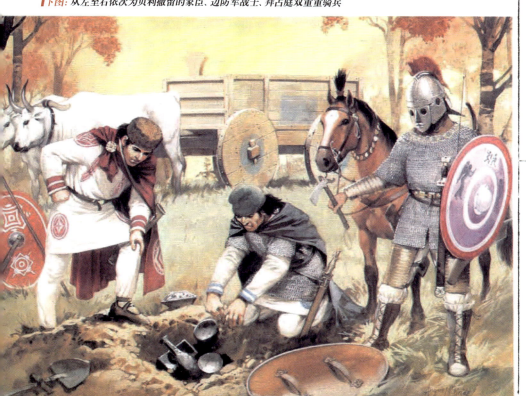

上图：尼卡大暴乱中查士丁尼一世与著名的秋奥多拉皇后

世纪他们大迁徙时代的装备，使用轻甲与剑。他们的训练水平也没有提高，在多次战斗中表现着一种"不戒备"的状态，根本无法匹敌贝利撒留手中精锐的私兵重骑兵。这些与最好的铁甲重骑兵——波斯萨珊骑兵匹敌的战争机器，在面对汪达尔的轻骑兵时，表现了一场货真价实的屠杀。即使是汪达尔人数量占绝对优势时，拜占庭重骑兵往往也能获胜。这也使得贝利撒留的攻击越来越大但，经常不等待己方步兵到达，就命令骑兵发动攻击。

贝利撒留在北非的成功促使查士丁尼皇帝进行了更大胆的军事冒险，以实现他的梦想——统治"两个罗马"①。

公元 535 年 9 月，贝利撒留率领 7500 人开始攻击西西里岛，并将其攻克，开启了收复罗马城的"哥特战争"的序幕。

过了一年，贝利撒留以西西里为跳板，攻击并奇袭夺取意大利本土的那不勒斯城。随后 12 月，他在城内罗马人的支持下占领了罗马城。不久，哥特国王维提斯的大股军队杀到，攻击由贝利撒留这支小股军队驻守的罗马城。虽然贝利撒留军队的人数较哥特人少得多，但他依然主动出击，与敌人展开了一系列小型的战斗，来消耗敌人的有生力量。

在与哥特人的战斗中，贝利撒留的新式罗马重骑兵面对的哥特骑兵比汪达尔骑兵更强大。他们往往是重骑兵，身披札甲或锁甲，既擅长使用骑矛，也擅长使用剑。根据拜占庭历史学家普罗科比的记载："他们大部分人以及战马都是披着盔甲的。"因为他是亲历这场战争的人，因此他的记录应该还是非常可信的。

但从战斗过程看，人马俱甲的哥特重骑

① 指的是罗马城和君士坦丁堡。

兵却很容易被弓箭伤害。这一点普罗科比也提到了："他们的骑兵，除非是进行肉搏战，否则没有办法保护自己不被敌人的弓箭手所伤害。他们很容易被弓箭射中而丧命。"显然，他们的坐骑披甲更可能是较为简单的半具装，只能抵挡有限的伤害。此外，哥特骑兵很少使用弓箭这样的远程武器。

因此贝利撒留这支小规模的骑兵依然可以经常击败哥特人。在维提却斯的大股哥特军队向罗马城开进之际，贝利撒留在附近建设了堡垒。在得知哥特人夺取桥梁之后，他从此处亲率1000名骑兵迎击，其中有他那些精锐的私兵骑兵。

在战斗中，战技高超的贝利撒留表现得非常勇猛，不断地把他遇到的向他攻击的敌人杀死。虽然哥特骑兵也拼命攻击企图杀死拜占庭统帅，但拜占庭统帅身边的私兵重骑兵表现得既勇猛又忠诚。他们使用盾牌来保护他们的统帅和坐骑。而且不断地击退哥特人的进攻。

这场仗拜占庭骑兵杀死了近1000名哥特士兵。不过在大股哥特步兵到来，以及另一支哥特骑兵前来支援后，拜占庭骑兵因寡不敌众，只能且战且退撤回罗马城。这时候罗马城的守军竟然由于害怕而不敢打开城门。同时，追兵眼见就要到了。在这危机关头，贝利撒留想到了一个大胆的办法。他利用昏暗的天色，激励自己的士兵突然向哥特人发起了冲锋。哥特人以为一支新锐的拜占庭军队赶到，以至于惊慌地撤了回去。贝利撒留也不追赶，安全地率骑兵们撤回罗马城。

之后贝利撒留坚守罗马城，给攻城的哥

■ 上图：贝利撒留率领他的重骑兵在战斗中

特人造成了重大伤亡。不久他得知拜占庭援军就要到了，大约有1600名骑兵，其中包括马萨革泰人、斯洛文尼亚人与安特人①。

于是贝利撒留决定以小规模战斗主动出击，继续消耗哥特人。贝利撒留先分三次，每次派出200～300名私兵重骑兵进行袭扰。他们并不对哥特人进行突击，而是在一处高地上发挥这些骑兵双重重骑兵的效果，发射箭矢来杀伤敌人。哥特人一旦追击，他们就撤入城市工事附近，让工事里的步兵操作强弩来攻击哥特人。连续这样的袭扰造成了哥特人数千人的伤亡。

随后，哥特人也使用他们的小股骑兵前来袭扰，但他们并不是贝利撒留麾下那些私

① 黑海北部沿岸的斯拉夫民族，在大部分时期是拜占庭人的盟友。

上图：贝利撒留指挥铁甲重骑兵冲锋

兵骑兵的对手。当哥特人占据高地并靠近时，1000名双重重骑兵发动了突击。他们先是团团包围哥特骑兵，从他们的背后向他们射击，迫使他们离开高地，然后发动冲锋直接打垮了他们。当哥特骑兵第二天继续采用这个方式时，拜占庭骑兵出动了1500人，毫不费力地击败了敌人，并且将他们尽数歼灭。

不过罗马人随后由于连续胜利也产生了骄傲的情绪。他们向贝利撒留提出要和哥特人决战，而且要"恢复往日罗马步兵的荣誉"。贝利撒留起初并不同意，因为敌我兵力差距太大，而他手中本来步兵总人数就不多，且大部分都严重缺乏训练，精锐步兵数量非常有限，根本无法与往日的罗马军团相提并论。但因为无法忍受士兵们的嘲讽，他也就索性与哥特人决战①。

决战一开始是顺利的，哥特骑兵在拜占庭骑兵的弓箭射击中大批倒下。接着，突击的拜占庭重骑兵也让哥特人四散奔逃。不过中央阵线上，那些随着骑兵队哄抢战利品的拜占庭步兵让哥特人看出了破绽。他们依仗人多势众，发起反击。这次哥特重骑兵也终于发挥了冲击的威力，他们迂回到侧后方发起了猛烈的冲锋，先冲垮了拜占庭骑兵，接着拜占庭步兵也逃了。不过拜占庭人撤退得还算及时，大部分的士兵都回到了罗马城内。从此，贝利撒留就继续使用之前有效的小规模骑兵战斗来消耗敌人，逐渐又占了上风。

又经过一段时间的相持，双方的补给都发生了问题，但罗马人弄到了补给——这是历史学家普罗科比在哥特战争中亲身参与的最大功劳。接着，拜占庭的援军到了，有3000名伊苏利亚步兵、1800名骑兵，其中1000名是正规罗马骑兵。

贝利撒留担心援军遭到哥特人攻击，因此决定对哥特人发动一次袭击。他让私兵将领图拉真率领1000骑兵出城，又开始了双重重骑兵的表演。他们在哥特军队追过来的时候撤退，贝利撒留则同时派出另一支骑兵，从另一个城门偷偷出城。当哥特骑兵追过来时，他们就从后面包抄，从他们背后射箭。原先假撤退的图拉真私兵们立刻收起弓箭，转身发动冲击，与包抄的拜占庭骑兵一起，几乎消灭了这支哥特骑兵。此战过后，围城的哥特人几乎不离开自己的营地。这样即将赶来的拜占庭援军也相对安全了。

哥特人了解到拜占庭军队援军已到，同时得到了补给，而己方的补给发生了问题，同时后方的政局也不稳。维提却斯最后只能被迫于公元538年3月21日率军撤退。近一年的罗

---

① 在这一点上贝利撒留似乎容易犯错误，在波斯萨珊的卡利奈孔战役中也是如此。

上图: 贝利撒留率军在罗马城下与哥特人血战

马防御战以贝利撒留的胜利而告终。

　　总之，罗马的新式重骑兵在拜占庭时代取得了成功。无论是防御萨珊波斯帝国、征服汪达尔王国，或是面对哥特王国。特别是其中的双重重骑兵，较之只能冲击作战的铁甲重骑兵，似乎更受军队的青睐。

　　到了7世纪，双重重骑兵不仅是一种兵种，而且代表了拜占庭帝国重骑兵的标准。关于这点我们后面的章节会详述，但这并不代表专业冲击骑兵将在未来被淘汰。相反，历史证明，后者才是专业化军队的需求。

　　要知道，双重重骑兵的兴盛是有大背景的。在大迁徙时代结束与中世纪早期，即使是军事专业化最好的东罗马帝国的军队的专业性与纪律性也受到了很大的影响。特别是拜占庭步兵，他们在汪达尔战役中全军哄抢战利品并无法控制的场景，会让任何率领他们的将军胆寒——如果敌方是一支纪律严明的部队，他们就只有死路一条了。总之，这个时代的步兵往往战斗意志薄弱。这种情况与古罗马帝国兴盛时期的步兵军团完全不可同日而语。

　　在缺乏足够专业化步兵支持的情况下，

上图: 贝利撒留在布置战斗，最右边是马萨革泰人战士

1. 哥特国王托提拉；2. 哥特卫士；3. 哥特掌旗手；4. 哥特步兵

骑兵往往需要拥有较多的技能，并且尽量能进行独立作战，即远距离可以射箭，能发动冲锋，必要时候还能下马作战。这也是双重重骑兵能大行其道的时代背景。

也是因为这个趋势，致使更出色的战士纷纷加入骑兵，使得本来就已经窘迫的步兵更加缺少优秀兵员。类似的情况还有即将出现的西欧骑士，他们同样需要既能下马作战，又能骑乘作战（尽管大部分不擅长骑射），因为他们也没有专业化的步兵支持。

事实证明，当军队的专业化得以恢复的时候，专业性的兵种会重新崛起。比如在拜占庭帝国9世纪中期至11世纪前期的马其顿王朝时期，以往那种由复杂的各民族佣兵组成的军队，在那个时代被较专业化的本国公民军队所代替，使得单一型专业化重装骑兵又会被重视。这个情况也与16世纪许多西欧国家专业化军队的崛起类似。例如当时的法军享有盛誉的敕令骑士，就是全身板甲、手持骑枪的专业冲击骑兵。他们及瑞士长枪手、火枪手、火炮组成了专业化法国军队。这个我们以后也会详细提到。

话题转回6世纪的意大利战场。在罗马城防守战取得胜利之后，查士丁尼对于贝利撒留的兵力支持始终不足，加之他对这位威望过高的拜占庭名将也有猜忌，所以在贝利撒留收复拉文纳之后，就将他调向东方，对付波斯萨珊新的入侵。

接下来的几支拜占庭军队，在意大利进行的战争并不顺利。公元541年，著名的哥特人托提拉在杀死原哥特国王后，登上了东哥特王位。他不似一般缺乏政治手腕的蛮族式领袖，既有涵养又有头脑，也颇获支持。他经过一系列战斗，又重新控制了意大利。查士丁尼只好又将贝利撒留调向西方，但要

他自己招募士兵。窘迫的贝利撒留很难应对托提拉的攻击，他最终在公元549年，离开了意大利。

在此之后，查士丁尼派遣他更信任的将领——宦官纳尔塞斯领兵，并给予其充足的金钱用来招兵，还提供一支估计有28000人的庞大军队进入意大利。事实证明，纳尔塞斯也是一位出色的名将——虽然他的形象似乎并不符合人们对传统名将的理解。

在公元552年，纳尔塞斯在对哥特人的塔及奈会战中取胜，东哥特国王托提拉在此战中身亡。之后的554年，纳尔塞斯基本肃清了哥特人的反抗，东哥特王国也宣布灭亡。

总体而言，东部草原的日耳曼人，诸如东哥特人、皮格德人，他们更倾向于长期骑乘在战马上作战，强调在马背上用骑矛发动猛烈的突击，特别是东哥特人。

上图：哥特勇士

公元 552 年的塔及奈会战时，有 50 名拜占庭步兵夺取了一座战略制高点。这里地形并不平坦，不太适合骑兵突击，但依赖冲击骑兵的哥特统帅依旧不停派出他的枪骑兵，猛烈突击这个高地。根据记载："哥特骑兵呐喊地向他们（拜占庭步兵）攻击，想将他们一网打尽，但拜占庭步兵在一个小的空间中，将自己的盾牌形成一道屏障，并且用长矛刺出去，从而保住了阵地。"……"地面不平与拜占庭步兵盾牌撞击的噪音让哥特骑兵的战马也非常烦躁，而且他们还必须挤在一起与拜占庭步兵交战。"最后 50 名拜占庭步兵使用他们的矛、剑、标枪与弓箭打退了哥特骑兵的多次进攻，直至哥特骑兵放弃争夺高地。

▌上图： *东哥特国王托提拉*

在双方决战中，哥特国王托提拉也过于依赖自己的枪骑兵，"哥特骑兵冲出来，把他们的步兵远远扔在后面，而过分信任自己骑矛的重量，以一种不顾后果的蛮勇向敌人发动攻击。结果，他们自然承受了轻率冲锋的后果。"哥特骑兵只顾着向正面冲锋，却被拜占庭军队的蛮族下马骑兵用矛阵挡住，而两翼近 8000 名拜占庭步兵弓箭手射出的箭雨则将哥特骑兵射得人仰马翻。甚至他们的骑兵还未接近拜占庭的军阵，就遭到了非常惨重的损失。

在这场塔及奈会战中，拜占庭的两翼精锐私兵重骑兵还未按原计划发动迂回突袭，哥特人几乎败局已定了。而且哥特骑兵也无法像公元 530 年达拉战役中的拜占庭两翼重骑兵那样，被击退后仍保持纪律性，并在得到预备队支持后，又返身杀回。这些哥特骑兵不但没有成功返回，反而向后乱跑踩踏并破坏了背后哥特步兵的阵形，使得整个战役毫无悬念地失败。

当然，这个时代日耳曼人各部族骑兵也有一定的差异。例如汪达尔人拥有规模非常庞大的骑兵，但几乎都是轻骑兵，而且非常喜欢用剑，甚至骑矛都不常使用，更不要说投枪和弓箭。哥特人的重骑兵数量不少，且装备骑矛和剑，但不是很愿意使用远程武器。法兰克人则是以手持掷斧、剑盾的步兵为主，他们的骑兵往往都是国王身边的人。这些法兰克骑兵人数不多，但喜欢用骑矛，且装备较好，这也许就是西欧骑士的最早雏形。

拜占庭兵书《战略》，对于以法兰克为代表的西欧骑兵有这样的记载："无论是步行还是骑马，他们谋划战斗没有固定的计划和阵形，也没有大队或者军团那样的编制。他们根据部落，根据血缘关系所组成，有共同的利益。通常，如果事情不顺利，而他们的朋友被杀了，他们会冒着生命危险去战斗为他们复仇。在战斗中，他们让自己的战线前方齐平而密集。在冲锋中，无论骑马还是步行他们都是鲁莽而无纪律的，仿佛世界上只有他们不是懦夫一样。"但这些西欧骑兵勇猛之余，作战并没有严格的序列，"当进行骑兵战斗时，法兰克骑兵会受阻于不平坦的地形和树林，也容易被从战线背后和侧翼伏击。因为他们忽视侦察员和其他安全措施。法兰克骑兵的阵形很容易被一次假撤退加突然转回攻击而打破。"

从上述哥特重骑兵在面对贝利撒留、纳尔塞斯等拜占庭将领时的一些表现，我们也能看出相似的问题。当然，哥特骑兵与法兰克骑兵确实勇敢善战。但军事纪律性，在法兰克人于8世纪建立加洛林帝国之前，都还是难以保证的。

无论如何，这个时代的拜占庭重骑兵在与西欧骑兵的较量中，已经完全扭转了大迁徙时代罗马骑兵的颓势，并远胜对手。虽然马镫仍未在欧洲与西亚出现，但昔日以重步兵为核心的罗马军团完成了他们的转变。当时的东罗马帝国拜占庭军队已经是一支以重装骑兵为核心的军队，虽然重装步兵依旧是重要组成部分，但已经失去了往日的主导地位。尽管代表着罗马帝国的图腾依然是鹰，但"龙旗"已经压倒"鹰旗"成为最核心的军旗。

这支军队四处征战，眼看实现了查士丁

上图： *贝利撒留为查士丁尼一世一生征战*

尼的理想，地中海又几乎成了罗马帝国的内湖——虽然这个时间持续很短。

最后，大瘟疫与消耗过大的国库，让查士丁尼的理想成了一个不可能完成的任务。查士丁尼死后，罗马城与意大利的大部分地区再度失陷于大迁徙民族中的伦巴第人之手。北非仍在罗马人手中，却是以对土著的柏柏尔人部落长期的、耗费巨大的战争为代价。当时的东罗马帝国，已经没有力量再向西部征服与统治，其战略重心也必须转向东方。因为波斯萨珊帝国再度严重威胁拜占庭帝国。

双方在长期的战争后都缺乏兵员与资源。于是，战略要地亚美尼亚地区就成为重要的争夺对象。作为当时世界上两个重骑兵的强国，两大帝国即将开始第二次巅峰对决。一项重要发明——马镫的引入与普及，将给使用者带来决定性的胜利砝码。

第十章

帝国的胜利之基

拜占庭与波斯萨珊重骑兵的再次对决

拜占庭帝国的基本军事力量是纪律严明的重骑兵。就像古罗马军团体现了罗马强
盛一样，帝国的重骑兵队也是君士坦丁堡巨大威力的象征。
——《哈珀-科林斯世界军事历史全书》T·N·杜普伊 [美]

公元6世纪，查士丁尼与贝利撒留恢复罗马帝国昔日辉煌的短暂事业很快就泯灭了。当时的东罗马帝国必须将目光转向对帝国更重要的东部地区，因为新的危机已经产生。

大迁徙时代，日耳曼人曾经蜂拥进入帝国，造成了近三个世纪的纷乱。而现在他们逐步迁徙到其他地方，却造成佣兵的来源枯竭。帝国只能继续征召人力资源不算充足的本国臣民加入军队，但明显这是不够的。因此，新的兵员征召区——亚美尼亚地区被帝国充分重视了起来。亚美尼亚人一直被认为是出色的士兵。他们既可以提供有山地作战经验且可靠的重步兵与轻步兵，也可以提供骑兵兵源。

波斯萨珊帝国也同样存在着兵源问题。历史学家一般认为，波斯皇帝库斯老一世的军事改革，在他统治时期强化了中央集权，增强了军队的实力，但同时也是不算成功的。他企图削弱萨珊帝国一直延续的传统高等种姓大贵族军事势力，而培养小军事贵族"德赫干"（dihqan）作为军队的支柱力量。但是，他并未通过政治或军事手段成功夺取这些大贵族的军事力量，以便纳入他直接可以统辖的体系，而仅仅是造成了他们的不快和反对。在库斯老一世这样强大的君主统治时期，这种局面还可以维持，但一旦后继君主的能力变弱，就会造成萨珊帝国势力的分裂。事实上，这些大贵族的军事势力直至萨珊帝国灭亡也继续存在。

另一个问题就是，波斯萨珊帝国已经很难像以前一样从东方获得贵霜人、嚈哒人等外族兵源。替代他们成为萨珊近邻的强大突厥汗国却不断因贸易等问题，同萨珊帝国发生战争。甚至在后期，突厥汗国是萨珊死

上图： *萨珊德赫干提供的重骑兵，这名重骑兵没有马铠*

敌——拜占庭帝国的盟友。在这种情况下，亚美尼亚地区兵源的争夺也成为波斯人的当务之急。

就在两大帝国为亚美尼亚地区展开争夺时，另一股来自东方的力量出现在东欧草原。他们被称为"阿瓦尔人"。对他们的来源，各方面的史学界至今没有较为权威的定论。一部分史学家认为他们是中国西北方突厥势力崛起后，被突厥人驱逐向西迁徙的柔然人；但另一些史学家也从人种与迁徙时间考证，认为实际上并非如此，并称他们为"潘诺尼亚的阿瓦尔人"。当然，这个话题不是我们叙述的重点，就不对此深入讨论。

公元6世纪，到达东欧潘诺尼亚的阿瓦尔人成功击败了日耳曼民族的皮格德人，并征服了当地林立的诸斯拉夫部落。之后，他

们趁当时的突厥人也因分裂而无暇西顾，建立了强大的阿瓦尔汗国。再之后，阿瓦尔人驱使他们统治的斯拉夫人，一同不断进犯拜占庭帝国。虽然他们之前的大部分进犯是失败的，但在 7 世纪初，阿瓦尔人趁拜占庭内乱之际，一直深入巴尔干南部。虽然游牧性质的阿瓦尔人无法攻陷大城市，但是他们的大肆劫掠，依然造成了经济的巨大损失。且就如同突厥汗国与拜占庭帝国结盟，"敌人的敌人就是朋友"，萨珊帝国也同阿瓦尔人结成军事同盟，共同对抗罗马人。

但罗马人并未因为与阿瓦尔人的敌对关系而拒绝其技术的引入。阿瓦尔人最让拜占庭骑兵受益的技术就是来自东方的马镫。由于拜占庭重骑兵装甲更重，更偏重于突击战术，普及马镫的拜占庭重骑兵能更稳定地驾

上图：7 世纪拜占庭半具装骑兵及重步兵

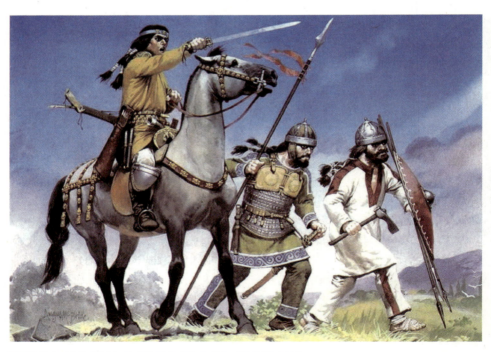

上图：从左至右依次为阿瓦尔贵族骑兵、保加尔战士、南部斯拉夫战士

乘战马冲锋，并能在冲刺与肉搏中，更平衡地使用大的防护盾牌、骑矛与剑来厮杀。因此比起游牧民族阿瓦尔人，马镫的普及让罗马人获益更大。这同时也大大提高了罗马骑兵的训练速度并降低训练成本。

马镫显然是最重要的，但阿瓦尔人其他的一些骑兵装备与技术也让当时的拜占庭皇帝，曾久经沙场的莫里斯分外推崇。在他最重要的军事著作《战略》中，他毫不掩饰对于阿瓦尔骑兵各种相关装备的喜爱。

他认为，罗马骑兵应该配备阿瓦尔式配有旗帜的骑矛，矛杆中间裹有皮革；骑兵剑用阿瓦尔式的外为亚麻，内为羊毛的圆领围绕起来；马匹轻型胸甲和颈部覆盖物（可能是马匹软甲护颈）用阿瓦尔式；军人的服装，

特别是他们的外衣，无论是亚麻、羊毛或糙羊毛，应该是宽而大的，根据阿瓦尔样式剪裁，这样可以牢固地覆盖膝盖，保持在行军中有整洁的军容；阿尔瓦模式的帐篷（这种帐篷是圆形且宽敞的）是很好的，是实用性和美观性的结合。

但如果认为当时拜占庭骑兵的体制或装备是复制阿瓦尔骑兵就完全错误了。拜占庭骑兵的军制与机构是查士丁尼时代罗马化的，甚至装备的基础仍是罗马化的。他们对阿瓦尔骑兵的装备与战术是"吸收"而非"替代"。这个时代，拜占庭重骑兵构成的基础是曾在查士丁尼一世统治时期于战场上非常受瞩目的，可多用途作战的双重重骑兵。特别是他们中的那些高级将领的私兵重骑兵

上图: 从左至右依次为 *7 世纪重步兵、7 世纪贵族统领、7 世纪重骑兵*

（bucellary），无论在与波斯萨珊的东部战线上，或是汪达尔战争，还是哥特战争，都展现了其强大的实力。相反，更重的罗马全具装铁甲骑兵却没有他们闪光与耀眼。当然，这是有其历史背景的，并非多用途骑兵就胜过专业用途骑兵。

但无论如何，双重重骑兵由于在各战场的良好表现被广泛使用，而之前自罗马晚期时代传承的全具装铁甲骑兵似乎被遗忘逐步消失了。比起武装到牙齿、防护力更强的罗马全具装铁甲骑兵，双重重骑兵一般要略轻一些，他们的马铠也一般是半身的，保护着马正面与马前半身。当然，之前的双重重骑兵中也存在使用全具装马铠的更重的骑兵。但到了公元6世纪末的莫里斯时代，或许是为了训练方式的方便，罗马人改变了骑兵的编队方式。他们不再像过去一样，将铁甲重骑兵单独编队，储备在阵后作为决定性突击力量，而是编成"混合骑兵编队"。也就是说，即使是马铠装备较轻，甚至是没有马铠的拜占庭重骑兵，也会与马铠较重的拜占庭重骑兵编成一队作战。双重重骑兵已经成了"罗马正规骑兵"的标准，而全具装式的双重重骑兵由于并不合适这个阵形，逐渐消失了。

6—7世纪，对拜占庭帝国进行侵扰的阿瓦尔骑兵实际上就是使用马镫的"双重骑兵"。骑兵们既可以使用骑矛进行冲锋，也可以专业地发射箭矢进行远距离攻击。只是相对于拜占庭骑兵，他们的装甲更轻些。因此，阿瓦尔人引进的马镫与当时双重重骑兵已经大行其道的拜占庭帝国一拍即合。只是，近似阿瓦尔那种较轻的骑兵被罗马人放置在骑兵的后阵，被更重的前列半具装重骑兵保护。而在突击中，前列一般都是经验丰富的老兵或是军官，也起到了骑兵阵形中"尖刀"的作用。

总之，拜占庭半具装双重重骑兵，比全具装重骑兵更能适应当时缺乏其他专业化步兵配合的时代。他们也比查士丁尼时代的双重重骑兵更强调行进间射击。这些重骑兵可以从马背上，甚至是奔跑的马背上，向包括后方在内的所有方向熟练地发射箭矢。也就是说，曾经罗马的东方敌人们一直掌握的"帕提亚射术"，现在成了正规本土罗马骑兵的训练标准。不仅如此，罗马骑兵在查士丁尼时代射速慢这一点上也有了改进。他们还强调在马背上快速进行骑矛与弓箭的使用切换，这很可能也有阿瓦尔人骑兵的影响。另外，这个时代，罗马骑兵的骑矛是背在背上的。

在这个近似现代美国西部牛仔风格——"看谁切换武器快"的训练中，罗马骑兵会练习跳跃上马。在奔跑的马背上，快速射出一两支箭，并且在皮套或其他容器中放置好上弦的弓。然后抓起背上背着的长矛，用手举起来，并且很快地将矛放回背部的原位，又抓起弓。

能够正常使用"骑射"是这个时代罗马骑兵的基本要求。无论是重骑兵或是轻骑兵，所有40岁以下的罗马人，无论是射箭专家或哪怕箭法平庸，都必须配有弓箭。缺乏训练的士

■**上图：**拜占庭弓箭手　　■**上图：**当时的拜占庭半具装骑兵

兵应该使用较轻的弓。倘若时间充足，即使不会射箭的兵也必须学会，这样做是必不可少的。但这个要求不是针对外国佣兵或是外籍军团的，缺乏射术训练的年轻外籍士兵会使用骑矛与盾牌即可。

在近战武器方面，剑仍是过去的罗马长剑样式，只是现在用阿瓦尔式的外为亚麻，内为羊毛的圆领围绕起来。骑矛就像前面所述，阿瓦尔式的矛在罗马军中很流行。为了防备矛在战斗中折断，当时罗马骑兵一般配有两根骑矛。在冲锋中，罗马人则充分借鉴了当时擅长冲锋的法兰克或伦巴第骑兵的姿势。前列充当"尖刀"的低阶军官或骑兵，身体向前倾，用盾牌保护着他们自己的头和他们战马脖子的一部分，高举他们的骑枪平齐于肩膀。在左手盾牌的保护下，整个骑兵队骑行保持良好的秩序，不要太快，而是小跑，避免在冲垮敌人之前就打乱了队列。冲击骑兵几列之后，紧跟着的骑兵则使用弓箭向前射击，进行冲锋时的火力掩护。

在防护方面，这个时代的拜占庭重骑兵，配有自头至脚踝的锁子甲，以及带有小朵盔缨的头盔。查士丁尼时代将领们的私兵重骑兵依然存在，装备也会更好一些，比如其手部防护会加上"铁制的手甲"。《战略》还提到了披风的作用，认为这个时代罗马的骑兵们必须配备披风，或是大披风或是兜帽披风，要大得能够覆盖他们的武器，包括链甲衣和弓箭。当然最主要的是下雨或潮湿的时候对武器，特别是弓箭等装备提供保护，披风也能提供一些对箭矢的额外防护。

重骑兵马铠中较重的一般配备至前列，包括后阵一些低级军官或有特殊用处的部队也使用重马铠。马面甲是铁制札甲制成的，马身甲可能是铁制，也可能是皮质。就像前

上图：《战略》中标准的拜占庭骑兵射箭动作与背矛状态

面所说，这个时代崇尚的是半身马甲，以便轻重骑兵能够一同灵活行进。后阵的骑兵也并非马匹没有保护，而是配备了阿瓦尔式的马匹软甲护颈或毛毡的胸甲。也就是说，在拜占庭当时的主力骑兵队中，已经达到了全部披挂马铠的状态。因当时崇尚半身马铠，因此6—7世纪拜占庭重骑兵可谓得上是"半具装骑兵的全盛时代"。

骑兵，特别是重骑兵在这个时代，较查士丁尼一世时代更为受到重视。他们以非常正规的组织结构代替了之前大迁徙时代还在使用的"军团"，有的历史学家认为这甚至影响到了近现代军事组织结构。当时的拜占庭的每支野战军会拥有三个骑兵纵队（meros），每个纵队可以达到5000～7000人，纵队则由三个"联队"（moira）组成，每个联队拥有1000～3000人，联队则由"大队"

（tagma）组成最基础的军事单位，每个大队为300～400人。

一般来说，整支军队的将领称为"将军"，而之后的位置称为"中将"（hypostrategos），然后就是纵队的主官"纵队长"（Merarch），联队则由"联队长"（moirarch）统领，而大队则由"护民官"（tribune）统领。诸如古罗马军团的一些传统称谓，诸如"百夫长"之类，在骑兵纵队中依然使用，其位置仅次于护民官。再之后，还有诸如"10人队长"（dekarch）或"5人队长"（pentarch）等构成了低级军官的核心。每个等级的军官要有各自的属性与要求，比如护民官应该是谨慎而有能力的人，而联队长则需要谨慎而有纪律性，纵队长要求就更高，要具备谨慎、实际、有经验

等素质，可能的话要会读写。位于指挥中心的纵队长，必要的时候（诸如将军不能行使其指挥职能的时候），将代替将军行知职责。对于低级军官的要求则是百夫长必须拥有明智判断力和勇气，10人队长、5人队长应该有勇气并且擅长肉搏战，最好也能擅长弓箭，他们都必须是肉搏好手，并且拥有较为丰富的战斗经验。

当时的每支骑兵部队都拥有自己在战场上的特定位置，并分配不同的战斗任务。比如"突击部队"是部署在主战线之前的部队，用于冲击撤退的敌军。"防御者"则紧跟他们，不冲出也不打乱阵形，保持良好的秩序行军。如果发生了突击部队败退回来的话，"防御者"会给予他们支持。在两翼还有用于两侧包抄的"侧

下图： 来自中国的人力式投石机

146

上图：库斯老一世及他的随从与战象

翼包抄者"，以及防御侧翼的"侧卫"。此外，还有用于突然袭击的"伏击者"，以及保护后方的"后卫"。

按照这样的布置，骑兵队的战斗不再像过去那样，整支骑兵队一拥而上，像波斯人那样，将上万名骑兵的命运孤注一掷。他们会有条不紊地进行战斗。莫里斯认为："把整个军队投入到一条战线中去，尤其是由枪骑兵组成的队伍，在我们看来，简直就是作恶。如果这是一支大军队，那么他将延伸很长的距离，他们中的一部分将处于不利的地形，战线的长度将导致混乱和难以管理，会有无法协调的单位，甚至有可能在碰到敌人之前就崩溃。而且，如果他们被包围，或者

遭到敌人的突然袭击，他们的侧面和背后也没有支持，没有任何保护和预备队，他们将退却，并飞快地逃跑。"以上正是之前古典时代骑兵部队常常发生的事情，也正是当时的拜占庭军队所要避免的。

如前面所说，波斯萨珊军队也同样在5世纪之后进行了诸多方式的军事机构改革和装备革新。从库斯老一世开始，职业化军人普遍增加，比如之前就存在的德拉米重步兵或是粟特步兵，或是亚美尼亚地区招募的步兵。这有效增强了曾经虚弱的萨珊军队步兵实力。此外，一些新装备，例如中国发明的人力式杠杆投石机技术的引入，以及一系列装备的进步，也让萨珊的攻城能力得到很大

的提高，几乎成为西亚地区的攻城专家。

但相对于罗马骑兵部队大张旗鼓的改革，萨珊帝国在骑兵的作战方式上几乎没有任何的改变，除了弓骑兵方面。受匈人与突厥人的影响，又或是因为东方那些擅长轻弓骑兵的嚈哒人、可萨人、贵霜人不是变为敌人，就是被取代而难以再补充入波斯骑兵部队，帝国对骑射手更重视起来。不过这也可能引发了一些新问题，比如莫里斯在《战略》中表示，至少有一部分波斯重骑兵，虽然穿着札甲与锁甲，使用剑与弓，但不使用骑矛与盾牌。因此冲锋对付他们是有效的。在突然的攻击下他们会被迫快速地逃跑，并且不知道怎么回转。而且，萨珊骑兵对于弓箭依旧强调射速而不是力度。无论是在对罗马人或是之后阿拉伯人的作战中，萨珊对手的弓往往都更强力。除此之外，萨珊骑兵在非常晚的时候，才普及了马镫。

当时，小军事贵族德赫干也在皇帝的支持下逐步崛起。之后一直到萨珊帝国灭亡，他们都是军队的骨干力量。他们和过去的军事贵族一样，提供重骑兵服役，但不同的是由中央政府提供报酬与装备。但因为现金报酬还不足以武装这些新军事贵族，政府还要支付作为封地村庄的贡金给他们。

上图：《战略》的作者莫里斯皇帝在统领拜占庭重骑兵前进

虽然，这些职业士兵直接向统治者效忠。但是，萨珊帝国依旧很缺乏本土的军事人力资源。那些人数有限的，还要帝国支付大量报酬才能够武装起来的新军事贵族，是否能够替代原有旧贵族的支持也是个疑问。如前面所说，那些大贵族家族的权力与私人的军队被严重削弱了，可军队并未转入统治者的手中。

所以，改革之后的皇帝依然非常依赖大贵族家族的军事服务，旧大贵族却一直抵制着这些改革。而当继任的君主不那么强力时，军事上的失败就让萨珊"万王之王"的威望继续被削弱，大贵族甚至新兴军事贵族都各自为政。甚至当7世纪阿拉伯大入侵开始时，一旦皇家部队被击败，其他省份的军事首领似乎不愿意联合对付敌人。因此，萨珊波斯帝国的军事改革在与查士丁尼一世多次交战的6世纪中期似乎是卓有成效的，但一旦强大的君主去世，各种问题就在7世纪都显现出来，并且难以控制。

6世纪末，萨珊帝国与拜占庭帝国的战争正赶上后者政局不稳定的查士丁二世统治时期。查士丁尼一世死后留下的虚弱帝国，让双方的战争对拜占庭帝国颇为不利。查士丁二世终因巨大的压力而精神错乱，转由皇后索菲娅及将领提比略摄政。之后提比略的女婿莫里斯登上了皇位。如前面所说，他是一位非常著名并有能力的军事统帅，也是著名的《战略》的作者。他在位时，让拜占庭帝国在双方一直持续不断的战争中取得了一些胜利。比如公元586年的索拉孔之战。虽然该战并非一场决定性会战，但我们可以从中发现双方重骑兵在交战时，与6世纪中期相比有一些微妙的变化。

当时莫里斯派遣东方大统帅菲利皮科斯，作为美索不达米亚前线总司令。拜占庭军队成功控制了当地水源，在索拉孔平原布阵等待萨珊军队。萨珊波斯军队方面，统帅是卡尔达里

萨珊重骑兵及掌旗手

帝国的胜利之基：拜占庭与波斯萨珊重骑兵的再次对决

干，但这并非本名而是"黑鹰"的尊称。波斯人并未因为水源被敌人控制而丧失决战胜利的信心，他们派遣了大量的骆驼来为他们的军队携带饮用水，并打算在拜占庭军队休息日（星期天）那天发动突然袭击。然而，菲利皮科斯手下的外籍阿拉伯佣兵在侦察时抓住了几个波斯士兵，知道了波斯人攻击的日期，这让菲利皮科斯得以有时间准备迎战。

双方的军队似乎都由骑兵组成，包括弓骑兵、枪骑兵与一部分具装重骑兵。拜占庭统帅菲利皮科斯根据侦察兵的情报来布阵，将他的军队布置在高地面对萨珊军队前进的方向，并且他的左翼有丘陵保护。拜占庭的左翼由腓尼基公爵艾里菲拉达斯统领[1]，并包括一支匈人轻弓骑兵队伍。中央阵线则由老希拉克略统领，他就是之后富有英雄气概的拜占庭皇帝希拉克略的父亲，右翼是由维塔鲁斯统领的精锐骑兵。拜占庭大统帅菲利皮科斯则带着一支规模较小的军队，处于在主战场之后一定距离，以便能指挥整场战斗。

萨珊军队也采用了同样的三等分来布阵，右翼统领是莫鲍德斯，统帅卡尔达里干则坐镇中军，左翼是卡尔达里干的侄子来统领。萨珊军队在离开他们以骆驼组成的补给队后，停顿了一会儿，然后快速向拜占庭军阵发动进攻。当他们靠近时开始发射箭矢，拜占庭骑兵同样以弓箭还击，并且对波斯骑兵发起反冲击。罗马人右翼的维塔鲁斯很快率领重骑兵击垮了萨珊左翼的骑兵，并开始向波斯人的主战线迂回。但这时候意外发生，一些右翼骑兵分队的拜占庭骑兵自作聪明地离开了自己的右翼编队，去攻击处于后方的波斯骆驼辎重队。或许他们认

为这样可以切断对方的水源补给，但这直接造成了右翼重骑兵突击力量的削弱。萨珊军队的中央阵线稳住了，并没有被击破。

拜占庭统帅菲利皮科斯在阵后看得很清楚。在这紧要的时刻，他立即命令自己的一名卫士，戴着自己样式独特的头盔，冲到前方去重整右翼自作聪明离队的骑兵。卫士戴着头盔追上了右翼攻击波斯辎重队的骑兵，那些骑兵一看见大统帅独特的头盔就立刻恢复了秩序，赶紧调转马头返回。

而中央阵线的波斯骑兵已经利用这段拜占庭右翼骑兵力量被分开的时机集结在中心，并发动反击。人数处于劣势的拜占庭右翼骑兵又被击退了回来。

这时，菲利皮科斯命令中央阵线的骑兵们

[1] 公爵统兵的军阶基本相当于联队长。

下马，前排用骑矛与大圆盾组成一道"盾墙"，后排骑兵则在盾墙之后乱箭齐发。密集的箭雨阻止了波斯骑兵的攻击，并使他们的队形混乱，同时保护了被击退的右翼骑兵。在稳住中央阵线的同时，拜占庭左翼骑兵在迂回的匈人轻骑兵的侧翼攻击帮助下，又击溃了萨珊军队右翼的阵线并引发混乱。波斯人右翼开始逃跑。

这时候，那些被重整的拜占庭右翼重骑兵也返回了，开始冲击萨珊军队中央阵线。在来自多方面的攻击下，波斯萨珊军队全面崩溃。

失败的萨珊军队遭到了很大的损失，不仅是因为拜占庭骑兵的追击，也因为他们缺乏水源。很多人被渴死，而剩下逃脱的人虽然找到了水源，却因喝太多水死于水中毒，但指挥官"黑鹰"逃过了一劫。

586年的索拉孔会战是一场几乎全部由骑兵参与的会战。以其作为样本可以发现，这个时代，曾经萨珊重骑兵面对拜占庭重骑兵的微弱优势已经荡然无存了。战斗一开始，右翼拜占庭重骑兵就突破了波斯人的左翼，如果不是部分骑兵去攻击波斯辎重队的话，胜利可能更早些到来，因为波斯的右翼同样也被拜占庭左翼突破。在中央阵线，拜占庭下马重骑兵竟然如重步兵一样组成盾墙抵挡住波斯骑兵，而背后下马骑射手则倾射箭雨，充分展示了双重重骑兵多用途作战的优势。因此，莫里斯皇帝在《战略》中描述过拜占庭骑兵下马的战术："有可能骑兵发现自己处于不利的地形，或面对危险的状况，或因一次在战斗中的失败处于危险的形势，而变得非常紧张。那么他们中的一些人可以举起盾牌，并且步行列阵。如果周围有重步兵保护的话，丢失了盾牌的骑兵，甚至可以拿重

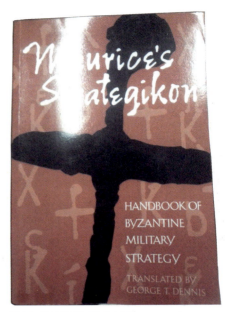

上图： 莫里斯《战略》英文版

步兵的盾牌。"

从索拉孔会战也可以看出，莫里斯对于当时萨珊军队的评价是客观的："在无障碍平坦的地形下，我们的枪骑兵发起冲锋，并进行面对面的肉搏战，都会让波斯人困扰。"可以说，在这个时代，两大骑兵强国的实力对比，优势完全在罗马人一面。这和拜占庭骑兵大规模的军事改革是分不开的。这一系列重要的改革中，当然包括马镫。

索拉孔之战让罗马人重新在达拉地区的交战中占据上风，但这并非决定性会战，因为这个地区的战争又持续了几年。真正让拜占庭获得战争胜利的则是萨珊的内乱。库斯老一世死后，即位的皇帝霍尔米兹德四世罢免了军事统帅巴赫拉姆，导致后者在589年发动叛乱。直到霍尔米兹德四世的儿子库斯老二世即位，叛乱仍未平息。后来他甚至被

击败，逃亡到了拜占庭帝国。

　　萨珊的内乱让胜利的天平倾斜于拜占庭帝国。莫里斯经过深思熟虑，决定帮助库斯老二世重新获得王位。戏剧性的一幕出现了，交战了三百多年的两大强国第一次组成了拜占庭与波斯萨珊的联军，讨伐巴赫拉姆。最终，联军获得了胜利，而库斯老二世重登王位。为了补偿拜占庭帝国这个"盟友"，代价自然是沉重的。

　　根据条约，罗马人终于获得了亚美尼亚大部分地区及高加索伊比利亚地区。自此，亚美尼亚军人源源不断地补充至拜占庭军队中，特别是骑兵。甚至直至 10 世纪，拜占庭最重要的皇家帝国骑兵卫队，就是由罗马人（希腊人）与亚美尼亚人组成。但是，萨珊帝国与拜占庭帝国的战争还未结束，战争的高潮仍未到来。

　　莫里斯皇帝在与萨珊帝国达成满意的条约后，转而将军队用于清除巴尔干的阿瓦尔势力与斯拉夫势力。一开始，战争取得了满意的成果，罗马人连续取得胜利。之后皇帝的军队向北挺进越过多瑙河，在瓦拉吉亚地区继续拜占庭军队的胜利。到了公元 602 年，阿瓦尔人与斯拉夫人节节败退，拜占庭帝国重新控制了多瑙河区域。这个时候，莫里斯已经在考虑将亚美尼亚人移民安置在巴尔干地区，来充实那里因战争减少的人口了。

　　不过好景不长，国库空虚、财政匮乏的帝国不能再支持这样不断的远征了。而莫里斯为了保证对外攻击，缩减了 25% 的军人薪水以及首都救济金，同时也不断加重赋税，让整个军队和政府都开始动摇起来。这让他之前因不断军事胜利而受到的欢迎荡然无存。莫里斯确实是杰出的人物，既是出色的军事家也是富有远见的政治家，他的著作《战略》提出诸兵种协同作战理论，直至第二次世界大战前都饱受赞誉。但是他的弱点根据历史学家奥顿的总结就是："过分相信自己良好的判断而不考虑分歧与不受欢迎。"

公元 602 年，可能是由于命令的失误，莫里斯让军队驻扎在多瑙河以北而不返回过冬，这直接引起了哗变。一名军官福卡斯被推举为皇帝，哗变的军队返回君士坦丁堡，推翻了莫里斯。莫里斯被杀，福卡斯成了帝国新皇帝。后者为了讨好民众与教会，大幅度降低税率，结果政府收入大幅度降低，只能减少多瑙河边界的军队。很快，被打败的阿瓦尔人与斯拉夫人重新越过多瑙河，开始了新的入侵。更可怕的是，本来在之前战争中处于下风的波斯萨珊帝国统治者库斯老二世抓住这个翻身的时机。他派遣军队，以替莫里斯复仇，福卡斯身份不合法为借口，对拜占庭帝国东部发动了大举进攻。拜占庭边界军队在己方混乱的政府领导下节节败退。

这个时代，虽然拜占庭骑兵已经对波斯萨珊骑兵呈压倒性的优势，但在大混乱到来时，军事形势不可能向有利于罗马人的方向扭转。边界的全面军事失败导致了大多数帝国公民的反对，迦太基总督希

上图: 钱币上的库斯老二世

拉克略起兵，率军渡海进入君士坦丁堡。福卡斯的回应竟然是杀死了前皇帝莫里斯的妻子以及她的三个女儿。结果几乎所有福卡斯的军队都抛弃了他，就连他的女婿也率领禁卫军加入入侵者一边。希拉克略几乎在没有抵抗的情况下进入君士坦丁堡，杀死了福卡斯并焚烧尸体，之后在众人的拥护下称帝。

但内乱严重削弱了拜占庭军队的向心力，曾经效忠福卡斯的拜占庭将领对希拉克略阳奉阴违，这位罗马新皇帝需要时间来重新募集资金，召集忠于他的军队。但敌人不会给他时间。在东方，波斯萨珊军队如入无人之境，萨珊皇帝库斯老二世更亲自率军出征。他麾下是萨珊大贵族、名将沙赫巴勒兹①、沙欣等整个萨珊帝国最好的将领。在"万王之王"亲自统领下，萨珊军队于公元 604 年攻克达拉城与埃德萨城，之后夺取了之前被割让给莫里斯的亚美尼亚等领土。接着萨珊皇帝停留

① 这如同黑鹰，也是个称谓，意思是"野猪"。当然这没有侮辱的意思，而是代表着胜利。

在亚美尼亚，让他最好的将军们继续战事。

希拉克略也曾在公元 613 年组织在叙利亚的反击，但在安条克城被萨珊名将沙赫巴勒兹和沙欣的军队打得大败。安条克城的拜占庭驻军也随即崩溃，导致安条克城失守。波斯人进入后处决了安条克城教长并驱逐了大量的市民。接着，沙赫巴勒兹于 613 年攻克大马士革；614 年，夺取了圣城耶路撒冷，并进行大规模的屠戮与劫掠。他更破坏了圣墓大教堂，夺取了真十字架，送入萨珊帝国腹地。618 年，沙赫巴勒兹又率军攻入埃及。次年，埃及最重要的城市亚历山大港被攻克。同时，萨珊另一名将沙欣则一直进军至博斯普鲁斯海峡东海岸。他攻克卡尔西顿，兵锋与东罗马帝国首都仅一海峡之遥。

在北方，阿瓦尔人与斯拉夫人重新大举入侵巴尔干，并且定居在那里。巴尔干除了少数几个沿海大城市，诸如塞萨洛尼基等没有陷落以外，大批城市与周围的农村地区全落入敌人手中。现在，拜占庭皇帝希拉克

略必须应对这个让东罗马帝国几乎处于灭亡边缘的恶劣局面。

其实一开始，库斯老二世仅是想收复过去失去的亚美尼亚领土，但当时的形势让他将更大的赌注投入这场战争中去。他新的目的是灭亡东罗马帝国，全面恢复古代波斯帝国的盛况。因此波斯萨珊军队基本不给拜占庭帝国以喘息之机。大约在公元 620—622 年，波斯人又攻克了安纳托利亚中部重镇安卡拉；大约在 622—623 年，罗德岛和爱琴海周围的一些岛屿宣告陷落于波斯人之手，萨珊军队开始拥有了一支可以威胁拜占庭首都的海军。加之沙欣之前攻克了博斯普鲁斯海峡的卡尔西顿，当时萨珊帝国的军队已经逼近拜占庭帝国的首都，并在海路与陆路同时威胁君士坦丁堡。

在巨大的压力下，希拉克略曾一度想退出君士坦丁堡，返回北非，但这遭到了几乎所有人的反对。事已至此，他只能鼓足勇气留在首都，指挥一场对萨珊波斯帝国近似乎孤注一掷的反击。但皇帝没想到，君士坦丁堡大教长塞尔吉乌斯对他表示了极大的支持。塞尔吉乌斯与教士们帮皇帝筹集到了大量的金钱，并正式向公众宣布，支持希拉克略抗击波斯侵略是所有基督徒的责任。教会甚至将君士坦丁堡所有镀金与镀银的器物都作为贷款给他，纪念碑上的贵金属与铜也被剥下提供给皇帝，甚至包括神圣的圣索菲大教堂上的贵金属。

当时，一切为了这场生死攸关的战争，希拉克略减少了一半官员的薪水，并执行高税收政策，强制信贷，以及对贪腐官员征收极端的罚金。他的极端政策却在如此不利的时刻得到

158

上图: 圣索菲大教堂

了全国广泛支持,数千装备良好的志愿军用教堂的钱组建起来,要求希拉克略率领他们去前线。全帝国掀起一股为了保卫国家"圣战"式的同仇敌忾。拜占庭军队与装备得到补充,而且后备资金也奇迹般地充足了。

公元 622 年,希拉克略率领军队离开了君士坦丁堡,并留下他年轻的儿子在塞尔吉乌斯大教长的支持下防守首都。希拉克略没有立即与萨珊军队交战,而是花了一个夏天来训练自己的军队,特别是重视弓骑兵的训练。在秋天,他的军队开始向东方的卡帕多西亚进发,直插萨珊军队的后方。这种大胆的反击让波斯人吃了一惊。波斯名将沙赫巴勒兹被迫退出了前线,转身向后追击希拉克略,以防止他进入东部地区。

沙赫巴勒兹追赶上了拜占庭军队,并想用隐藏起来的一次伏击摧毁希拉克略的军队。但埋伏被后者识破了。希拉克略将计就计,让军队在战场上看见波斯人伏兵后假撤退。波斯萨珊军队则大举追击"败退"的拜占庭军队。趁萨珊军队正在追击、阵形混乱

上图: 拜占庭重骑兵与波斯萨珊重骑兵的对决

上图：波斯琐罗亚斯德教的标志

的时机，希拉克略布置在后方的精英重装骑兵突然出现在波斯人面前，发起猛烈攻击，打垮了波斯军队。沙赫巴勒兹只能率军逃走。

这虽然并不是决定性的会战，但拜占庭军队开始重新建立起信心。另外，通过这一仗，希拉克略拯救了安纳多利亚地区。但他当时必须返回首都应对来自巴尔干阿瓦尔人的威胁。

为了能集中力量对付波斯人，希拉克略与阿瓦尔可汗谈判，拜占庭皇帝支付给阿瓦尔可汗贡金，从而能集中力量对付波斯萨珊帝国。

虽然阿瓦尔人被认为蔑视自己的誓言，不遵守协议，不满足于礼物，甚至在他们接受礼物的时候，也正在谋划背叛计划。希拉克略还是必须这么做，因为当时哪怕争取一点儿可以单线作战的时间都是非常宝贵的。

之后，希拉克略亲自率领他的军队[1]，没有走相对安全的海路。他放弃海上补给线，从陆地上向亚美尼亚及阿塞拜疆波斯萨珊的领土大胆挺进。他收复了东方重镇凯撒利亚，并沿

着阿拉克斯河行进，沿途摧毁了波斯控制的亚美尼亚地区首府。希拉克略的冒险大穿插让库斯老二世大吃一惊，因为他的精锐部队都分散在各将军手上。库斯老二世自己在亚美尼亚并没有足够可靠的精锐部队。

萨珊皇帝紧急召集了40000名士兵来迎战希拉克略。不过细心的拜占庭皇帝发现，波斯萨珊的军队大都是些临时征集的阿拉伯人，被库斯老的少量萨珊卫队统领，而阿拉伯人纪律性差是出了名的。

希拉克略在任北非总督时期就是战技高超的勇士，因此这位皇帝就在阵前要求与波斯萨珊的勇士单挑。萨珊卫队的一些勇士前来应战，但都陆续被希拉克略杀死了。结果那些阿拉伯人就不愿作战了，纷纷逃散。对于此战的另一种说法是，人数有限的不朽者精锐皇家卫队统领着那些阿拉伯人，而希拉克略在战场上引出不朽者，并且用自己的骑兵通过包抄将其击溃，从而造成了后阵阿拉伯人的全面逃跑。库斯老二世听闻也仓皇从干扎克城逃走，这里曾经是阿尔达希尔时代波斯萨珊帝国的都城。拜占庭军队随即摧毁了这里著名的火神庙，即琐罗亚斯德教（拜火教）的圣地，以报复波斯人对于耶路撒冷的劫掠。

经过这次胜利后，希拉克略整个冬天都驻扎在阿尔巴尼亚，招募着高加索的各族战士，为第二年的进攻积蓄力量。回到萨珊腹地的库斯老二世决定发动反击，因为他原先进击的主力军队现在都已经从前线召回。

在名将沙赫巴勒兹、拉欣、沙赫帕拉坎的统率下，三路大军企图联合起来包围并摧毁希拉克略的军队。库斯老二世制定了一个周密的

[1] 现在历史学家估计军队有 20000～24000 人。

▌上图： 公元 611 至 624 年萨珊军队与拜占庭军队的的行动

包围计划，而将领们则来执行。

　　沙赫帕拉坎夺回了一些地区，并尽力控制山路；沙赫巴勒兹负责迂回到希拉克略后方截断退路；沙欣则封锁比特里斯的通道。

　　危急时刻，机智的希拉克略决定使用计策让萨珊的三路大军分开。他派了假投降的拜占庭士兵，声称罗马人害怕并要撤回国内。这个情报看起来也合情合理。同时由于波斯萨珊指挥官们的互相嫉妒，沙赫巴勒兹害怕拜占庭军队撤退方向上的沙欣抢了最大的功劳，急忙用自己本来尾追的军队发起追击。结果希拉克略在提格兰科特（Tigranakert）发起反击，将沙赫巴勒兹的这一路军队击溃。接着他又迅速集结兵力，打垮了正在赶来的沙欣这一路军队。这简直就是后世"任他几路来，我只一路去"的风格。

　　在这两场胜利之后，希拉克略移动到阿拉克斯河的另一边平原上。萨珊将领这下不敢再分兵追击了。沙赫巴勒兹和沙欣的残兵重新整编，沙赫帕拉坎的军队也加入进来再

次发动追击。但沼泽让萨珊的军队行军速度十分缓慢。

　　萨珊军队行军至艾利威特（Aliovit），沙赫巴勒兹分遣他的 6000 军队，试图越过希拉克略的行军路线伏击他，而其他的波斯主力仍驻扎在艾利威特。不过随后，波斯人就失去了拜占庭军队的具体位置情报，而拜占庭皇帝不知道从哪里得到的情报，又神出鬼没地转了回来。在 625 年 2 月的一天，希拉克略发动夜袭，直接攻击了没有防备的萨珊军队大本营艾利威特。萨珊军大败，沙赫巴勒兹丧失了家眷、士兵与辎重，只身逃脱。

　　连续取得胜利的希拉克略回到亚美尼亚的凡湖以北地区，再次休整他的军队。紧接着，他又快速南下进抵幼发拉底河，但是这次他的军队被沙赫巴勒兹的军队堵在桥梁上，其先锋被沙赫巴勒兹使用假撤退然后发动反击摧毁。虽然希拉克略冒着萨珊军队箭雨，率领后卫军解救了军队，但也无法再继续前进，于是转回特拉布宗过冬。

上图: 古画上的君士坦丁堡防御战

萨珊军队在希拉克略的打击下遭到了惨重的损失,大量精锐部队命丧疆场,已经无法正常维持进攻。就这样,拜占庭帝国的传奇——希拉克略几乎终结了萨珊军队的战场主动权。

但到了公元 626 年,库斯老二世又得到了对拜占庭帝国的绝杀机会。他与阿瓦尔可汗结盟。阿瓦尔可汗撕毁了与拜占庭帝国的和平协定,率领由阿瓦尔人、斯拉夫人、格皮德人组成的 80000 人大军进攻君士坦丁堡。而希拉克略本人与其远征军还远在小亚细亚东北。

为了协同阿瓦尔人作战,库斯老二世决定将赌注全部押在赌桌上。他在缺乏足够正规军的情况下,仍倾力招募所有能作战的人,包括外国人。他重组了大将沙欣的军队,提供给他 50000 人,布置在美索不达米亚与亚美尼亚。虽然这支军队的作战素养是极不可靠的,但现在已经是决定性的时刻。

库斯老二世压上了倾囊而出的筹码,希望这一役能毁灭希拉克略。萨珊皇帝计划派沙欣用这支军队挡住希拉克略远征军进入萨珊腹地,而让沙赫巴勒兹率领由于连续失败规模变小的军队,偷偷穿过希拉克略的侧翼,一直到达博斯普鲁斯海峡东岸卡尔西顿,以便与阿瓦尔人一同进攻君士坦丁堡。

上图: 从博斯普鲁斯海峡观察君士坦丁堡

毁灭的威胁又一次降临在拜占庭帝国眼前。希拉克略知道这个时候率军返回君士坦丁堡，长达四年的远征就前功尽弃。在他与库斯老二世的对决中，他决定以豪赌对豪赌。富有英雄气概的拜占庭皇帝依旧制定了他最大胆的计划：他选择相信君士坦丁堡的防御，只派遣了一支小部队前往首都支援，目的是为了鼓舞守军的士气。他将绝大部分军队交给他的弟弟赛奥多西，对付沙欣的军队，而自己则率领一支军队进击萨珊帝国腹地。

这是一次孤注一掷的豪赌，帝国又迎来了最危险的时刻。626 年 6 月 29 日，阿瓦尔人对君士坦丁堡的进攻开始了。

8 万大军在投石车的支援下对城墙猛攻了将近一个月。君士坦丁堡内的大教长塞尔吉乌斯亲自指挥防卫。他带领教士队伍，冒着投石车的飞石，在城墙上高举着圣母像，激发守军的士气。拜占庭守军是 12000 名训练有素的骑兵（当时应该是下马状态）。他们在鼓舞下坚持守城，让攻城的敌人在城墙下伤亡惨重。阿瓦尔人的进攻受挫。

实际上，阿瓦尔人的盟友萨珊军队在这个时代已经是攻城战专家，但沙赫巴勒兹隔海无法攻城。阿瓦尔人兵力强大，却得不到萨珊先进的攻城装备与人员，因为拜占庭海军在博斯普鲁斯海峡间切断了他们的联系。为了援助盟友，萨珊军队在 7 月企图派遣军队用木筏通过博斯普鲁斯海峡，结果被拜占庭海军摧毁。阿瓦尔人驱使大量斯拉夫人，驾驶船只袭击金角湾的海堤，而主力从正面同时猛攻城墙。结果拜占庭海军使用大型战舰将斯拉夫人的船只尽数撞毁。到了 8 月 6 日，阿瓦尔人主力对城墙的攻击也失败了。

与此同时，返回的赛奥多西率领的拜占庭主力军击垮了沙欣的 50000 名缺乏训练的萨珊军队，沙欣忧郁中病倒身亡。恼羞成怒的库斯老二世痛恨他的失败，于是在沙欣尸体运回之后，虐待这位将军的遗体，竟然把他用盐卤起来。这个行为很可能吓到了另一位萨珊名将沙赫巴勒兹。

沙欣军的溃败以及攻城的失败让阿瓦尔可汗完全丧失了信心。他们撤退至巴尔干腹地，没有再威胁君士坦丁堡。之前始终与希拉克略周旋的沙赫巴勒兹，被拜占庭皇帝出示了一封截获的信，里面的内容是库斯老二世因为他的失败要处死他。虽然不知道内容真假，但沙赫巴勒兹考虑到之前沙欣的下场，似乎是相信了。他率军返回叙利亚北部，驻扎在那里开始观望。

上图：西突厥精锐骑兵

上图：希拉克略率领大军在行动

上图：战场上的希拉克略

现在，希拉克略进攻萨珊腹地就不用担心侧翼的危险了。而且拜占庭皇帝同时还做成了一件事：在君士坦丁堡围城时，他达成了与西

突厥可汗的同盟。

之前早在公元568年，西突厥与波斯人的关系因商业问题就已经恶化，并倒向罗马人这一边。这样，一个拜占庭帝国的强大盟友加入了战争。

公元626年，西突厥军队以高加索为基地，出动了40000名骑兵开始进攻萨珊帝国，并围攻重镇第比利斯。拜占庭军队也派遣了攻城部队，使用投石机协助西突厥军队攻城。库斯老急忙调动沙赫帕拉坎率领1000名骑兵援助第比利斯。城市在他的坚守下坚持了很久，但后来还是陷落了。希拉克略并没有在那里等待突厥人攻破城市，而是建设他在上底格里斯河的基地，为继续率军南下做准备。

公元627年9月，希拉克略再次开始他大胆的战略。他计划要发动一次冬季战役，率领拜占庭军队南下向萨珊帝国腹地进军。此前他每次向萨珊的进攻都是在冬季撤军，返回亚美尼亚与格鲁吉亚休息，而这次则反其道而行之，可能希拉克略已经知道，萨珊帝国腹地温暖的冬季可以保证他们的进攻。

他率领的拜占庭军队有25000人左右。本来他是有40000名西突厥军队作为盟军参战的，但后者可能因为不了解波斯腹地天气状况，加上波斯人的骚扰，决定撤军离开。这个坏消息让拜占庭皇帝少了大批盟军，但希拉克略经过斟酌，依旧执着地单独发动这次进击。

形势被突然逆转的萨珊帝国现在更加窘迫。库斯老二世数年前几乎灭亡东罗马帝国，成为拥有最大疆土的萨珊帝王的辉煌景象幻灭得如此迅速。这让"万王之王"陷入了巨大的恐慌——他最好的两名将军都无法使用，沙欣已经死了，而沙赫巴勒兹现在怀疑他的君王而无法调动。

库斯老二世派遣勇猛的亚美尼亚人拉赫

扎德赫，统领军队 12000 人，阻挡希拉克略的进军。拉赫扎德赫跟随着机动性极强的希拉克略军队，企图拦截但却不成功。不仅如此，拜占庭军队进入萨珊腹地后一路大规模劫掠，夺走了沿路村庄中所有的食物与饲料，让跟随在他们身后的拉赫扎德赫很难获得给养。当两支军队一齐向南方亚述省行进时，波斯军队的补给已经出现了短缺，特别是战马及驮兽的饲料。到了 12 月 1 日，拜占庭军队越过了大扎卜河，并在桥附近扎下营地以免萨珊部队过桥。拉赫扎德赫就从南部下游处涉水渡河。希拉克略见状，发挥自己骑兵的优势，对萨珊军队发动了一次突袭，杀死了很多波斯人，包括拉赫扎德赫的副将。

此后，希拉克略决心继续进行这场让敌人处处被动挨打的"运动战"。在公元 627 年 12 月 12 日，当他们到达古城尼尼微废墟附近时，拉赫扎德赫则从另一方向接近了尼尼微，波斯援军大约 3000 人集结在摩苏尔，准备加入拉赫扎德赫的军队，。

希拉克略知道了波斯援军正在赶来的消息。虽然还不知道波斯援军到底有多少人，但他还是决定趁波斯军队还未会合时反击身后的拉赫扎德赫。机智的希拉克略作出了假装撤退的姿态，渡过了底格里斯河。因为希拉克略发现这里的平原非常适合做他的战场。该地平坦没有遮挡，可以发挥他重骑兵冲锋以及肉搏的优势。而且，这天起了大雾，可以抵消波斯萨珊军队在远程攻击上的优势。

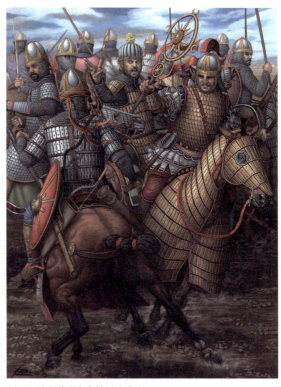

拉赫扎德赫将萨珊军队排出惯常的三等分战斗队形。希拉克略在如此有利的地形与天气下，宣告结束"撤退"。他命令所有军队回转，亲自率军向波斯人猛烈扑过去。大雾掩护了拜占庭重骑兵排山倒海的冲锋。萨珊军队遭到重大伤亡，但没有被击溃。

战斗的白热化阶段，拉赫扎德赫决定以自己的勇力来扭转败局。他设法找到了希拉克略，想杀死这位拜占庭皇帝。希拉克略亲自迎战，他策马向前冲，一击重重打在拉赫扎德赫的头部，杀死了萨珊的主将。萨珊的许多军官也驱马赶来加入决斗，结果被希拉克略与他的贴身卫队尽数杀死，而希拉克略的嘴唇也受了伤。波斯人在这种情况下丧失了勇气只好退却，损失达到了 6000 人。

尼尼微战役彻底打垮了波斯人的战争信心。628 年初，希拉克略占领了达斯塔格德，这里是库斯老的宫殿，拜占庭皇帝在这里获得了巨大的财富，并收回了之前被萨珊军队缴获的 300 面军旗。库斯老二世仓皇逃回了首都泰西封，摧毁了西面朝向的桥梁以免被拜占庭军队利用。但希拉克略也没有绕过运河，就如同八百四十四年前的迦太基名将汉尼拔一样，他没有攻击对方的都城。

战争的结局在希拉克略英雄史诗般的表演之后已经注定了。波斯人抛弃了他们在战争中被敌人逆转的皇帝，把库斯老二世曾经关押的儿子卡瓦德放了出来。库斯老二世被儿子推翻，并被关在了牢里折磨致死。新皇帝立即向希拉克略提出求和，并称自己与儿子为"罗马人的奴隶"。

希拉克略没有对波斯萨珊提过分苛刻的条件，因为帝国在这场战争中，特别是之前萨珊大举进攻时也接近枯竭。罗马人通过条约，收复了所有的失地，所有被俘的士兵都被释放，拿到了一笔战争赔款①，并且拿回了罗马人曾经在耶路撒冷被夺取的真十字架以及其他文物。

从公元 602 年波斯人趁东罗马帝国内乱大举进攻，到之后 614 年夺取耶路撒冷的真十字架，到最后 628 年罗马的辉煌胜利，希拉克略打了近 30 年的血腥战争，最终以奇迹般的大反攻，在对方首都附近取得决定性胜利，且夺回了圣物。整个教会都轰动了，而整个君士坦丁堡的居民都疯狂了。当几个月后，希拉克略

上图： 古画中的希拉克略夺回真十字架

上图： 希拉克略阵斩拉赫扎德赫

回到首都时，全城的人都出来迎接皇帝，他的儿子和大教长塞尔吉乌斯兴奋地匍匐在地上跪拜，庆祝这神圣战争的胜利。

公元 629 年 9 月 14 日，盛大的游行队伍走向圣索菲大教堂，慢慢地抬起真十字架，放置在祭坛上。对于拜占庭帝国的所有人来说，这都是一个传奇的伟大胜利。400 多年的罗马—波斯萨珊帝国的战争终于在这里以拜占庭帝国的彻底胜利而落下帷幕。希拉克略被民众称之为"新西庇阿"，更认为他自 622 年离开

① 当然这远远弥补不了罗马人的损失，只是让战败的萨珊帝国更加残破。

首都后战无不胜的 6 年传奇远征经历在罗马帝国军队中前无古人。

当然，希拉克略时代的拜占庭军队的基础是莫里斯时代打下的。这是一个拜占庭骑兵，特别是重骑兵技术革新的时代。来自东方的马镫是最重要的却不是全部，革新包括军事装备、军事战术及组织结构的一系列变化，显著提高了拜占庭骑兵的战斗力。希拉克略的远征军在原有革新基础上，又重视"轻装弓箭骑兵"，包括他在小亚细亚西部的征兵，以及之后在亚美尼亚与格鲁吉亚地区基督教地区的征兵。他传奇胜利中那些令人眼花缭乱的"运动战"，与他拥有一支强大的骑兵队伍是分不开的。

优质的拜占庭骑兵总能保证希拉克略对波斯萨珊军队发动卓有成效的突然袭击，骑兵的机动性也保证了他总能摆脱波斯将领的围堵，在自己想要的位置发动战役。在决战时，当年萨珊铁甲具装重骑兵已经威风不在，总是寄希望能远程削弱拜占庭的骑兵优势。而一旦在开阔地带被后者冲击，他们就会快速地逃跑，并且不知道怎么转回来。拜占庭重骑兵则尽可能选择开放的、平坦的地区，一旦进入波斯人弓箭的射程，就用整齐的、均匀的、密集的阵形发起攻击或冲锋，速度要快，因为在接敌过程中任何延迟都意味着敌方能

保持稳定的射速，发射更多的箭矢对付他们的战士与战马。

莫里斯皇帝的军事著作《战略》的伟大之处就在于书中对作为敌人的萨珊波斯军队有许多客观的评价，无论是优势还是弱点。之后希拉克略的战争则让这些预言一一应验。比如尼尼微战役中希拉克略就充分利用了大雾天气削弱了萨珊军队的远程优势，打了一场教科书式的会战。

不过正当君士坦丁堡的所有元老、教士、臣民为希拉克略的传奇胜利而忘情欢呼的时候，他们很可能不会去想近三十年无休止的战争与动乱对于帝国的巨大破坏。

阿瓦尔人与斯拉夫人曾在色雷斯地区大肆劫掠，并南下攻入希腊地区；波斯人则趁乱一直打到博斯普鲁斯海峡。虽然两者都遭到了失败，东罗马帝国也成功收复了所有地区，但造成的破坏依旧无法忽视。

罗马人也从未想到，拜占庭帝国的劫难远未结束。这个从日耳曼大迁徙浪潮中存活下来的罗马帝国延续者，以及刚刚获得艰难胜利需要休养生息的帝国，即将面对另一个崛起的力量。而这个力量还伴随着人类历史上第一次出现的宗教狂热的军事征服。这一切是战技高超的拜占庭重骑兵，甚至作战素质更高的军队都无法解决的问题。

第十一章

"安拉之剑"的锋芒

阿拉伯帝国大扩张时代的重骑兵

他们（阿拉伯帝国）仅仅用了20年的时间就把两个超级大国（拜占庭帝国和萨珊波斯帝国）弄得摇摇欲坠了。

——《剑桥插图伊斯兰世界史》弗朗西斯·鲁宾逊［英］

东罗马帝国在亚美尼亚战胜波斯人的公元 622 年，正是伊斯兰的"徙志"年。在希拉克略打败萨珊波斯帝国期间，穆罕穆德正在奠定阿拉伯世界的政治和宗教统一基础。他的工作充满了原始活力和极大的能量。

公元 627 年，穆罕默德坚守"先知之城"麦地那，挫败了麦加大军对该城的围攻。630 年初，穆斯林军队在半岛上的伊斯兰教势力日渐巩固后，降服了麦加城。随后，阿拉伯半岛远近的各个部落纷纷遣派使者前往麦地那表示归顺，少数对抗者遭到镇压。自此，阿拉伯半岛上的各部落民众开始以伊斯兰教为核心，建立一个统一的阿拉伯伊斯兰国家。这个政教合一的国家在之后的岁月将以极快的速度壮大起来。

在穆罕穆德去世几年后，阿拉伯人开始了军事大扩张。其宗教力量促使阿拉伯人远较过去的日耳曼人更加积极与义无反顾地远离贫瘠的故土。他们的目的并非完全是使非穆斯林皈依新信仰，而是征服新领土。作为先知继承者的哈里发们，为了巩固自己的统治，并满足阿拉伯人对商路和土地的要求，掀起了长达 100 多年的扩张运动。历史上称之为"阿拉伯大扩张时代"。

很多人在认识上对阿拉伯大扩张有误解，认为阿拉伯扩张最主要依靠的是沙漠地带戴着头巾，只批袍子不穿甲的阿拉伯轻骑兵。

其实根据现代诸多历史学家的研究，在公元 7 世纪初进行的大征服初期阶段中，阿拉伯军队中真正的主力既非轻甲，也非骑兵，而是步兵，其中包括步兵弓箭手和重装步兵。骑兵数量急剧增多则是阿拉伯帝国征服了北非及西班牙地区大片领土之后。在大征服初期阶段，阿拉伯军队的步兵最出色的当属其步兵弓箭手。他们在战斗中往往以强力复合弓倾射箭雨为特点，且阿拉伯弓箭手的箭头是重型箭头，其沉重的箭矢往往在一定距离内可以射穿较重的铠甲。此外形也被其对手萨珊波斯帝国的士兵嘲笑为"女人的纺锤"。如前面章节所说，萨珊波斯弓箭手习惯于使用较轻的，可以拥有较高射速的弓箭。但很快，阿拉伯弓箭手的强大杀伤力就让他们再难笑出来。

阿拉伯的重步兵作战素养也并非培养于大扩张时代，而是来自长期两面参与东罗马帝国与波斯萨珊帝国的战争中。他们因充当佣兵，拥有丰富的作战经验，特别是在沙漠地带。大扩张时代，阿拉伯重步兵的作战方式更近似拜占庭 – 萨珊波斯战争中步兵战术更先进的拜占庭帝国。他们也以密集队形作战，使用矛与大盾作为主要作战武器。如果遇上骑兵，他们也可以将长矛尾端插在地上组成拒马。除此以外，他们装备着类似古罗

▌上图： 著名的征服者——哈里发奥马尔

马式的短剑，而非当时罗马人已经普遍使用的长剑。防护上，沙漠地带的阿拉伯人虽然做不到全部批金属盔甲，但披甲率很高，当然比同时代东罗马帝国步兵的披甲率低一些，且头盔较为罕见。大扩张时代，阿拉伯重步兵拥有非常顽强的战斗意志，在实战中擅长打长时间的阵战，特别是防御战。因此，复合弓箭雨与密集矛阵几乎是阿拉伯军队不变的阵形。

如前面所说，阿拉伯早期扩张阶段，骑兵并不多，但其有名的阿拉伯马兼顾速度与耐力，质量非常高。他们的马匹一般来自于阿曼与也门，并以也门的最好。如此宝贵的马匹不会像公元9—10世纪的阿拉伯帝国那样多用途

下图： 从左至右依次为阿拉伯将领、阿拉伯步兵弓箭手、贝都因骆驼部队

使用，而是基本全部集中在精英的战斗部队。为了保存马力只在战斗中使用马匹，骑兵在行军时宁愿骑乘骆驼。阿拉伯骑兵一般布置在侧翼，用来打击敌方的散阵或轻步兵，也非常适用于追击。

骑矛被阿拉伯人看作最重要的骑兵武器。大扩张时期有的阿拉伯骑兵骑矛非常长，长达 5.5 米。其次才是剑，有的骑兵甚至使用双剑，即除了长剑以外，还装备另一把被称为"卡汉加"（khanjar），来自阿曼的短剑。阿拉伯人当时并不使用弯刀，那是 10 世纪之后骑兵武器逐步突厥化与波斯化的状态，这也是容易被人误解的。

不同于 10 世纪之后突厥化的阿拉伯骑兵，这个时代的阿拉伯骑兵不擅长骑射，而擅长近战搏杀。阵前叫阵单挑也是阿拉伯骑兵的传统之一。之前已经为萨珊帝国或东罗马帝国充当雇佣骑兵多年的阿拉伯骑兵也非轻甲。在公元 7 世纪中期，阿拉伯骑兵一般身穿铁甲，披挂着竖立的肩带，肩带内放着剑。与大多时间在马背上训练的、"保证一次猛烈震撼性冲锋"的东罗马重骑兵部队不同，阿拉伯的装甲骑兵则在步行作战时一样有效。如果人数多或者包围了敌军，又或者在面对坚阵时，他们就会下马作战。

大扩张时代的阿拉伯重骑兵没有具装骑兵，也没有马匹披甲的记录。也就是说，这个时代的阿拉伯重骑兵基本都是所谓的多用途快速重骑兵。

与他们普遍使用铁质专业马镫的东罗马帝国对手不同，这个时代阿拉伯骑兵处于一个马镫过渡的时代。皮革马镫是有的，但却经常被视为软弱的表现。他们宁可不用马镫来作战，这种情况一直到 7 世纪至 8 世纪初征服了呼罗珊地区，被装备铁质马镫的呼罗珊重骑兵影响才得以改变。

当贝都因人大量加入阿拉伯大侵袭时，他们对阿拉伯军队最大的贡献是提供了大量的单峰骆驼。这些单峰骆驼使得阿拉伯步兵在沙漠地带拥有其对手难以比拟的战略机动性，也给予骑兵在沙漠机动战时充足的备用坐骑。所以尼西比斯南部的沙漠天险，对阿拉伯人来说，不再像对于罗马人或波斯人那样是天然屏障了。阿拉伯人可以穿越部分沙漠地区，在对方意想不到的地方出现，在敌人尚未完全动员之际就发动突然攻击。因此，

上图： 擅长近战搏杀的阿拉伯骑兵

上图： 阿拉伯大扩张时期的精锐重步兵

"安拉之剑"的锋芒：阿拉伯帝国大扩张时代的重骑兵

167

上图: 中东的女兵

上图: 从左至右依次为祭司、萨珊名将沙赫巴勒兹、萨珊女王博兰（画面上当时还只是公主）

叙利亚中部、南部在他们面前不再安全。但阿拉伯人不像之前帕提亚人那样骑乘骆驼作战。骆驼在他们手中是标准的战略载具，而非作战坐骑。

阿拉伯军队还有另一个特点：在宗教信仰下，妇女会跟随军队作战。早期大扩张时代的

阿拉伯妇女地位较高，女人也常常参战。她们非但不会担惊受怕地希望丈夫与孩子舍弃军队回到家中，而是将疲惫的他们推回去、鼓舞勇气继续战斗。

阿拉伯人政教合一式的扩张是全面而迅速的，甚至向当时的两大帝国同时宣战。这在

「安拉之剑」的锋芒：阿拉伯帝国大扩张时代的重骑兵

两大帝国完善时期可以看作是自杀，但如前面所说，两大帝国已经因为双方的全面战争而异常虚弱。在 7 世纪 30 年代，阿拉伯第二任哈里发，著名的征服者奥玛尔在位时，曾经强大的萨珊帝国已经在战争中被彻底打碎。库斯老二世的儿子卡瓦德二世在夺取皇位后，杀掉了他所有的兄弟，自己在一个月后死于瘟疫。就此，萨珊帝国陷入了连续不断的内乱中。

拜占庭皇帝希拉克略向萨珊帝国曾经的名将沙赫巴勒兹提供了诱使波斯帝国更加混乱的条件。希拉克略写了一封信给沙赫巴勒兹："波斯的国王死了，王位将是你的，我会尽可能向你提供足够多的军队。"

630年4月27日，沙赫巴勒兹率6000人围攻泰西封，杀死了卡瓦德的儿子。沙赫巴勒兹就这样登上了萨珊帝国的皇位，希拉克略承认沙赫巴勒兹的地位，并承认后者信基督教的儿子尼西塔斯的地位。这几乎打开了波斯地区基督教的局面。但630年6月9日，沙赫巴勒兹又被人刺杀了。库斯老二世的女儿博兰登上了王位，她希望与拜占庭帝国修好关系。632年，她又被杀。之后一直到伊嗣候三世即位，萨珊帝国才出现了较为平静的局面，但这个帝国的脊梁已经破碎了。

因此，更加脆弱与分崩析离的萨珊帝国第一个遭到了打击。阿拉伯著名将领"安拉之剑"哈立德，在公元633年率领18000人入侵波斯的美索不达米亚。他在连续四场战役中全部获胜，萨珊帝国失去了对该地区的控制，使得心脏地带泰西封暴露在阿拉伯人的打击下。不仅如此，萨珊帝国在建设防御堡垒时，重点防范西部的罗马人以及东部的突厥人，而南部的堡垒后期则是荒废的，这点也被阿拉伯人所利用。

在636年11月的卡迪西亚会战中，萨珊

上图：端坐在战象上的萨珊军统帅与铁甲重骑兵，但这些依然无法挽救萨珊的灭亡

帝国倾注的最后精锐也被决定性地击败，即使出动战象也未能挽回败局。阿拉伯帝国潮水般地向东扩张，伊嗣候三世不停继续着向东的逃亡和战败。期间他曾向中国求救（中国当时已经是唐朝），但最终在东方呼罗珊省被害。他的儿子卑路斯三世则带领大量难民逃向中国。曾经四百年的中亚霸主——萨珊波斯帝国宣告灭亡。

萨珊波斯帝国的灭亡除了上述政治原因，还有军事领域的问题。就如上个章节所说，库斯老一世的改革从长远来看是不成功的，帝国晚期边境掌握着军队的总督，实际上已经变成了半独立的封建世袭领主。当萨珊皇家军队面对阿拉伯军队遭到失败后，很多总督对于入侵者的抵抗是非常有限的，甚至一部分根本不愿意联合起来对抗敌人。东部地区又大部分皈依伊斯兰教，结果前萨珊的军队在萨珊帝国灭亡之后，转而负责守卫阿拉伯帝国在伊朗中部不断扩大的边境。这些人既包括当地群山中的德拉米步兵，也包括库斯老一世改革中大力提携的那些德赫干贵族。阿拉伯帝国的全具装重骑兵也是从这时开始出现，之后还要再详叙。

至于拜占庭方面，在对萨珊波斯帝国战争结束的一年后，罗马人在希拉克略的领导下，继续他们的胜利。他们另一个大敌——阿瓦尔人在君士坦丁堡城下的失败让其威望大减。他们无法再控制诸斯拉夫部落，结果在公元630年爆发了斯拉夫人的大起义。希拉克略则资助他们，并让他们接受了基督教的洗礼。曾经强大的阿瓦尔汗国在东欧的统治开始瓦解。

但胜利者拜占庭帝国就如上章结尾所述，也付了巨大的代价。胜利的光辉很快被战后无休止的纷争与吵闹代替了。战前因同仇敌忾而搁置在一边的各种矛盾现在都浮出水面，战后巨大的财政亏空难以妥善解决，大量因战争而破败的城市也需要时间复苏。帝国教会与东方省份及北非省份的宗教分歧，埃及省份的柯普特人（就是古埃及人后裔）与叙利亚人的分离进一步强化。

拜占庭帝国的传奇英雄——希拉克略那令人惊异的体力、勇气与运气，也似乎耗尽在了与波斯萨珊帝国的战场上。曾经在战场上手刃敌方大将，富有英雄气概的皇帝变得体弱多病，而战后帝国一系列短时期无法解决的问题也让他心力交瘁。拜占庭帝国在战争中耗尽了资源，需要休养生息的帝国无法面对来自东方的大规模宗教战争。由于不停的战争引起的高额的税收，使东部的省份并未从胜利中受益，因此当阿拉伯入侵时，他们很快倒向了侵略者。

阿拉伯人对于拜占庭帝国

的打击几乎是与灭亡萨珊波斯帝国同时进行的。公元 634 年，阿拉伯人伟大的征服者奥马尔哈里发开始攻入帝国领土，而他麾下的名将"安拉之剑"哈立德则连续击败东罗马军队，并带领军队骑乘骆驼，以闪电般的速度直指叙利亚重镇大马士革。经过围攻，大马士革陷落并被哈立德屠城。

到了 636 年，希拉克略计划反击阿拉伯人的入侵，但他由于身体原因不能再亲自指挥战争。他派遣弟弟塞奥多西率领一支大军前往叙利亚，塞奥多西实际是文职人员并不太擅长军事，真正的指挥是亚美尼亚将军瓦汉。此外，希拉克略也发动曾经的敌人——萨珊波斯帝国，以条约和联姻要求波斯人也同时出兵。伊嗣候三世也动员了他的军队，但因为当时波斯萨珊残破的政府状态与低效的动员能力，他们没有赶上关键性的这一仗。

哈立德注意到了拜占庭军队的集结，于

「安拉之剑」的锋芒：阿拉伯帝国大扩张时代的重骑兵

右图: 阿瓦尔重骑兵

171

是立即集中他分散在四处的部队。最终，哈立德在叙利亚南部的雅穆克集结了他的军队。亚美尼亚将领瓦汉带领的拜占庭军队也一路进军，在收复了大马士革之后，也到达了那里。决定性的一仗即将拉开序幕。

拜占庭军队的人数根据现代历史学家估计为20000人，再包括联盟军达到40000人是较为可信的，阿拉伯军队的人数现代学者估计一般为15000～24000人。罗马人在叙利亚集结后，依靠大马士革来补给，但这里刚遭到严重破坏与屠杀，因此补给的负担让军队与地方的关系严重紧张。不信任的气氛也在军队中的罗马人、亚美尼亚人与当地信仰基督教的阿拉伯人之间弥漫。再加上各民族之间的宗教隔阂，军队指挥官很多精力都在平息军队中这些紧张的分歧，而这些争斗也严重影响了东罗马军队的协调规划。

双方军队到达雅穆克。哈立德占据着相对有利一些的地形，特别是一些山丘。比如塔尔艾尔贾穆阿，既可以作为阿拉伯军队右翼的屏障，也可以隐藏一些预备队，而后来这里隐藏的预备队就发挥了重大作用。而且在拥有山谷的地形中，瓦汉那占有人数优势的军队很难包抄阿拉伯人。

瓦汉根据希拉克略的安排，与阿拉伯人进行了外交磋商，这也许是为了等待波斯人的援军。谈判当然是未果的。但另一方面，阿拉伯军队同时在向波斯开战。在东方的卡迪西亚，人数较少的阿拉伯军队正在面临萨珊军队的威胁。因此，拖延战术是哈立德所欢迎的。在此之后，阿拉伯援军源源不断地进入雅穆克，这使得罗马人开始担心，因此瓦汉只能先发动攻击。但他们并不知道，阿拉伯军队抵达雅穆克的只是小股援军。哈立德是为了给人一种援军源源不断的印象，来迷惑拜占庭军队先发动攻

击。这样，阿拉伯人就可以使用他们擅长的阵地防御战术来作战。

公元636年8月15日，战斗正式打响。两军列阵，罗马人先以惯用的一阵箭雨作为战斗的开始。东罗马军队派遣他们的勇士前来挑战，阿拉伯军队也派出他们专门用来决斗的勇士迎战，这是专门精于步骑角斗来削弱对方军官力量的。到了中午时分，在损失了一些勇士

之后，瓦汉命令罗马人做了一次试探性攻击，想利用其装备的优势，去发现阿拉伯军阵中可以突破的地方。但是罗马军并不能击破由经验丰富的阿拉伯老兵组成的阵形，低强度的肉搏战持续到黄昏，两军暂时休战。

第二天，大概也因为罗马人了解了伊斯兰文化上的一些习俗，拜占庭军队突然在黎明时分发动攻击。瓦汉的意图看来是在保持着中央战线的攻击同时，利用侧翼攻击这些数量较少的敌人。在拜占庭军队三次这样成功的袭击之后，阿拉伯军队右翼开始败退，罗马人冲进了阿拉伯人的营地。那里有着撤退的阿拉伯士兵，还有大量的随军家属，特别是女性。但此举不但没有造成阿拉伯军队的崩溃，相反，这些女人重新鼓舞他们的丈夫与孩子。她们用鼓声激励，用石块将他们砸回去，让这些被击退的士兵重新返回与罗马军队拼杀。

同样的事情也在阿拉伯军队左翼发生了。在这里，虽然进度稍慢一点，但罗马人

组成密集枪盾阵的重步兵，也击退了阿拉伯军队。但后者同样被营地的妇孺所鼓舞。这样不可思议的事情也造成了罗马人的极大困惑，他们不知道该如何面对这样的场面，罗马人最有利的攻势就这样被挡住了。哈立德随即派遣了骑兵，先对阿拉伯右翼然后对左翼进行了支援，同时阿拉伯中央阵线也发起

上图： 哈立德率领阿拉伯军队穿越沙漠

"安拉之剑"的锋芒：阿拉伯帝国大扩张时代的重骑兵

173

上图：雅穆克战役第四天，当东罗马军队攻破阿拉伯军营地，妇女加入防御的场景

上图：阿拉伯重步兵与弓箭手

反击。侧翼阿拉伯骑兵在拜占庭军队的阵线上突破了一个点，但也无法取得进一步战果。第二天结束后，双方的军队再退回营地。

第三天，东罗马军队继续使用这样的方式发起攻击，不过这次侧重于战场的北部（也就是左翼），这次攻击造成了阿拉伯军右翼与中央阵线偏右军队的败退。然而后者再一次被营地里的老弱妇孺逼出来与罗马人拼命，甚至有阿拉伯士兵这样叫道，"罗马士兵比我的老婆好对付多了！"后阵的哈立德立即又派遣骑兵支援，恢复了阵线。但这一次，阿拉伯军队遭到了较大的伤亡。

第四天是阿拉伯军队最困难的一天，也是决定性的一天。在第三天瓦汉就差点突破他们的战线，而阿拉伯军队则在几天战斗中丧失了绝大部分的步兵弓箭手。瓦汉重复使用前两天的战术，利用装备优势进行猛烈攻击——战场的地形也使得他没有太多选择，只能强攻。在

这天，瓦汉的亚美尼亚军团——很可能其中拥有在与波斯萨珊战争中享有声望的拜占庭精锐重骑兵——在迦萨尼德[①]骑兵的掩护下，将阿拉伯军队中央阵线右侧的军队再次击退，而中央阵线与左翼的阿拉伯军队也在苦苦支持。在这个关键时刻，阿拉伯统帅哈立德决定投一个重注，他将阿拉伯军队的骑兵主力全部集中在了自己右翼，而这会让阿拉伯中央阵线与左翼的军队完全丧失骑兵的掩护。

这个决定使得中央阵线的阿拉伯军队完全陷入困境。他们之前已经损失了大多数的弓箭手，现在又没有了骑兵。拜占庭弓箭手向他们不断倾射箭雨，而拜占庭弓骑兵则毫无顾忌地直接冲到很近的距离向他们发射箭矢。这天也被阿拉伯人叫作"失明之日"，因为当天有大量的人被射瞎。在极度不利中，阿拉伯中央阵线中的一部分军队被拜占庭军队的猛攻切断，几乎所有人都战死或重伤。这个时刻，中央阵

① 东罗马帝国在约旦地带的附属国。

上图： 雅穆克战役中东罗马军队的崩溃

上图： 左上为拜占庭具装骑兵，左下为拜占庭重步兵，右上为拜占庭快速重骑兵，右下为轻步兵

线与左翼的阿拉伯军队开始溃退，这次妇孺们再怎么激励都没用了。

但这时候，妇女们站了出来。她们竟然组织起来，一面呼喊阿拉伯军队再次投入战斗，一面直接扑向东罗马军队，甚至包括骑兵统帅扎拉尔的妹妹。战斗结束后，阿拉伯人在重伤员中找到这个女人时，她头上还插着罗马人的剑。狂热的力量再次爆发在阿拉伯人中，阿拉伯中路与左翼竟然仍然在摇摇欲坠中没有失守，哈立德的豪赌成功了。

在右翼，哈立德亲自带领集中的骑兵主力，对正在前进的亚美尼亚军团和迦萨尼德骑兵发动了反攻，而右翼退却的阿拉伯军队也返回冲杀。拜占庭拥有精锐骑兵的左翼败退了，而迦萨尼德骑兵损失惨重。

之前，当拜占庭骑兵在左翼发动猛攻时，与步兵脱节出现了一个缺口，而这个缺口被哈立德利用了。阿拉伯骑兵迂回到了这里，使得腹背受敌的拜占庭骑兵们慌不择路地奔逃，在撤退中遭受了大量的损失。哈立德此后立即使用他的骑兵，猛攻罗马人的左翼。

而另一支在罗马人左翼突击前，就迂回隐藏在塔尔艾尔贾穆阿山丘之后的阿拉伯骑兵，则在追击拜占庭骑兵时发挥了重要的作用。高速的阿拉伯骑兵使得拜占庭骑兵再也无法重整编队，直至被完全击溃。接着，这些骑兵追赶着溃败的罗马人骑兵，轻松地夺取了拜占庭军队后方的战略要地瓦迪鲁盖得桥。阿拉伯人夺取这个桥，意味着罗马人整支大军的后路被切断了。罗马人陷入绝境，只有向北突围一条路，但阿拉伯军队的主力已经移动到了那里。这使得整个拜占庭军队进退不得。

第五天，精疲力竭的阿拉伯军队与拜占庭军队的主力都在重新编组，但因为军事要点的丧失，这并未给陷入绝境的瓦汉任何机会。他试图尝试夺回后方要点瓦迪鲁盖得桥，以求得逃生之路，但被击退了。拜占庭军队在第五天已经开始出现崩溃的迹象。

到了第六天，阿拉伯大军全线推进，罗马人右翼统帅战死，接着崩溃蔓延到了罗马的中央阵线和左翼。一些人在逃跑中落入深谷，一些人试图跳入水中逃生，又被高地的阿拉伯人投掷石块而淹死，大量的人在逃跑中被直接杀死。不过依然有大量的拜占庭士兵逃脱了杀戮。

瓦汉很可能是战死了，希拉克略的弟弟塞奥多西也亡于阵中，东罗马大军据现代学者估计损失了将近45%的兵力。但关键在于即使还存活着大量的士兵，其军事建制也已经被摧毁了。阿拉伯人也付出了数千人的代价，当然，与失败者相比，这个本来不算小的损失显得微不足道。

这场决定性的失败使得曾经的拜占庭英雄一蹶不振，也使其失去了收复失地的勇气。他目睹自己曾经一生的成就毁于一旦。挫败波斯人，拯救帝国的巨大胜利不过是替新征服者铺平了道路。就在他曾经通过史诗般奋斗、千辛万苦收复的土地上，阿拉伯人的大侵袭如洪水般在泛滥。希拉克略在震惊中只能发出"永别了，美丽的叙利亚，这么好的河山，就永远属于敌人了"这样的哀叹。

如果仅从军事装备与素养上来看，其实阿拉伯人算不上有什么优势。虽然拜占庭步兵更多地是配合骑兵来作战，但东罗马的重步兵装备较其周边对手依然是非常齐全而完善的。在作战上相当依赖重步兵的阿拉伯军队，装备上也略逊色于拜占庭重步兵，只有轻步兵诸如弓箭手，阿拉伯人或许可以胜出。而在骑兵装备上，阿拉伯人没有具装骑兵，没有马镫，没有弓骑兵，没有标准化的训练和演习，除了坐骑上优质的阿拉伯战马可以弥补之外，整体大为逊色于拜占庭骑兵。

但战争的胜负很多时候不仅仅取决于军事装备与素养。

哈立德的胜利与当时大扩张阶段阿拉伯人的宗教鼓舞及决心是分不开的。其实他的对手

拜占庭统帅瓦汉在第二天就攻入了他的营地，结果不但没有因此扩大战果，反而被阿拉伯妇女鼓舞着已经败退的阿拉伯士兵击退。第三天，他们也被同样不可思议的原因击退。而在正常的战场情况下，军队中的大量家眷起的是反作用。所以这是完全出乎当时任何军事指挥官预料的。这是战技高超的拜占庭重骑兵，甚至其他高作战素质的军队都无法解决的问题。

到了决定性的第四天，哈立德成功的豪赌让他直到今天都享受着名将的光环。但我们可以假设，如果他集中所有骑兵在右翼造成己方中央阵线与左翼溃败呢？这在一般的军队是很有可能的。因为正常情况下，"失明之日"这样的损失已经可以造成军队的崩溃了。而事实上，阿拉伯的中央阵线和左翼也"几乎"崩溃了。当时中央阵线与右翼的阿拉伯军队开始溃退，连前两日有效的妇女激励都失去了作用。这个时候，妇女们却组成敢死队抵挡住了东罗马军队的攻击，并激励他们已经败退的丈夫与孩子继续返身投入战斗。抛开特定的环境，这是正常的军队所做不到的。

东罗马帝国军队的统帅亚美尼亚人瓦汉，他的骑兵相对于对手，是分散在左中右三个方向上的，这也是他之后被军史学家所批评的最主要原因。但他的布阵也许是因为当时叙利亚的这支多民族、多宗教派系的拜占庭军队，内部的争吵与不和，使得整场战役中他无法使用决定性的方案。他不可能像哈立德那样，随意调动精锐部队集中到自己想要攻击的方向。罗马人方面，可能也只有健康状态下的希拉克略亲自挂帅才能做到这一点。

但总体说，他的用兵也是符合逻辑的。先试探对手，再连续趁着对手礼拜的时间突击对手，造成对方步兵弓箭手的损失——步兵弓箭手可能是阿拉伯军队中相对于拜占庭

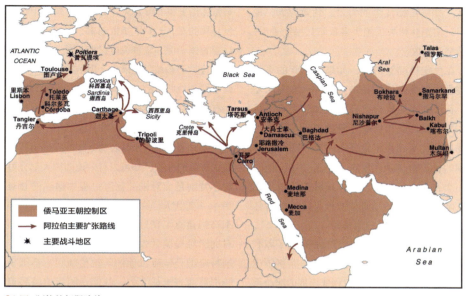

上图： 阿拉伯征服路线

下图： 萨珊军队在阿拉伯军的打击下逃亡，从左至右依次为萨珊贵族、萨甘坦战士、萨珊亲王、波斯轻骑兵

「安拉之剑」的锋芒：阿拉伯帝国大扩张时代的重骑兵

177

军队，唯一占据优势的力量。到第四天，他趁阿拉伯军队损失了绝大多数步兵弓箭手后，发动全面的攻击。

在决定性的第四天，如果在正常的军事环境中，即使是哈立德击败了拜占庭军队左翼，瓦汉的军队也会突破哈立德的中央阵线和左翼，最终获得有利于他的局面。但事件的发展却完全超出了他作为一个普通拜占庭将领的认识范围。在整个人类历史中，他是第一个在大决战中遇见大规模狂热阿拉伯军队及随军家属的罗马将领。他是不可能有任何经验或者是前人经验借鉴的。

但无论如何，雅穆克战役直接决定了叙利亚的命运。东方首府安条克没有作任何抵抗就向入侵者投降了；接着，叙利亚南部的耶路撒冷城也在巨大的压力下打开了城门；再接着，阿拉伯军队又发动了对埃及的进攻。在之后长达一个世纪的时间，阿拉伯军队几乎是所向披靡。在东方，他们在公元651年就灭亡了曾经的中亚霸主波斯萨珊帝国。在西方，除了攻击小亚细亚核心地带和君士坦丁堡遭到失败外，他们几乎战无不胜。阿拉伯军队还逐步占领了北非，并通过直布罗陀海峡进入西班牙。在那里，他们又消灭了在西班牙的西哥特人。于是，一个横跨亚、非、欧的庞大伊斯兰帝国建立了起来。

到了阿拉伯帝国倭马亚王朝阶段，骑兵的重装化与正规化渐渐开始了。之前的阿拉伯骑兵，即使是被称为"机动卫队"的最精锐骑兵，也是马匹不披挂铠甲，人披挂铁甲的快速重骑兵。但在向东方的征服中，如前所述，很多萨珊的德赫干贵族皈依伊斯兰教后提供了大量的具装重骑兵。于是，这些曾经的萨珊阿斯瓦兰重型具装骑兵转而服务于阿拉伯帝国。

此外，阿拉伯本土骑兵的重装化也在进行，

马铠逐渐变得非常常见，而且并不局限于哈里发直属的军队。到了7世纪末，阿拉伯具装骑兵穿着锁子甲，戴着头巾，拥有臂甲，手持骑矛，这种形态被广泛采用。但阿拉伯具装骑兵的马铠与他们的敌人——拜占庭帝国的具装骑兵有很大不同，他们的马铠虽然是全身保护，却是以较轻的一些简易材料所制成的。这种马铠不能对阿拉伯本土具装骑兵在冲阵或肉搏中提供有效的保护，却可以有效地防御大部分弓箭，特别是面对东部征服过程中遇到的新对手——突厥人。在与他们的战斗中，简易轻型马铠建立了良好的声誉。阿拉伯重骑兵面对突厥轻弓骑兵发动的"帕提亚"战术时，这种轻型马铠可以保护阿拉伯骑兵不会因坐骑中箭而丧失战斗力，并能让阿拉伯骑兵追上突厥弓骑兵。而在近战搏杀中突厥骑兵完全不是阿拉伯骑兵的对手。不过，突厥弓骑兵随后也开始被雇佣，弥补之前阿拉伯军队中没有骑兵射手的不足。

马镫这项伟大的发明，在这个时期也终于被固执的阿拉伯人所采用。7世纪时，呼罗珊当地总督曾强迫他们的军队使用马镫。这个时代，阿拉伯人终于有了标准意义上的铁质马镫。

到了8世纪中期，在哈里发马尔文二世的统治时期，阿拉伯重骑兵完全走向正规化。他们开始被集中编组，并将精锐聚集成一支小的突击力量在战场上的关键时刻发动突击，而那些装甲较轻者用来摧毁已经处于混乱中的敌人。这与他们的对手——拜占庭帝国重装骑兵的改革几乎是一致的时间，这我们以后还会详叙。

当时的阿拉伯重骑兵的用途是在己方步兵阻挡住敌人骑兵后，发动快速的，选择性的重复冲锋，瓦解对手。阿拉伯的重骑兵采用与他们敌人拜占庭军队一样的冲击战术。不过大扩

上图: 左为阿拉伯安萨尔骑兵，中为转而为穆斯林服务的波斯阿斯瓦兰具装骑兵，右为伯伯尔人辅助军

下图: 中间为倭马亚王朝时代的阿拉伯重骑兵

张时代阿拉伯骑兵善于下马作战的传统一直保留了下来，他们仍随时准备好下马防御作战。

马尔文二世改革之后，阿拉伯人就推翻了之前的倭马亚王朝建立了阿巴斯王朝，很多呼罗珊人参与其中。阿巴斯王朝是阿拉伯帝国的极盛时期。到了9世纪初年，哈伦·拉希德时代是阿拉伯帝国最强大的时期。其在出兵攻击拜占庭帝国时，曾一次出动惊人的13.5万人的军队，迫使拜占庭皇帝求和。

阿巴斯王朝的装备也较倭马亚时代更重。阿巴斯王朝建立后，其军队核心从之前的本土阿拉伯人逐渐转为了伊朗地区的呼罗珊人。呼罗珊人具有很多伊朗地区的中亚特征，其骑兵更讲究重型马装，包括骑兵射手也更加重装。到了9世纪初，哈里发马蒙在内战中依靠东部的军队战胜了阿明，使得呼罗珊军队的地位进一步提高。东部突厥军队也开始越来越受重视，

他们作为装甲弓骑兵作战。东方化的札甲这个时代多了起来。在阿巴斯时代，至少在东部，札甲作为重型铠甲已经完全可以与锁甲分庭抗礼。这些重型弓骑兵穿着类似于基督教僧侣的服装，留着胡须与长发，身披札甲或锁甲，有护臂，使用骑矛、弓、剑与皮革盾牌——虽然他们对于剑的依赖性大过骑矛和弓。此外，这些重骑兵还有吟游诗人为他们助兴。

从这个时期起，在阿巴斯王朝中，骑兵或是重装骑兵已经占据了核心的位置。不过他们还是必须配合阿拉伯步兵作战。诸如使用超长枪、最负盛名的步兵"阿巴斯军"，以及身穿札甲，使用长矛、盾牌、弓的呼罗珊重步兵，都是阿巴斯王朝的步兵精英。阿拉伯步兵擅长的传统防御作战还是很重要，即使是在开阔地带作战也是如此。不过，伊朗人的军事力量已经成为主力。呼罗珊的军队，无论是骑兵或是

下图: 1. 呼罗珊重骑兵; 2. 突厥雇佣军; 3. 阿拉伯步兵; 4. 波斯骑弓手

下图: 1. 突厥古拉姆禁卫军; 2. 阿布那步兵; 3. 哈里发穆塔瓦基勒

步兵，均居于统治地位。而且根据当时阿拉伯历史学家的记载，装备也较其他部队更好。

这个时期，阿拉伯帝国仍在与他们最主要的敌人——拜占庭军队在安纳托利亚地区进行着拉锯战。这个时代的阿拉伯重骑兵装备已经丝毫不逊色于拜占庭重骑兵。而且，在这个地区阿拉伯人驻扎了数量更多的重骑兵。这种情况直到9世纪后期，拜占庭帝国黄金时代的马其顿王朝时期才发生逆转。

之前在阿巴斯王朝建立初始，倭马亚的后裔就在西班牙半岛建立了后倭马亚王朝。紧接着，北非摩洛哥也于8世纪后期独立，不过这种程度的分裂还不足以过分削弱阿巴斯王朝的实力，阿拉伯帝国继续他们强大而兴盛的黄金时期直至861年。

在9世纪30年代的哈里发穆塔西姆的统治下，阿拉伯帝国继续与拜占庭帝国的战争。其中阿拉伯帝国特别依赖突厥军人，特别是精锐的奴隶军"古拉姆禁卫军"，当时主要是由重装弓骑兵与轻装弓骑兵组成。他们帮助哈里发在一些战役中取得了胜利，那也是突厥军队在阿拉伯帝国地位急剧提高的开始。

之后哈里发穆塔瓦基勒即位。虽然他的时代依然被认为是"阿巴斯王朝最后的辉煌时代"，但在他统治下中央政府、宗教政策与对外战争都出现了动荡与不稳定的动向。他与前任一样特别依仗突厥奴隶军"古拉姆禁卫军"，同时也非常重用突厥官员。但最终，他被自己的突厥卫队在公元861年12月11日所杀。

穆塔瓦基勒死前还派遣了一支大军，前往安纳托利亚地区，与拜占庭军队作战。这支军队在小亚细亚大肆的攻伐洗劫与掠夺。

"安拉之剑"的锋芒二：阿拉伯帝国大扩张时代的重骑兵

下图：1. 呼罗珊卫士；2. 呼罗珊重弓骑兵；3. 费尔干纳骑兵

但在公元 863 年 9 月，由阿拉伯帝国埃米尔奥马尔指挥的这支军队在拉拉肯尼之战中，被拜占庭名将彼得洛纳斯击败，全军覆灭。奥马尔本人战死。

这次会战成为数百年来阿拉伯与拜占庭战争的转折点。这次胜利后，拜占庭军队因与保加尔人的争端又将军队调了回去，并没有立即扩大战果。但哈里发远征军的覆灭，使阿巴斯的正统权威再度遭到削弱，也加速了突厥军人的夺权过程。

穆塔瓦基勒的儿子在即位后仅 6 个月就离奇去世，历史学家怀疑是突厥军事首领所为。他的继承者穆斯塔因因与突厥军事首领存在分歧，也很快被杀。之后，突厥各军事首领往往选出新的哈里发并加以控制。哈里发一旦威胁突厥军人的利益，就很快被杀。阿巴斯王朝进入了所谓的"萨迈拉的无政府时期"。突厥军事首领们在这个时代之后，逐步掌握了阿拉伯帝国真正的实权，而中央政权的衰弱与混乱局面又更加鼓励了各军事分封贵族的独立。到了 9 世纪后半期，阿拉伯帝国的破碎开始加剧，分裂达到了无法抑制的状态。之前由于军事分封制"伊克塔"，逐步让帝国在扩张中形成了强大的地方势力，这也促使割据局面的形成。各地的总督与军事统帅趁机自立。

在 9 世纪末至 10 世纪，各埃米尔建立了大量的王朝，并且相互攻伐。虽然在面对异教敌人时，这些林立的埃米尔王国有时候可以发动"圣战"保持一致。但此时的圣战已经不会像大征服时期的那么义无反顾，士兵们盘算得更多的是风险与收益。曾经有来自呼罗珊的数千名精锐士兵参加"圣战"，但听闻前线不利，便转而坐船打道回府。不仅如此，各埃米尔王国之间的矛盾也会让他们借助异教敌人，来削弱其他的王朝。阿拉伯帝国出现了真正的完全分裂局面，哈里发实际控制的地区则越来越小。

虽然阿巴斯王朝名义上至 1252 年才被蒙古军队所灭，但阿巴斯王朝的传统重骑兵在 9 世纪后半期就衰落了。不过，这更多是由于分裂对人数产生的影响。其中一些伊斯兰王国，诸如在盘踞在小亚细亚与叙利亚的哈姆丹王朝、东方省份建立的萨曼王朝，以及 10 世纪末在埃及兴起的法蒂玛王朝，都是拥有较多重型骑兵的王朝，且单兵装备的质量完全不逊色于过去的阿巴斯重骑兵。比如哈姆丹王朝的重骑兵被这样记载道："一个哈姆丹骑兵的装备非常沉重，以至于很难让这样一匹马在炎热的天气战斗。"萨曼王朝的重型骑兵仍是传统中亚风格的延续。而哈姆丹王朝与法蒂玛王朝的重骑兵受当时又再次兴盛的拜占庭帝国影响很大。古典时代，拜占庭帝国晚期的铁甲重骑兵发展至 9—11 世纪中期又再次崛起，无论是装备与战术，在那个时代又重新建立了优势。关于拜占庭帝国黄金时代的重骑兵，我们之后的章节还要详述。

最后，让我们将视线转回希拉克略史诗般挫败波斯萨珊帝国的 7 世纪初，因为同时代，远东中华大地的一个强大的王朝正在崛起，这个王朝的精锐骑兵也由一个富有英雄气概的皇帝来指挥，并成功地统一了中国。在萨珊波斯帝国被阿拉伯灭亡之际，末代皇储卑鲁斯三世还被收留在这个王朝成为皇帝的禁军将军。而这个王朝统治下的帝国将与倭马亚王朝统治下的阿拉伯帝国并列为那个时代最强大的帝国。同时，中华帝国最强大的骑兵时代也将展现在我们面前。

第十二章

玄甲军的狂飙

"天可汗"的大唐帝国重骑兵

秦王世民选精锐千馀骑,皆皂衣玄甲,分为左右队,使秦叔宝、程知节、尉迟敬德、翟长孙分将之。每战,世民亲被玄甲帅之为前锋,乘机进击,所向无不摧破,敌人畏之。

——《资治通鉴·卷第一百八十八·唐纪四》

正当罗马人传奇般的英雄皇帝希拉克略带领军队与入侵的萨珊波斯帝国鏖战之际，远东最具英雄气概的军事指挥官也在进行他个人军事生涯中最出色的表演。他就是大唐帝国皇帝李渊的第二子——秦王李世民，日后的唐太宗，唐帝国最富能力、经验与威望的统帅。

李世民于公元620年8月率领50000人的军队，从山西向洛阳进发，执行摧毁河南王世充势力的作战计划。一开始，王世充的郑军在战场上节节败退。不过到了公元621年，王世充亲率军队发起一次重大反击，使带兵巡行营地的唐军将领屈突通、窦轨遭遇了失利。

此时，李世民亲自率领唐军最精锐的骑

上图：唐太宗李世民

兵"玄甲军"——军服与盔甲均为漆黑色的1000名精锐骑兵前来增援，与王世充前来迎击的郑军骑兵展开了激烈的骑兵战。最终，玄甲军大败王世充的骑兵，俘获王世充的骑兵将领葛彦璋，歼灭和俘虏了6000多人，使得王世充溃逃回洛阳城内。

同年，李世民选出2500名精锐骑兵，其中包括1000名最精锐的玄甲军，以及1000步兵，离开围攻洛阳的唐军，奔向虎牢关。他将要迎击窦建德前来支援王世充的一支兵力高达10～12万人的夏军。在决战中，李世民先通过挑战胜利，以及拖延决战时间等计策造成窦建德军队的士气低落、口渴与疲劳。然后，他出动300骑兵试探夏军的阵势。在确定形势后，李世民下令把更多的精锐骑兵集中在窦建德的已经有动摇迹象的左翼。李世民率先出发，其他支队骑兵跟随在后，向东涉过汜水，直扑敌阵，开始总攻击。窦建德的军队由于猝不及防和疲惫，已经出现了部分的崩溃。但窦建德军中的精锐骑兵还是进行了有效的对抗，掩护形势窘迫的夏军后撤靠近东面的山坡，这使得夏军处于泗水流域东部的悬崖地区——一个不错的防御地形。

由于窦建德骑兵数量众多，唐军骑兵突击稍显不利，李世民立即命令其他骑兵支援。他还趁夏军防御阵地转移造成较大混乱之机，出动了自己的王牌。他亲自率领最精锐的1000名玄甲骑兵，在程知节（就是程咬金）、秦琼等悍将的伴随下，对窦建德的军阵发动最后猛烈的冲击。这些骑兵们卷起旗帜，一直穿透了整个夏军的军阵，直达悬崖附近。之后，玄甲骑兵在夏军的阵后，展开了之前卷起的唐军大旗。窦建德的军队本来就士气低落，现在看见唐军的旗帜纷纷飘扬在自己的阵后，就更是惊恐万分。这时，从侧翼迂回的唐军骑兵也已就位，他们和玄甲骑兵进行合击，窦建德大军迅速全面崩溃。

虽然在原始历史资料中，未写明唐军这支统一战争中的最精锐骑兵是否为重骑兵，但根据大部分研究唐帝国战史的西方现代战史专家定义，或根据现代军史国际上对于重骑兵的称谓，玄甲军必然为重骑兵。不仅玄甲军，其实绝大部分用于突击的唐帝国本土骑兵，皆为重骑兵。[①]

中国很多原始史料经常将人马俱甲的骑兵称作"甲骑"[②]，也就是甲骑具装。同时，一部分中国古典记录往往由于记录者本人对于军事装备并不是特别了解及重视，经常用"铁骑"、"劲骑"、"骁骑"、"精骑"模糊描述精锐骑兵，而是否为具装骑兵并不能完全确定。

事实上"铁骑"、"铁马"也常用来形容披挂铁甲的战马，而"劲骑"、"骁骑"、"精骑"也不确定为具装骑兵[③]。国内现代一些历史资料就根据这些古称，将"甲骑"作为重骑兵，其余就统统归为轻骑兵，这对于军事装备研究是不太严谨的。同时根据史料，马匹不披铠的唐帝国骑兵在记载中出现的次数更多，容易出现一些"重骑兵在唐帝国开始衰落，轻骑兵逐步代替了重骑兵"之类的观点。

实际上，我们以世界军事史的规律来看，轻装骑兵逐步取代重骑兵，要到18世纪火药武器不停飞速更新的时代，绝不可能出现在公元7世纪。且按是否披挂马铠这个标准来定义轻重骑兵，等于是把重骑兵的一种形态[④]划分进了轻骑兵，背离了现代军史国际的分法，会产生较大的混乱。

如前文所述，在当今较为普及的定性中，拥有突击力量、较强的近战装备、相较于同时代良好的防护以及强壮的马匹是重骑兵必须具备的条件，而并非以是否使用马铠定义。

诸如前面章节提到的马其顿亚历山大的伙伴骑兵，罗马军团中的重型辅助骑兵，以及唐帝国同时代的法兰克重骑兵——墨洛温王朝或加洛林王朝骑兵，

上图：唐具装重骑兵俑

玄甲军的狂飙：「天可汗」的大唐帝国重骑兵

① 关于这点，作者在《帝国强军：中国八大古战精锐——唐玄甲军》一文有详尽论述，这里不再详叙，仅做一些简略的说明。
② 常见于汉代之后，因为汉代对皮甲才称之为"甲"。
③ 其实西方古代原始资料也一样出现各种混乱的问题。
④ 很可能只是由于战场需要当时没披挂马铠。

兜鍪
披膊
步兵甲
束甲绊
缺胯袍
活舌带扣皮带

乌皮六合靴

■上图：唐军使用更普遍的重札甲

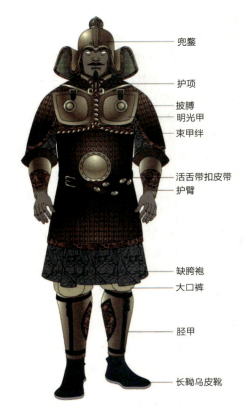

兜鍪
护项
披膊
明光甲
束甲绊

活舌带扣皮带
护臂

缺胯袍
大口裤

胫甲

长靿乌皮靴

■上图：中唐时期较前期更重装的明光甲

都是马匹不披铠甲的重骑兵。西欧骑兵的这个习惯甚至一直保持到神圣罗马帝国的14世纪。

　　根据历史学家卡尔海因茨的意见，唐军的盔甲中最主要的就是金属札甲，部分铠甲还会在胸前、背后加强有大小型的圆形或椭圆形铜质或铁质甲板[1]，这在当时显然是标准的重型铠甲。在这些札甲复原中，胸前拥有较大护心镜的造型往往出于雕塑，而胸前护心镜较小，但札甲甲片重叠交替并覆盖全身的盔甲，往往

来自壁画。现代认为，后者的实际装备数量在唐军中要更高些。

　　值得一提的是，唐帝国时代的铠甲，比起之前，甚至是以具装骑兵闻名的隋军重骑兵的铠甲，其编缀金属札甲甲片的甲裙要更大，能为骑手腿部提供更好的保护。其腿甲往往一直延伸至脚踝，提供全方位的防御，且这种盔甲在资料中非常常见。至唐帝国中叶最繁华的"开元盛世"之时，一些重甲在腹部又加装了圆形

　　① 一部分历史学家认为的"明光铠"。

护具，提供更完备的防护。

当然，很多唐军的重装士兵，也披挂没有护心镜的金属札甲。总之，7世纪左右的唐帝国初期，是中国金属札甲发展的一个高峰。宽阔交叠的金属甲片覆盖全身，提供了完备而良好的防护。同时期，突厥人和中亚草原民族也开始流行这一样式。唐军札甲护颈与南北朝时期北朝高高竖起的盆领不同，前者转变为宽阔巨大的软甲护颈紧贴颈部。护颈被称作"顿项"，大得足以把前面的喉咙完全包裹，完全护住了嘴下方至锁骨的部分。但唐军中锁甲的成分似乎很少，一部分历史学家认为唐帝国有限的锁甲来源主要是从中亚进口，因此不像同时代拜占庭或萨珊的精英骑兵那样给予颈部硬甲（比如锁甲）的保护。

总之，唐代的全套重札甲，有作为头盔的兜鍪、护颈的巨大顿项、作为肩甲的披膊、保护前臂的护臂，腿甲保护则一直延伸至脚踝，可谓非常齐全。这样的盔甲和同时代的欧洲、西亚、中亚相比，也算是拥有极强的防护力。穿着这样的盔甲作战的骑兵，肯定不能算是轻骑兵。而且唐军中有真正的轻骑兵，那就是不披甲或者披轻甲，以弓箭移动射击作为主要作战方式的骑兵。

将唐帝国的骑兵与同时代的阿拉伯全具装骑兵对比，就会发现有趣的事情：

倭马亚时代的阿拉伯本土具装骑兵[①]，其人员铠甲防御从记载看是低于身穿重札甲的唐骑兵的。前者在同时代甚至可以算是中型骑兵，仅"穿着锁子甲，戴着头巾，拥有臂甲"，马铠虽然是全身保护，却是以较轻

上图：唐代具装重骑兵俑

的一些简易材料所制成的。因此，当时唐帝国一名马匹不披甲的重骑兵，骑手的铠甲比这些所谓的"阿拉伯全具装骑兵"还厚重。一名"非具装骑兵"的防护超过这种"全具装骑兵"也是很常见的状态。这也更加证明，是否安装马铠根本不能作为骑兵是否为重骑兵的标准。

而即使说"在唐帝国，不披马铠的重骑兵取代了具装重骑兵"，也是不符合事实的。大量的、各式各样的彩俑与记载显示唐帝国具装骑兵其实是存在的，而且数量也非常庞大。比如《新唐书》中记载："各领翊卫二十八人，甲骑具装，执副仗槊，居散手卫外。"前文在虎牢关之战中起决定性作用的玄甲军，也很可能在决战时处于具装状态。这个我们下文对此会详叙。在虎牢关胜利之后，"太宗亲披黄金甲，阵铁马一万骑，甲

① 不包括阿拉伯大扩张时期，东部地区中归顺阿拉伯人的波斯萨珊重骑兵。

士三万人"，也说明当时他的作战部队中是有大量马铠存在的。

有的观点，以唐太宗的"昭陵六骏"石刻都是未披甲的战马，或是以唐太宗在战场上因马匹中箭换马的事迹为依据，认为既然主帅的战马不披马铠，那么他亲率的骑兵玄甲军就更不披马铠了。

其实这是一种误解！实际上，骑兵作战时是否身披马铠，是由战场客观条件所决定。即使主帅正率领以铁甲具装骑兵为核心的军队进行冲锋时，自己的坐骑也往往不披挂马铠。比如利奥《历史》记载中的拜占庭皇帝约翰一世，他往往身穿重铠，但并不骑乘具装战马，率领着4000名铁甲具装骑兵不朽者作战，其他很

多拜占庭的统兵将领或皇帝也是如此。这是因为作为主帅的职能与冲阵的军官不同，具装坐骑在战场上不适合来回奔驰去判断战场局势，而一旦情况不利，具装坐骑也不利于脱身。

关于唐前期大规模具装重骑兵的作战记录，《旧唐书》中也有记载："帝（唐太宗）亲率甲骑万余与李勣会。围其城。俄而南风甚劲，命纵火焚其西南楼，延烧城中，屋宇皆尽。战士登城，贼乃大溃，烧死者万余人，俘其胜兵万余口。"这是这位在虎牢关取胜的统军帝王，公元645年率大军于辽东对高句丽王国作战时，使用大量具装骑兵作战的记录。可见，在不需要长途奔袭、追击，且地形合适的场合，唐军的大批具装骑兵就出现了。比如这次在围

▌上图：唐代具装骑兵复原图。左为外族的使节人员，中为穿戴明光甲的唐军军官，右为唐早期禁军具装重骑兵

城作战时，一部分拥有强壮战马的"精骑"就披上了马铠。

围城作战时，或为了保护攻城器械，或保护攻城的步兵，具装骑兵确实比一般重骑兵更适合。因在短距离作战中，具装骑兵并不比一般重骑兵更缓慢，且拥有更强的防御，特别是能加强对于箭矢的防御。这对于攻方在战场上对抗拥有城垛和远程火力优势的守方显然是更有效的。此外，在防止守方突袭或突围的时候，具装骑兵也很有效能。事实上，在9—10世纪，拜占庭军队在围城时，也常常动用他们的具装铁甲骑兵。比如公元971年的普雷斯拉夫之战，拜占庭军队将罗斯人军队围于城中。当罗斯军队突围时，拜占庭军队以重步兵拖延住罗斯人的步兵鏖战，然后在左翼集中了4000名铁甲具装骑兵。这些铁甲具装骑兵的盔甲有意镀成金色，金光闪闪的不朽者重骑兵们平举长矛，从左翼发动猛烈冲锋直接插入罗斯重步兵军阵，击溃了对手，使得罗斯人瞬间伤亡8500多人后逃回城中。之后，拜占庭军队包围了多斯托隆城中罗斯大公率领的6万大军，几乎以同样的方式又造成了罗斯军队15500人的伤亡，而拜占庭军队仅损失350人。这显示了重型具装骑兵在围城战时的威力，以后我们还会提到这个战例。

但在面对来去如风、拥有广大战略纵深的游牧民族骑兵时，具装骑兵的使用就会受限。即使是在9—11世纪，以铁甲具装重骑兵为标志性军种的拜占庭帝国，在面对游牧民族，比如在色雷斯与南俄草原上的佩切涅格人时，也不会以具装骑兵为核心，而是以那种身穿一层札甲的快速重骑兵为主力。在970年拜占庭与佩切涅格人的战斗中，拜占庭军队以全骑兵阵容御敌，以55人的伤亡

■上图: 骑乘无装甲战马的拜占庭重骑兵

杀死了数千名游牧骑兵。此战中，往常以铁甲具装骑兵为标志的拜占庭军队却根本没有具装骑兵参与。在10世纪末至11世纪初，拜占庭那身穿三层甲，在防御上达到锁甲、札甲时代顶峰的超重装骑兵，在进入保加利亚林区山区等一些不适合具装骑兵发挥的地形时，或是出于劫掠等战斗需要时，一样会将铁甲具装骑兵从队列中分出来，将他们的重铠马留给辎重队保管，更换战马和其他骑兵一起行进。

因此，所谓具装骑兵，往往是具备全具装骑兵的能力，但并不是说他们必须以具装的形态来作战，这需要灵活运用。在不当的战场使用马铠，当然会遭到损失与失败。根据《旧唐书》记载："副大总管王文度谓知节曰：'虽云破贼，官军亦有死伤，盖决成败法耳，何为此事？自今正可结为方阵，辎重并纳腹中，四面布队，人马被甲，贼来即战，自保万全。无为轻脱，致有伤损。'又矫称别奉圣旨，以知节恃勇轻敌，使文度为其节

189

制，遂收军不许深入。终日跨马被甲结阵，由是马多瘦死，士卒疲劳，无有战志。"这叙述的是唐帝国名将苏定方依靠骑兵突击击败了西突厥军队的前锋后，行军副总管王文度对主将程知节说，苏定方的骑兵虽然击败了敌军，但唐军也有伤亡。笔者在这里推算，苏定方之前很可能用的是马匹不披甲的快速重骑兵取胜，但在西突厥弓箭的射击下也会有伤亡。因此王文度的意见是让重骑兵的马匹都披上马铠迎敌，摆出方阵。

这个办法对抗坚阵或者较短战线的战场或许是有用的。特别是王文度参与过前文提及的公元645年唐太宗出征高句丽，且攻克卑沙城有功。他或许目睹了在高句丽范围有限的战场上，多步兵与多战阵的场合，具装骑兵发挥了不错的效应。但现在是在战场地域广大，且面对以机动性著称的西突厥骑兵。具装骑兵虽然由于马匹也拥有铠甲保护，确实"自保万全"了，不容易被箭矢所伤，但同样降低了速度，无法追上快捷的对手。西突厥骑兵只要借助游

牧民族特有的大战略纵深进行机动，唐具装骑兵就只有处于"终日跨马被甲结阵，马多瘦死，士卒疲劳，无有战志"的被动状态了。

《资治通鉴》对这条史料记载，重点在"德性"上给了王文度以较为负面的评价。但根据唐帝国的史料，他受到的惩罚是"削职为民"，罪行应是重大作战策略失误而非有意破坏。有意思的是，在之后唐高宗派遣苏定方为主将征伐朝鲜半岛百济时，又采纳了苏定方的意见，启用了削职为民的王文度。这也证明了朝廷实际上是看重他在辽东及朝鲜半岛的作战经验的。

同时，这次唐军征伐西突厥的记录也显示了另一个重要的信息——唐帝国重骑兵的马铠是随军出征的。这些马铠是放在辎重队中的，会根据需要安装。

我们知道，另一种节省具装战马马力的行军方式就是骑乘备用马匹。那么，唐帝国具装骑兵是否可能以这种方式更换具装战马？根据《太白阴经》的记载："马料，一人二匹，一

上图： 敦煌壁画中唐军突骑兵作战的场景

军二万五千匹。朔方、河西，一人二匹。范阳、河东、陇右、安西、北庭，则二人三匹。"这说明唐军骑兵拥有大量备用马匹。但是，同时也没有任何记录显示，这些马匹会像波斯萨珊或者拜占庭那样，其中一匹直接在行军中披挂着马铠。

再结合唐骑兵的各种文物复原图，唐帝国重骑兵似乎并不太热衷"半具装骑兵"。他们要么就干脆马匹不披甲，作为快速重骑兵使用，要么就以全具装骑兵的形象出现。且根据《新唐书·仪卫志》中，对唐帝国禁卫军具装骑兵装备的描述。唐军具装重骑兵与快速重骑兵的人员装甲防护分别并不明显，武器包括冲击型长骑矛及马刀的形制也基本相同。这不像萨珊波斯帝国或者拜占庭帝国，具装重骑兵人员装甲也较快速重骑兵更重，且武器也较普通骑兵更偏重长骑矛及重型打击兵器。

综合这些信息，我们发现事情很可能是这样的：唐帝国重骑兵在更多的场合似乎是不披挂马铠的，而在需要使用马铠或条件允许时，才从辎重队里将马铠披挂在那些有具装能力的战马身上作战，且使用的马铠多为几件套式的组合式。结合第七章中国具装骑兵的内容，组合式马铠在充足后勤人员的帮助下，比一件式披挂更快。根据《大唐卫公李靖兵法》的记载，标准的20000人作战部队，辎重军6000人，骑兵4000人，作战步兵10000人。这样来看唐军后勤人员的数量比例是较为充足的，也可以很好地满足这种披挂方式。

在唐帝国的统一战争中，诸如前文提到过的虎牢关之战，只要唐军有准备的时间与条件，就可能实施具装骑兵冲击作战。李世民的骑兵赶到虎牢关时是621年三月，之后

上图: 唐军具装骑兵的组合式马铠

五月二十八才进行决战。这样，有具装条件的精锐骑兵玄甲军完全可能披挂马铠，并以全具装形态进行决定性的冲击作战，且从突击穿透整个敌阵，而非迂回方式的作战过程分析，也非常可能是这样。

虽然唐帝国统一之后的作战环境下，唐军重骑兵不披挂马铠的场合更多。但他们在不需要长途奔袭或地形允许的情况下仍经常以具装骑兵的状态出现，特别是京城的禁军骑兵在城市战中。唐帝国中叶，《旧唐书》中记载："须臾，骠骑大将军、内侍高力士领飞龙小儿甲骑四百人讨之，缢为乱兵所斩，擒其党善射人韦瑶等以献。"这里的"飞龙小儿甲骑四百人"，则是人马俱甲的禁军具装骑兵。在城市中，自然不需要长途奔袭，而马铠又可以在冲突中更加充分保护骑士。

至于唐军重骑兵在前中期不披挂马铠的场合更多，是由其统一中国后的周边战场所决定的。作为中国的第二个征服者时代，与南北朝时期双方都必须对抗敌方坚定的步兵阵形不同，统一后的唐军较少碰上需要"披坚执锐冲坚阵"的场合。唐帝国西方与北方主要的对手，诸如西突厥、东突厥、吐谷浑、薛延陀、铁勒、契丹等，均为使用高速骑兵，拥有较大战略纵深的游牧民族，也就不适合具装状态的唐军重骑兵作战。

至于吐蕃王国，其作为唐帝国长期的宿

上图：城市中的唐军具装骑兵。**1.**官员；
2. 唐军禁军具装骑兵；**3. 重装卫士**

敌，不是纯粹的游牧民族，其军也较为重装。
吐蕃具装骑兵"兵器有弓、刀、楯、甲、胄。
每战，前队皆死，后队方进。人马俱披锁子甲，

其制甚精，周体皆遍，唯开两眼，非劲弓利刃
之所能伤也"。但能在高原如此重装且对作战
效能影响较小，很可能只属于熟悉当地高原地

理气候的本地人与马匹。因为在吐蕃控制的高原，习惯于在普通草原或平原上驰骋的唐军战马往往因高原反应影响作战效能，坐骑身披重甲则更困难。可能唐军在一些地区也会对吐蕃使用具装骑兵作战，但没有具体的记录。

至于剑南、南诏等西南地区也不适合大规模骑兵作战。所以纵观唐帝国周边的敌人，仅有高句丽的辽东部分地区较为适宜展示具装铁骑的威力。

相对于唐帝国，同时代的拜占庭帝国面对的最主要敌人，在东方是拥有重装部队的萨珊波斯帝国或是阿拉伯帝国，且主要在小亚细亚或叙利亚作战，这都是能发挥具装重骑兵威力的战场；西方的对手诸如法兰克人、伦巴第人也是以步兵与重骑兵为核心力量。仅入侵巴尔干的阿瓦尔人是游牧民族，但阿瓦尔人与同样是游牧民族的突厥人不同，更强调的是骑兵冲击作战。更何况，阿瓦尔人还统辖了大量的斯拉夫步兵伴随作战。这些都是具装重骑兵可以充分发挥其效能的场合。这也是为什么处于边疆战场的唐帝国重骑兵只有需要的时候才披挂马铠，而拜占庭帝国重骑兵披挂马铠处于"常态"的一个重要原因。

但为何同时代的阿拉伯人在对抗突厥系轻弓骑兵时使用"中型骑兵骑乘轻型具装战马"，而唐帝国骑兵使用"重装骑兵骑乘不披马铠的战马"作战？以及后者为何放弃轻型马铠对于宝贵战马的保护呢？

这很可能与马种有关。虽然无法完全准确考证古代马种的特点，但从现代延续的马种来看，阿拉伯马是以聪明、活跃、有耐力而著称的。一直以来，阿拉伯马在耐力赛中占据了绝对的优势。唐军中的优秀马匹则来

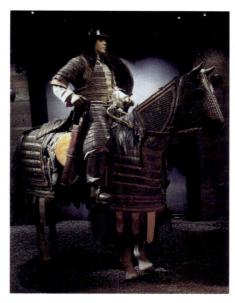

上图: *吐蕃重骑兵*

自西域，如大宛马等，与波斯尼萨马是同宗，较阿拉伯马拥有更强壮的身体与爆发力。"大宛马种，形容极大。今时官马，犹是其种。"

西域马种虽然很适合作为重型骑兵短期冲击，但在追击时，显然无法与阿拉伯马的长途奔袭能力相比。但唐骑兵在面对游牧民族时又必须长途追击，如若唐帝国骑兵像阿拉伯人那样，长期披挂着轻型马铠，即使是备用马，也会耗费它们的耐力，因此舍弃马铠来保证奔袭作战反而效能更高。这也很可能是唐重骑兵复原图中只有全具装重型骑兵与非具装重骑兵，而没有半具装骑兵或轻型马铠具装骑兵的另一个原因。

因此，唐帝国在西域或北方扩张时最有利的武器，当属"人穿重甲，马匹不披甲"的重骑兵。这些重骑兵的主要武器与具装形态下基本相同。根据唐六典记载："矛，冒也，刃下冒矜也。长八尺曰'槊'，马上所执。"

也就是说，无论是否马匹披甲，这个时代拥有较长矛刃，长约 3～4 米的冲击型长骑矛（槊）是唐帝国冲击型骑兵的标准装备。短兵器为唐代著名的横刀。与同时代拜占庭重骑兵类似，唐军也注重双重重骑兵，也经常会装备复合弓进行作战，"角弓以筋角，骑兵用之。"

唐前期快速重骑兵最辉煌的战例当属公元630年李靖灭东突厥之战。此战中，最引人注目的就是主帅李靖使用骑兵的果决，以及其他各将领之间周密默契的配合，让所有的力量都能集中打击敌方最要害的部分。当李靖的先锋军的3000名精锐骑兵，冒着严寒突然袭击得手之后，从云中（今山西大同）出发的李勣部也同时击溃了东突厥军队。在东突厥军队企图撤至漠北休整集结时，唐军继续不停歇地追击。李靖与李勣合兵，再次在阴山击破突厥军。之后，唐军先锋苏定方率200名骑兵，又趁大雾偷袭了突厥可汗的指挥所。紧接着，李勣又赶到碛口堵住突厥可汗撤向沙漠的道路。随后，李道宗、张宝相继续发动追击，最终俘虏突厥可汗。唐帝国的快速重骑兵在李靖的总指挥和各位名将的周密配合下，一战定乾坤，通过凶猛地攻击，坚韧不拔地连续追击，一举让那个曾经在隋朝、唐帝国初期一直对中原地区构成重大军事威胁的东突厥汗国，宣布灭亡。

另外，唐军重骑兵在必要的条件下，也会进行下马作战。最典型的战例就是公元641年唐军与薛延陀军队的战斗。此次作战，薛延陀军队先是撤退，然后在诺真水列阵。他们的弓骑兵们纷纷下马，每五人中有四人作战，而最后一人管理马匹，以便密集列阵，发挥倍数的射击火力。唐军的突厥仆从军首先赶到，结果被密集的箭雨火力所阻滞，继而败退，结果遭到薛延陀军的追击。这时唐军的主力骑兵赶到，薛延陀的步行弓骑兵依然万箭齐发，唐军骑兵的战马纷纷被射死。这时唐军主将李勣果断让骑兵们下马，转换成长枪方阵，手持长槊向前猛冲。薛延陀军队在唐军步行枪骑兵的猛烈冲击下溃散。这时候，副行军总管名将薛万彻率领数千骑兵迂回敌后发动突袭，将薛延陀军后阵管理马匹的兵士全部俘虏。失去坐骑的薛延陀骑兵只能步行逃亡，在唐军骑兵潮水般的追杀面前完全崩溃。

　　同时这个战例也说明，为了追上游牧骑兵，唐重骑兵不得不牺牲马匹的防护力。当他们遇上密集的火力阻击，自然伤亡要远大于具装状态，所谓"鱼与熊掌不可兼得"。骑兵在被箭雨覆盖，较为被动的局面下步行持骑矛作战，依然取得了胜利，这也证明了唐军骑兵的铠甲是相当厚重的，不然在箭雨中可就不仅是"唐马多死"了。

　　无论重骑兵是否披挂马铠作战，无论是短途冲锋、长途奔袭，或是不停歇地追击，为使这些以长骑矛冲击为主的重骑兵发挥他们的威力，骑手胯下的坐骑质量与数量非常重要。唐帝国是继汉帝国以后第二个非常重视"马政"①的中原王朝。从李渊时代开始，唐帝国的统治者就认识到骑兵的重要性。他把从突厥获得的2000匹战马以及从赤岸则（今陕西大荔西南、渭河北岸）获得的3000匹隋马，移至陇右，开始了马政建设。

　　唐太宗李世民即位之后，更是在此基础上大兴马政。他挑选贤能，破格重用精通养马的刘武周降将张万岁，让其担任太仆少卿之职，专掌监牧养马24年之久。至唐高宗时代的664年左右，监牧马匹增至706000匹，这个数量创造了中国历史上中原王朝养马数

■上图：唐军使用的槊（长骑矛）矛尖部分

量之最，甚至都超过了汉武帝时代的军马数量40万匹，这还不算军镇、驿站、闲厩的马匹。

　　这些成果，充分保证了唐军骑兵的马匹供应。不仅如此，大量的马匹使得大量唐军步兵也能骑乘军马，提高了机动性，能与唐军骑兵一起组成远征军长途奔袭，使得唐帝国的"长臂"威力在多次对西域的征服中有所体现。

　　在唐帝国，马的地位是空前的。值得注意的是，马的数量与质量几乎与帝国的兴衰同步。

　　唐太宗至唐高宗统治中期，唐帝国的疆域在不断扩展。在630年李靖灭东突厥汗国之后，639年，侯君集征服了高昌国，645年，唐军又灭薛延陀，647年，攻破龟兹，657年，苏定方率大军灭亡曾经强盛一时的西突厥汗国。668年，名将李勣与薛仁贵又灭亡了曾经给隋朝造成重大军事损失的高句丽。这个阶段除了在青海与吐蕃发生拉锯战外，唐帝国几乎战无不胜。

　　然而在唐高宗统治后期，即武氏逐步掌

　　① 养马业。

他又重新启用张万岁的旧令，恢复了原来行之有效的养马法规，马政又出现了复兴局面。至公元725年，监牧马匹又恢复了到了430000匹，较为满足了唐军的需求。

唐玄宗时代，唐帝国的统治者对马政最大的贡献就是大量成功引进中亚地区的优秀马种，"即杂胡马，马乃益壮"，从而极大地提升了马匹的质量。根据考证，引进杂交的应该是古哈萨克马（大宛马属于古哈萨克马）。这些马种，放到同时代欧洲或西亚也是优良的马种。《唐会要》一书对这种情况也作了详细的描述："康国马，康居国也，是大宛马种，形容极大。武德中，康国献四千匹，今时官马，犹是其种。"也就是说，汉武帝时代非常重视的西域良马资源，在唐帝国成为政府官方的标准马种。此外，唐帝国还从各周边羁縻府州地区引入大量突厥、契丹、奚族的良马。因此，唐帝国成为当时较为成功地引入当时世界上顶级马源，并大范围饲养的养马业强国。

唐帝国的军事实力也同样在这个阶段得以恢复。将领郭虔瓘在北庭都护府附近击败之前威胁唐帝国的后突厥默啜，玄宗也随即派遣大军征讨。默啜可汗势力削弱后，本人于716年被铁勒部人杀死。至公元744年，朔方节度使王忠嗣再次击败后突厥，后突厥首领白眉可汗被杀死，后突厥政权随即灭亡。

在与吐蕃王国的战场上，公元714年10月，唐玄宗也亲率大军征讨，"诸色番兵二万人，京兆府兵一万人，飞骑二万人，万骑五万一千人，其马四万匹。"这里的"飞骑"与"万骑"都是唐玄宗时代的禁军，其中有大量的禁军骑兵。唐前中期，禁军骑兵除了卫戍首都安

权的时期，公元664年，马匹专家张万岁被免职之后，唐帝国的马匹储备"潜耗太半，所存太寡"，武则天即位至唐玄宗开元初年，牧马仅存二十四万匹，可谓马政中衰。加之武则天女皇执政期间，国内因政争倾轧，军事力量在这个时代受到了削弱。契丹在北方反叛，而突厥人默啜通过打击契丹势力得以兴起。之后，默啜的后突厥势力逐步脱离唐帝国的控制，连续侵袭与劫掠唐帝国的国境，并经常击败唐帝国军队。

到了唐玄宗统治前期，虽然府兵制度没有恢复，但整顿马政又一次被提到日程上来。唐玄宗选拔"奉公正直，不避权贵"的王毛仲担任检校内外闲厩并知监牧使，以精通养马的张景顺（张万岁的孙子）为副职，专职马政，其下又置"明闲牧马者"，担任基层监牧官吏，从而迅速恢复并提高了马政机构的效能。然后

全外，也经常参与对外战争，因此仍保持着较高的战斗力。在大规模反击中，玄宗麾下薛仁贵之子薛讷率领唐军，于武街对吐蕃入侵军队取得了重大胜利。之后，虽然拉锯战依旧，但优势越来越向唐军的方向倾斜。自公元749年开始，唐陇右节度使哥舒翰不断取得胜利，唐帝国势力向西推进到青海湖至黄河河曲以西一线。安西节度使高仙芝与封常青则不停击败吐蕃及吐蕃在安西与北庭附近的盟国。

唐帝国中叶的唐军较初期装备更好、盔甲更重，虽然军马总数少于太宗时代，但数量仍非常庞大，且质量更高。步兵较之前期也装备更佳，甚至有集群使用巨型长刀"陌刀军"这样的突击型重装步兵出现。他们由著名的"陌刀将"李嗣业等人指挥，也在西域战场取得了较大的成果，比如在阿富汗地区，唐军攻克吐蕃控制的险要地形"连云堡"的胜利。

但这个时代的唐军从征战方略上看，已经没有了唐太宗时代的从容和凝聚力，少有各个高级将领密切协同配合，从而集中力量取得一个战场的完全胜利。往往是各节度使各自为战，依靠唐军的军事装备优势或兵员军事素质优势获胜。在本土兵员不足的情况下，唐帝国军队也开始以唐军为核心，依靠大量仆从附属国的少数民族军队辅助作战。

这个状态是由于多方面原因所决定的。从制度上说，唐前期军队的基础府兵制已经由于土地兼并，使得均田制于高宗统治后期崩坏，导致府兵的装备、训练水平、社会地位都在下降。唐帝国逐步在玄宗时代，变为募兵制度"彍骑"，且废弛得更加迅速。"徒有兵额、官吏，而戎器、驮马、锅幕、糗粮并废矣。"原来招募的彍骑士兵，由于待遇

太差而日益流散。于是在公元755年，玄宗大量招募首都的闲散人员加入军队，他们根本不受军事约束，也很少参加军事训练，直接导致了唐中央军作战素质的直线下滑。这也是在安史之乱中，唐中央军会被少得多的叛军在正面战场上轻易击败的直接原因。

因此，在这个时期里，藩镇的节度使军队成为唐军在中期对外作战的核心力量。由于长期征战，节度使手中的权力越来越大。他们不仅掌握着最富作战经验的唐军本土军队，而且各边境少数民族军队往往也接受他们的调遣与指挥。从军队管理结构上说，唐玄宗本人并非出类拔萃的统军帝王，本人的军事威望自然无法与唐太宗李世民相比。中央军素质的衰落也让他只能依靠权术制衡来控制各节度使。因此，这些节度使在对外征战时很难得到其他节度使的积极配合，也没有整体调配。

因此这个时期唐军对外战争依然时常取

吐蕃重装部队

得胜利，但在面对强敌时，由于力量分散，就会受到挫折。比如公元750年，安西节度使高仙芝率领着安西都护府的唐军部队，在兵力、后勤等条件并不充足的条件下，翻越帕米尔高原，征服了亲吐蕃的小勃律国与车师国。在征服小勃律国时，甚至吐蕃援军没有来得及支援，唐军就取得了胜利。高仙芝因此获得了极高的声誉，被西方史学家称为"高原山地作战之王"。之后，高仙芝又征服了西域的石国。石国王子向阿拉伯帝国求援。公元751年，阿拉伯帝国阿巴斯王朝的军队在怛罗斯击败了高仙芝的远征军。本书的第十一章介绍过阿巴斯王朝最核心与精锐的军队就是东部的呼罗珊军队。高仙芝的安西军总兵力根据史料，仅24000人，军马2700匹。与动辄60000～70000人的兵力，军马15000～20000匹的河西军、朔方军比，安西军的人员与装备都少得多，且安西军不可能倾巢而出。因此，高仙芝冒险的远征就必须得到大量西域仆从军的支援，而仆从军葛罗禄军的突然背叛也是此次作战失败的最重要原因。这同时也说明，唐帝国在西域的扩张已经达到了极限。

不过无论胜负与否，怛罗斯之战对于当时的唐帝国或阿拉伯帝国都没有造成实质性的影响。真正的问题是，随着各节度使的势力越来越大，唐帝国的中央政府愈来愈难以控制。

公元755—763年，曾为唐帝国三镇节度使的安禄山与后继者史思明发动了叛乱，即为著名的"安史之乱"。规模巨大的内战造成了无法估量的损失，沉重地打击了唐帝

下图: 唐军名将郭子仪（左）

国。虽然七年之后，安史之乱被平定，但唐帝国最强大的骑兵时代已经一去不复返。安史之乱晚期，骑兵与马匹资源的巨大消耗尤为明显。《新唐书记载》，平叛名将李光弼在河阳决战对阵史思明主力叛军时，他问诸将："'贼阵何所最坚？'曰：'西北隅。'召郝廷玉曰：'为我以麾下破之。'廷玉所将步卒，请骑五百。与之三百。复问其次，曰：'东南隅。'召论惟贞[1]，辞曰：'番将也，不知步战，请铁骑三百。'与之二百[2]。乃出赐马四十，分给廷玉等。"可以看出不仅唐军本土将领郝廷玉，连擅长使用骑兵的番将论惟贞都仅被用来指挥步兵。只有在紧要关头发动决定性攻击时，主将才将骑兵派遣给冲阵将领，且还都打了折扣。这个记载心酸地说明了，唐早期与中期骑兵的豪华阵容已经不复存在。

根据在《新·旧唐书》中均有的这段记载，郝廷玉冲阵使用的是300"骑"，而番将论惟贞冲阵用的是200"铁骑"。这种作者对冲阵骑兵的有意区分，很可能说明论惟贞使用的是人马俱甲的具装骑兵，从后面郝廷玉的马匹中箭而返回换马也能验证这种可

① 旧唐书的记载是"即命论惟贞以所部往击之"。
② 旧唐书的记载是"一百"。

上图：唐军与阿拉伯军进行的怛罗斯之战，唐军失败但双方都伤亡惨重，断后的唐军重步兵在猛将李嗣业的指挥下使用著名的陌刀

能。这也表明，唐帝国内战时期，冲击对方坚阵的场合变得比早期远征时代更多，因此具装状态的重骑兵需求也多了起来。另一平定安史之乱的名将郭子仪似乎手中的具装骑兵更充足[①]，"子仪一军万余人，而杂虏围之数重。子仪使李国臣、高升拒其东，魏楚玉当其南，陈回光当其西，硃元琮当其北。子仪率甲骑二千出没于左右前后。"显然在这里 2000 名具装重骑兵充当了后阵核心力量兼将领卫队的作用。

安史之乱后，不但各藩镇继续割据，且唐帝国在西域与中亚地区的扩展疆域也丢失殆尽。曾经的强敌吐蕃趁机做大，转而威胁由于内乱而无暇顾及边疆的唐帝国，更夺取了河西、陇右地区，且深入唐帝国内地烧杀掳掠。吐蕃王国甚至同时代还与阿拉伯帝国的阿巴斯王朝开战，在公元 801 年击败了阿拉伯军队，兵锋直达撒马尔罕与喀布尔。

9 世纪初，唐帝国依靠外交的成功，逐步让吐蕃王国数面受敌。阿拉伯军队于 812 年发动对吐蕃的反击并取得成功。唐帝国名义上的"盟友"回纥军队也从北部攻打吐蕃。唐军则

① 这很可能与他大量使用外族骑兵作战有关。

上图：张议潮归唐图中的唐军快速重骑兵　　**上图：**名将郭子仪的铁甲重骑兵护卫（由于是宋人所绘因此马铠是宋制而非唐制）

在著名军事家韦皋的指挥下，在维州、雅州之战中给吐蕃军队连续以重大打击。成为众矢之的吐蕃王国国运衰落并逐步丧失争霸能量。9世纪中期，也有如张议潮这样的传奇英雄建立的"归义军"，重新从吐蕃王国手中收复了河西瓜、沙等十一州重归属唐帝国。到9世纪末，吐蕃王国在混乱与奴隶暴动中灭亡而分散，成为失去威胁唐帝国能力的一群部落。

　　总之，安史之乱后的唐军，实力已经无法与帝国前中期的军队相提并论，但依然坚定地从乘虚而入的吐蕃军队手中暂时拯救了这个帝国。但对于西域，对于这个连接中亚地区最重要的枢纽，后期的唐帝国已经无力延续其控制了。

　　安史之乱与之后的藩镇割据使得这个时代内战频繁，除了对唐帝国经济造成的严重破坏，曾经庞大的战马储备也在战争中消耗殆尽，马政也基本趋于荒废。因此到了8世纪末，唐帝国本土骑兵在动乱中完全丧失了

早期与中期豪华而无往不胜的规模，变得非常依赖外族骑兵。在平叛战争中，由于唐军骑兵的作战素养明显逊色于叛军，即使是名将郭子仪，也较为依赖回纥精锐骑兵来压制叛军的骑兵，反倒是唐军的本土重步兵，比如"陌刀军"还能保持一定传统的唐军声誉。之后回纥骑兵一直是中原战场上重要的骑兵力量。至于8世纪末至10世纪著名的沙陀骑兵，地位也越来越高，并在平定唐末黄巢起义中发挥了重要的作用。甚至直至唐帝国灭亡后的诸政权里，外族骑兵都变成了最重要的军事力量。

　　如前文所说，汉武帝开启了对骑兵建设不懈努力的时代。与此相似，同样作为一个本土原有马匹质量并非特别出色的中原王朝，唐帝国在骑兵建设上的成就是非常令人惊叹的。唐军重骑兵的装备、训练与规模在帝国早期与中期达到了世界上的顶峰水准。7世纪初期至中期可与拜占庭帝国、波斯萨珊帝国并列，而8世纪中期也可与阿拉伯帝

国并列。

但是，安史之乱却让唐军重骑兵退出了世界巅峰的序列，而唐帝国的灭亡则宣布了这个时代的结束。这也标志着自汉至唐的古典时代，中原本土重骑兵称霸的时代已经一去不复返。

中原王朝未来将长期失去重要的西域地区——这不仅是连接中亚、西亚等先进文明的贸易与信息通道，也是重要的良马产地。随后的宋王朝虽然统一了南方地区，但仍无法从游牧民族手中收回北方与西域的土地。更为致命的是，王朝新的军事制度决定了政府整个与之前王朝完全不同的发展方向。这种制度的根源并非军事上的而是文化上的，其影响之深远则令人震惊。这也是一个新时代的开始，即一个从思想上开始注重内部管理强化的开始。帝国军人开始逐渐失去积极性与动力，使得这个帝国失去了军事争霸与控制周边的能力，而军事的失败也加剧了战略资源产地的丧失。

同时，在虚弱而富足的中原王朝北部，又建立起各个北方少数民族政权，时间仿佛又回到了南北朝时期。面对中原王朝装备良好的步兵，"披重铠冲坚阵"的具装铁甲重骑兵被北方少数民族所重视，且不断取得军事上的成功。缺乏足够精锐骑兵的中原王朝，在大部分时候的对抗都是失败的，甚至最后丧失了几乎整个中原地区。但在这个时期，依然有一些富有勇气、性格坚韧的名将对抗着强大的北方骑兵，同时在中原王朝重骑兵的建设与战术上做出了非常大的贡献。

至于在公元8—9世纪的欧洲，法兰克王国代表着西欧重骑兵第一次崛起，甚至建立了一个强盛的王朝。而另一个古老帝国——延续罗马帝国法统的拜占庭帝国，继续对抗如日中天的阿拉伯帝国。在这个庞大帝国的威胁下，拜占庭帝国广泛实行了行之有效的军事制度"军区制"，在艰苦地正面对抗阿拉伯帝国最强大的军队中，逐步站稳脚跟，以期之后最强盛时代的崛起。而以上这些都是下一册将要介绍的内容了……

上图: 唐帝国具装骑兵俑

上图: 唐军重骑兵与轻骑兵

参考文献

[1]（古希腊）希罗多德 . 历史 [M]. 王以铸，译 . 北京：商务印书馆，1997.
[2]（古希腊）色诺芬 . 居鲁士的教育 [M]. 沈默，译 . 北京：华夏出版社，2007.
[3]（古希腊）色诺芬 . 长征记 [M]. 崔金戎，译 . 北京：商务印书馆，1997.
[4]（古希腊）阿里安 . 亚历山大远征记 [M]. 李活，译 . 北京：商务印书馆，2007.
[5]（苏联）科瓦略夫 . 古代罗马史 [M]. 王以铸，译 . 北京：三联书店，1957.
[6]（古罗马）尤特罗庇乌斯 . 罗马国史大纲 [M]. 谢品巍，译 . 上海：上海人民出版社，2014.
[7]（古罗马）塔西佗 . 历史 [M]. 王以铸，崔妙因，译 . 北京：商务印书馆，2002.
[8] 司马光 . 资治通鉴 [M]. 北京：中华书局，2009.
[9] 咸阳博物馆 . 咸阳杨家湾西汉彩绘兵马俑 [M]. 西安：三秦出版社，2013.
[10] 连云港市博物馆，中国文物研究所 . 尹湾汉墓简牍综论 [M]. 连云港：科学出版社，1999.
[11] 司马迁 . 史记 [M]. 北京：中华书局，1959.
[12] 班固 . 汉书 [M]. 北京：中华书局，2007.
[13] 陈寿 . 三国志 [M]. 裴松之，注 . 上海：中华书局，2006.
[14] 范晔 . 后汉书 [M]. 上海：中华书局，2007.
[15] 杨泓 . 关于铁甲、马镫与马铠问题 [J]. 考古：骑兵与甲骑具装，1961，12.
[16] 朱大渭，张文强 . 中国军事通史 [M]. 北京：北京人民出版社，2001.
[17] 房玄龄 . 晋书 [M]. 上海：中华书局，1996.
[18] 杜佑 . 通典 [M]. 上海：中华书局，1988.
[19] 李延寿 . 北史 [M]. 上海：中华书局，1974.
[20] 李延寿 . 南史 [M]. 上海：中华书局，1975.
[21] 魏收 . 魏书 [M]. 上海：中华书局，1997.
[22] 令孤德棻 . 周书 [M]. 上海：中华书局，1971.
[23] 沈约 . 宋书 [M]. 上海：中华书局，1974.
[24] 奥斯特洛洛尔斯基 . 拜占庭国家史 [M]. 陈志强，译 . 西宁：青海人民出版社，2006.
[25] 威廉·穆尔 . 阿拉伯帝国 [M]. 周术情，等，译 . 西宁：青海人民出版社，2006.
[26] 陈志强 . 拜占庭帝国史 [M]. 北京：北京商务印书馆，2003.
[27] 马俊民，王世平 . 唐代马政 [M]. 西安：西北大学出版社，1995.
[28] 虞世南 . 北堂书钞 [M]. 孔广陶，校注 . 北京：学苑出版社，1998.
[29]（东罗马）普罗柯比，崔艳红，译 . 战史 [M]. 郑州：大象出版社，2010
[30] 李鸿宾 . 唐朝朔方军研究兼论唐廷与西北诸族的关系及其演变 [M]. 吉林：吉林人民出版社，2000.
[31] 石云涛 . 唐代幕府制度研究 [M]. 北京：中国社会科学出版社，2003.
[32] 王溥 . 唐会要 [M]. 上海：中华书局，1955.
[33] 李林甫 . 唐六典 [M]. 上海：中华书局，1992.
[34] 杜佑 . 通典 [M]. 上海：中华书局，1988.
[35] 刘昫 . 旧唐书 [M]. 上海：中华书局，1975.
[36] 欧阳修，宋祁 . 新唐书 [M]. 上海：中华书局，1975.
[37] 李筌 . 太白阴经 [M]. 长沙：岳麓书社，2004.
[38] 吴如嵩，王显臣 . 李卫公问对校注 [M]. 上海：中华书局，1983.
[39] 董诰 . 全唐文 [M]. 上海：上海古籍出版社，1990.
[40]Anthony D W, Brown D R. Horses and Humans in Antiquity[J]. Hartwick College,2012,5.
[41]Beatie R H. Saddles[M]. Stillwater: University of Oklahoma Press,1981.
[42] Munn-Rankin J M. Assyrian Military Power,1300-1200 B.C.[M]. London: Cambridge University Press,1979.
[43]Tritle L A. The Greek World In The Fourth Century[M]. Krakow: Jagiellonian Press,1987.
[44]Fuller J F C. The Generalship of Alexander the Great[M]. New York: Da Carpo Press,2004.
[45]Lonsdale D J. Alexander the Great lessons in strategy[M]. Milton Park: Routledge press,2007.
[46]Sage M. Warfare in ancient Greece[M]. Milton Park: Routledge press,1996.
[47]Sabin P, Van Wees H, Whitby M. The Cambridge History of Greek and Roman Warfare[M]. London: Cambridge University Press,2007.
[48]Bar-Kochva B. The Seleucid Army: Organisation and Tactics in the Great Campaigns[M]. London: Cambridge University Press,1976.

[49]Bar-Kochva B. Judas Maccabaeus: The Jewish Struggle against the Seleucids[M]. London: Cambridge University Press,1989.

[50]Azzaroli A. An Early History of Horsemanship[M]. Leiden: E.J. Brill-Dr. W. Backhuys,1985,23

[51]McCall J B. The Cavalry of the Roman Republic: Cavalry Combat and Elite Reputations in the Middle and Late Republic[M]. Milton Park: Routledge press,2002.

[52]Yap J P. Wars With The Xiongnu: A Translation From Zizhi tongjian[M]. Bloomington: AuthorHouse 2009,186-194.

[53]Devijver H. The Equestrian Officers of the Roman Imperial Army[M]. Amsterdam: J C Gieben,1992.

[54]Dodge T A. Hannibal: A History of the Art of War Among the Carthaginians and Romans Down to the Battle of Pydna, 168 B.C., with a Detailed Account of the Second Punic War[M]. Boston: Da Capo Press,2004.

[55]Bivar A D H. The Campaign of Carrhae[M] // Yarshater E. The Cambridge History of Iran. London: Cambridge University Press,1983,3, 48-56.

[56]Dignas B, Winter E. Rome and Persia in Late Antiquity: Neighbours and Rivals[M]. London: Cambridge University Press,2007.

[57]Kim H J. The Huns, Rome and the Birth of Europe[M]. London: Cambridge University Press,2013.

[58]Ralby A. Roman-Parthian War, 55-36 BCE: The Beginnings of War[M] // Parragon Books. Atlas of Military History. New York: Parragon Books,2013,66-67.

[59]Marcellinus A. The Later Roman Empire[M]. New York: Penguin Classics,1985.

[60]Mauricius. The Strategikon[M]. Philadelphia: University of Pennsylvania press,1984.

[61]Tacitus. The Agricola and the Germania, New York : Penguin Classics, 1970.

[62]Elton H. Warfare in Roman Europe, AD 350-425[M]. Clarendon :Clarendon Press,1997.

[63]Hodgkin T. Huns, Vandals and the Fall of the Roman Empire[M]. Mechanicsburg: Stackpole Books,1996.

[64]Karasulas A. Mounted Archers of the Steppe, 600 BC-AD 1300 (Elite)[M]. London: Osprey Publishing,2004.

[65]Haldon J F. Byzantium in the Seventh Century: The Transformation of a Culture[M]. London: Cambridge press,1997.

[66]Donner F M. The Early Islamic Conquests[M]. Princeton: Princeton University Press,1981.

[67]Kaegi W E. Byzantium and the Early Islamic Conquests[M]. London: Cambridge press,1995.

[68]Gil M. A History of Palestine: 634-1099[M]. London: Cambridge University Press,1997.

[69]Elton H. Warfare in Roman Europe, AD 350-425[M]. Oxford: Oxford University Press,1996.

[70]Elton H. Warfare and the Military[M] // Noel L. The Cambridge Companion to the Age of Constantine. London: Cambridge University Press,2006.

[71]Graff D. NEW Medieval Chinese Warfare 300-900[M]. Exeter :University of Exeter,2002.

[72]Ranitzsch K H. The army of Tang China[M]. Yorkshire: Montvert Publications,1995.